聚光灯下话三农

农业农村部新闻发布会实录

2019

农业农村部新闻办公室　编

中国农业出版社

北　京

党的十九大以来，农业农村部不断加大新闻发布工作力度，部领导带头出席，各司局积极参与，通过各类发布活动，全面解读农业农村政策，及时回应舆论热点，新闻发布工作取得了良好的宣传效果。

本书收录了2019年度农业农村部参加全国两会部长通道、庆祝新中国成立70周年专题新闻发布会、国务院新闻办公室新闻发布会和政策例行吹风会，以及农业农村部新闻办公室新闻发布会共34场发布会的现场实录。

编委会

CONTENTS

目录

第四部分　农业农村部新闻办公室新闻发布会

Part1 | 第一部分

全国两会

1. 部长通道采访

一、基本情况

时　间	2019年3月5日（星期二）上午
地　点	人民大会堂北大厅
主　题	保障国家粮食安全　推动农村人居环境改善
发布人	农业农村部部长　　韩长赋

部长通道采访

二、现场实录

3月5日上午，第十三届全国人民代表大会第二次会议在人民大会堂举行开幕会。会议结束后，部门负责人继续亮相“部长通道”，接受集体采访。

农视网记者：

部长，您好。去年粮食产量是13 158亿斤，我们注意到比2017年有所减少。请问您如何看待这种减产？下一步，农业农村部如何保障国家粮食安全？

韩长赋：

看来粮食是永恒的话题，因为吃饭是永恒的真理。中国有近14亿人，人人要吃饭，天天要吃饭。所以习近平总书记强调，保障国家粮食安全这根弦任何时候都不能放松。

殷刚/摄

你刚才讲到，去年我们国家的粮食产量有所下降，实际上降得不多，减少了74亿斤，相对于粮食总产量，比例大概占0.6%，不到1%，而且主要是我们推进农业供给侧结构性改革主动调减的结果。比如我们对“镰刀弯”地区的玉米就做了减法，因为它不是优势区，增加了大豆、马铃薯还有优质饲草料的生产，实际上我们的有效供给是增加的，我们国家粮食已经连续4年稳定在1.3万亿斤以上的水平，没有出现大起大落。

政府工作报告提出今年要稳定粮食产量，我理解就是要防止出现经济下行和物价上涨“双碰头”，今年粮食生产要做到“三个稳”：稳定产量，稳产量就要稳面积，就要稳政策，这是一个总体的考虑。春耕马上要开始了，我可以告诉大家一个明确信息，中央支持粮食生产的政策会一以贯之，今年还要对玉米和大豆的生产者给予生产者补贴，水稻最低收购价保持稳定。我们相信经过努力，今年会有一个好收成。

从中长期来看，保障国家粮食安全，我认为要做到三个“两”。

一是“两藏”。就是要实施藏粮于地、藏粮于技战略，要确保守住18亿亩耕地红线，在这个基础上建设高标准农田，今年要新增8 000万亩以上，同时推进种业创新和技术集成，使粮食生产有科技支撑。

二是“两区”。要在全国划好和建好粮食生产功能区和重要农产品生产保护区。我们匡算，“两区”建好以后，可以基本保障我们小麦和水稻两大口粮的安全。

三是“两个积极性”。就是要保护好农民种粮的积极性和地方政府抓粮的积极性，要在政策上让农民种粮有账算，让主产区政府抓粮不吃亏。

我们相信，有中央的重视和地方的支持，有广大农民和科技工作者的努力，我们国家粮食安全会有保障的。

农民日报记者：

韩部长，您好。此刻我为中国农民代言。为了把农民的声音带上两会，我们在春节期间走访，很多农民问起了农村人居环境改善的事，比如山东莱阳农民王巧丽（音）就问，我在过年走亲戚时看到别的村厕所建得很好，农村厕所改造有没有支持政策？韩部长，我想替她问一下，未来农业农村部将采取怎样的措施推动“厕所革命”，推动人居环境改善？

山东农民通过手机提问

韩长赋：

你提出的问题很重要。现在农村人居环境确实是城乡差距大的一个典型表现，“垃圾靠风刮、污水靠蒸发”，这种情况在不少农村还存在着，脏乱差影响着农民的获得感和幸福感。因此，必须把改善农村人居环境作为实施乡村振兴战略的重点任务来推进。这方面中央已经作出了部署，中办（全称中共中央办公厅）、国办（全称国务院办公厅）印发了《农村人居环境整治三年行动方案》，总结推广了浙江省“千村示范、万村整治”工程经验，农村人居环境整治工作已经在全国启动了。具体来讲就是要推动“三大革命”，实现“一个提升”。

首先是“厕所革命”。小厕所是大民生，如厕难不仅是农民的烦心事，也是我们很多城里人不愿意到农村去的一个重要原因。所以，习近平总书记对农村改厕十分关心，几次作出重要批示，这是我们农村人居环境整治的重点。今年要推动全国大体上1 000万的农户实现改厕，中央财政计划安排70亿元支持这项工作。还有两项是农村生活垃圾和污水治理问题，这个也要开展专项治理行动，要建立垃圾收运处置和污水治理体系。

“一个提升”就是提升农村村容村貌。今年在全国启动村庄清洁行动，具体来讲主要是“三清一改”，就是清理农村生活垃圾、清理村内沟塘、清理畜禽养殖粪污等农业生产废弃物，改变影响农村人居环境的不良习惯。今年是新中国成立70周年，大家一起来努力，让农村能够干干净净地迎国庆。当然，这件事很不简单，农村人居环境整治不是一件简单的事，也不是三年两年就能干完的事。因此，在工作中我们也强调，概括来讲是8个字：真抓实干、久久为功。真抓实干就是要因地制宜，不能做表面文章，不能搞假把式、弄虚作假、糊弄事，那是不行的。我们在下面调研当中也发现，有地方存在这种情况，比如说改厕，有了厕所用不上，成了摆设，这种劳民伤财的事要坚决杜绝。久久为功就是这件事是艰巨的任务，为什么叫“厕所革命”？就是要改变中国农村几千年的生活状况和习惯，所以要一年接着一年干，要由点到面地推进，要让“盆景”变成“风景”。我们相信，经过共同的、长期的努力，一定会让农民过上和城里人一样的日子。

第二部分 | *Part2*

庆祝新中国成立70周年
专题新闻发布会

陈杰/摄

2. 全面建成小康社会　扎实推进脱贫攻坚和乡村振兴

全面建成小康社会　扎实推进脱贫攻坚和乡村振兴

一、基本情况

时　间	2019年9月27日（星期五）上午10时	
地　点	梅地亚中心二层新闻发布厅	
主　题	全面建成小康社会　扎实推进脱贫攻坚和乡村振兴	
发布人	中央农村工作领导小组办公室主任、农业农村部部长	韩长赋
	国务院扶贫开发领导小组办公室主任	刘永富
主持人	庆祝新中国成立70周年活动新闻中心负责人	赵江涛

二、现场实录

赵江涛：

尊敬的记者朋友们，女士们、先生们，大家上午好。欢迎出席新闻中心第三场新闻发布会。今天发布的主题是乡村振兴和脱贫攻坚。新中国成立70年来，中国农业农村经历长足的发展，取得了举世瞩目的历史性成就。中国人民从站起来到富起来，脱贫攻坚工作不断地深入推进，距离全面建成小康社会的目标越来越近。

今天，我们非常高兴地邀请到中央农村工作领导小组办公室主任、农业农村部部长韩长赋先生，国务院扶贫开发领导小组办公室主任刘永富先生。两位发布人将向大家介绍乡村振兴和脱贫攻坚有关情况，并回答大家的提问。下面请韩长赋先生作介绍。

韩长赋：

女士们、先生们，新闻界的朋友们，上午好！很高兴又在这里与大家见面，感谢各位媒体朋友一直以来对“三农”工作的关心支持。

周一，我们迎来了第二个“中国农民丰收节”，习近平总书记专门致信向全国农民祝贺节日，强调，农业根基稳、发展底气足。这是对新中国成立70年农业农村发展成就的最有力肯定。70年来，特别是党的十八大以来，我国农业农村发展走过辉煌的历程。70年沧桑巨变，“三农”领域有很多事值得大书特书。这里，我想重点介绍五大历史性成就：

一是成功解决了14亿中国人的吃饭问题。吃饱肚子是中国老百姓孜孜以求的梦想，但历朝历代都没能圆上这个温饱梦，只有在中国共产党的领导下，才端稳了中国人的饭碗。1949年，我国粮食产量仅有2 264亿斤，70年里先后迈过11个千亿斤台阶，现在已连续4年稳定在1.3万亿斤以上，还有“油瓶子”“菜篮子”“果盘子”也是供应充足，我们用9%的耕地养活了近20%的人口，这是世界农业史上的奇迹，这也充分体现了中国特色社会主义制度的优越性。

二是基本消除了农村绝对贫困。改革开放初期农村贫困人口有7.7亿，2018年年底减少到1 660万，2020年即将全部脱贫。农村民生也发生翻天覆地的变化，扣除物价因素，农民人均可支配收入比1949年实际增长40倍，达到14 617元，超过99%的建制村通了硬化路，新型农村合作医疗、农村社会养老保险、农村义务教育实现全覆盖，农民有了更多获得感和幸福感。

三是农业现代化有了质的飞跃。农业生产方式发生革命性变化，可以说和过去相比已不可同日而语。农业科技进步贡献率达到58.3%，良种实现全覆盖，旱涝保收、高产稳产的高标准农田达到6.4亿亩，粮食作物耕种收综合机械化率已经超过80%，可以说农民面朝黄土背朝天、人拉牛耕已经成为历史，我国农业进入主要依靠科技装备驱动的新阶段。质量兴农、绿色兴农加快发展，农药化肥使用量实现负增长，现在打农药也从过去的肩扛手提变成了无人机作业。手机已经成为农民的新农具，农民坐在家里划划手机就能了解技术和市场信息，甚至可以控制浇水和施肥。

四是形成了一套中国特色的“三农”政策体系。改革开放以来，我们实行家庭承包责任制，坚持多予少取放活方针，告别延续2 600多年的“皇粮国税”，建立农业补贴制度，土地承包期将再延长30年，推行“三权分置”改革，搭建起农业支持保护和农村改革发展稳定的制度框架，这些重要的制度性成果将长期起作用，也将长期坚持。

五是开启了乡村振兴新篇章。党的十九大提出实施乡村振兴战略，这是我们解决温饱、摆脱贫困后的又一历史性任务，是新时代“三农”工作总抓手。两年来，乡村振兴全面启动，规划体系、政策体系不断完善，农村经济、政治、文化、社会、生态和党的建设在统筹推进。

70年农业农村发展有很多宝贵经验，最根本的有两条：一条是始终坚持党对“三农”工作的全面领导，保证“三农”改革发展始终沿着正确方向前进；一条是始终坚持农民主体地位，尊重农民首创精神，保护调动农民的积极性创造性。

当前，“三农”形势持续向好，我们将深入学习贯彻习近平新时代中国特色社会主义思想，特别是总书记关于“三农”工作的重要论述，坚持农业农村优先发展总方针，全面推进乡村振兴，实现农业强、农村美、农民富！我就介绍到这里。下面我愿意回答大家的提问。

赵江涛：

谢谢韩长赋先生。下面请刘永富先生介绍情况。

刘永富：

各位记者朋友上午好。感谢大家长期以来对中国扶贫事业的关注和支持，欢迎大家参加今天的发布会。我们已向大家提供了一个背景材料，我再简要介绍一些情况。

再过几天，中国人民将迎来新中国成立70周年。70年来，中国共产党带领全国各族人民自力更生、奋发图强、改革创新、接续努力，在人口最多的发展中国家消除农村绝对贫困，走出一条中国特色扶贫开发道路，创造中国历史上的减贫奇迹。

新中国成立前，国家积贫积弱，人民一贫如洗。中国共产党和中国政府秉持以人民为中心理念，发挥中国共产党领导和社会主义制度的政治优势，把消除贫困、改善民生、实现共同富裕作为矢志不渝的奋斗目标。一是坚持以经济建设为中心，实施改革开放，保持经济健康平稳发展，为大规模减贫奠定坚实物质基础；二是坚持把扶贫开发纳入国家总体发展战略，分阶段明确减贫目标和扶贫标准，制定专项规划，开展大规模扶贫行动；三是坚持开发式扶贫方针，改善贫困地区贫困人口的生产生活条件，提升自我发展能力，发展生产，增加收入；四是坚持精准方略，普惠和特惠相结合，在促进农村、农业、农民发展的过程中，对贫困人口格外关爱，实施特惠政策，做到分类施策、应扶尽扶；五是坚持大扶贫格局，动员全社会共同参与，形成跨地区、跨部门、跨单位、全民参与的社会扶贫体系。

特别是党的十八大以来，以习近平同志为核心的党中央把贫困人口脱贫作为全面建成小康社会的底线任务和标志性指标，全面打响脱贫攻坚战。明确了脱贫攻坚的目标任务，这就是到2020年现行标准下农村贫困人口实现脱贫、贫困县全部摘帽、解决区域性整体贫困。确定了精准扶贫精准脱贫的基本方略，出台一系列超常规的政策举措，建立脱贫攻坚的制度体系。在习近平总书记亲自率领下，形成了省市县乡村五级书记抓扶贫、全党合力促攻坚的生动局面。经过6年多的不懈努力，脱贫攻坚取得决定性进展和重大历史性成就。

一是精准扶贫精准脱贫成效显著，农村贫困人口大幅减少，即将消除农村绝对贫困。按照我国农村现行扶贫标准，2013—2018年，我国农村贫困人口累计减少8 000多万人，每年减贫人数都保持在1 200万以上，贫困发生率从10.2%下降到1.7%。832个贫困县，已脱贫摘帽436个。

二是贫困地区以脱贫攻坚统揽经济社会发展全局，贫困地区呈现出新的发展局面。贫困地区基础设施和公共服务投入大量增加，发展能力明显增强，特色优势产业迅速发展，生态环境显著改善，贫困群众生活质量稳步提升。贫困县国内生产总值年均增速高出全国平均水平2个多百分点，贫困地区农村居民人均可支配收入年均增速高出全国农村平均水平2.3个百分点，发展差距逐步缩小。在精准扶贫精准脱贫伟大实践中，农村基层党组织凝聚力和战斗力显著增强，农村基层治理能力和管理水平明显提高，党群干群关系不断改善，人民群众获得感明显提升，党在农村的执政基础进一步巩固。

三是中国减贫加速了世界减贫进程，为全球减贫事业贡献了中国方案。中国是最早实现联合国千年发展目标的发展中国家，有组织有计划大规模的扶贫开发，尤其是精准扶贫方略的实施，走出了中国特色扶贫开发道路，为全球减贫提供了中国智慧和中国方案。

预计到今年年底，全国95%左右现行标准的贫困人口将实现脱贫，90%以上的贫困县将实现摘帽，再经过2020年一年的努力，中华民族千百年来的绝对贫困问题将得到历史性解决。我们将在以习近平同志为核心的党中央坚强领导下，尽锐出战，攻坚克难，打赢脱贫攻坚战，迎接全面建成小康社会这一历史时刻的到来！下面，我很高兴回答大家就脱贫攻坚提出的问题。谢谢。

赵江涛：

谢谢刘永富先生。下面进入答问环节。请大家围绕本场发布会的主题进行提问。

中新社记者：

我国有近14亿人口，粮食安全一直是社会高度关注的问题。请问韩部长，目前我国粮食安全状况如何？另外今年发生的草地贪夜蛾会不会影响粮食产量？

韩长赋：

你提这个问题非常重要。洪范八政，食为政首。我们党和国家始终把解决老百姓的吃饭问题作为治国理政的头等大事。习近平总书记多次强调，保障国家粮食安全是一个永恒的课题，任何时候这根弦都不能松。

关于粮食安全的状况，2004年以来，我国粮食产量已经实现了创纪录的“十五连丰”，近4年都保持在1.3万亿斤以上，我们的人均粮食占有量已经达到了470多公斤，明显超过了FAO确定的粮食安全平均线水平。所以我们的粮食安全是有保障的。这里关键是三方面：

一是强化政策支持。首先是巩固农村的基本经营制度，培育新型经营主体，发展适度规模经营，同时实施耕地地力保护补贴、产粮大县奖励和生产者补贴这些强农惠农富农政策，调动政府重农抓粮和农民种粮的积极性。

二是守住耕地红线。这不仅是数量，也是质量。我们在全国划定永久基本农田的基础上，划定了10.58亿亩的粮食生产功能区和重要农产品生产保护区，每年建设8 000万亩高标准农田，到2022年全国将完成10亿亩高标准农田，可以基本上改变靠天吃饭这样一个局面。

三是强化科技支撑。包括科技研发、现代种业、现代农机装备，我们现在主要农作物品种大体5年就可以大规模地更换一次。另外就是集成推广高产高效绿色生态的生产技术。现在全国粮食作物的平均单产已经提高到了374.7公斤，这个是新中国成立初期的5倍多。

说到今年的粮食生产情况，夏粮和早稻已经丰收，夏粮是增产的。秋粮面积和2018年基本持平，大部长势良好，现在秋收已经开始了，到今天已经近三成。据农业农村部农情调度，如果后期也就是未来两个星期内，不发生大的台风或者霜冻这样的自然灾害，今年又将迎来一个丰收年，全年粮食产量有望第5年稳定在1.3万亿斤以上。

说到草地贪夜蛾，我也注意到媒体朋友都很关心，我们对这个问题也高度重视。这是一个迁飞性的害虫，主要危害像玉米这样的作物。今年我们大概有20个省份发现了草地贪夜蛾，但是真正发生虫害的面积只有200多万亩，应该说比例还是比较小的，这主要是我们防控及时、措施有力。现在是天上有雷达可以监测，地上有设备诱捕，见虫就灭，不让它暴发，所以控制得很好。但是这个事不能放松，因为它是一个迁飞性的害虫，可能明年还会卷土重来，所以我们要形成有效治理的机制。

总的来讲，保障国家粮食安全是我们农业农村部门的首要任务，我国粮食消费还处在一个刚性增长的阶段，应该说还是紧平衡，所以我们要继续贯彻国家的粮食安全战略，推进藏粮于地、藏粮于技，进一步增强粮食生产能力，同时优化粮食结构。昨天晚上央视《焦点访谈》专门讲了粮食结构、优质专用小麦的生产问题，增加强筋和弱筋小麦、大豆等生产。总之，要保持粮食安全的长期稳定和高质量发展，要把中国人的饭碗牢牢端在自己手里。谢谢你。

中国纪检监察报记者：

请问刘永富主任，如何避免数字脱贫、虚假脱贫，以及如何巩固脱贫成果、防止返贫？这两年全国两会期间，刘主任重点谈到整治扶贫领域的腐败和作风问题，那么现在您觉得整治效果怎么样？在哪些方面还需要进一步加大力度？谢谢。

刘永富：

谢谢你的提问，关于防止数字脱贫、虚假脱贫，主要从三个方面来做工作：一是要扶真贫、真扶贫。扶的是真正的穷人，脱的是真正达到了脱贫标准的人。这就要求我们做到“三实”，即扶贫工作务实、帮扶过程扎实、脱贫结果真实。二是严格退出标准和程序，并且要进行严格的考核评估，是不是达到了脱贫的标准，退出是不是符合程序，要做好评估，数字是要核实的，社会是要公认的，结果是要真实的。三是对搞数字脱贫、虚假脱贫的，发现一起及时纠正一起，对情节严重的实行问责。这是我们防止数字脱贫、虚假脱贫方面做的工作。这几年下来，应该说还是有成效的。

第二个问题，你刚才讲的巩固成果。第一条还是要保证脱贫的真实。第二，脱贫以后要稳定现行的扶贫政策，扶上马送一程。第三，要从长远着手，发展产业，增加就业，增加收入，让脱贫有可持续的能力。第四，对返贫的和新发生的贫困人口及时纳入进行帮扶。由于一些意外事件，包括灾害、疾病等，一部分人返贫或者新发生一部分贫困人口，这是必然的。所以我们在每年工作中都要动员基层进行核查。这几年返贫的人数已经从2016年的60万人左右降到目前的10万人以内，新发生的贫困人口从100多万人减到10万人以内。这些措施执行下来还是有效果的。

第三个问题是关于扶贫领域腐败和作风建设。脱贫攻坚是来不得假、来不得虚的，更不能搞腐败，必须有严实的作风才能把这项工作做好。所以中央将2018年作为扶贫领域作风建设年，开展腐败和作风问题专项治理，主要的目的就是要把脱贫攻坚责任落实到位、政策落实到位、工作落实到位。现在总体上看进展是顺利的，效果是明显的，社会上对基层扶贫干部的作风和能力是认可的。当然，这里面仍然有一部分作风不实的帮扶干部，该换的换、该撤的撤、该批评教育的批评教育，这方面问题突出的，每年全国都有几万人受到批评教育甚至组织处理。另外，对表现好的提拔重用，建立正确的用人导向。

总体上看，现在扶贫领域的腐败问题越来越少，比如说违规资金从2013年的15.7%下降到现在的1%以下，处理的人数也少了。还有我们广大扶贫干部，特别是基层扶贫干部为脱贫攻坚作出了重大贡献，他们不仅作风好、工作实，有的甚至付出了鲜血和生命。截至今年6月底，全国牺牲在扶贫岗位上的一共有770多人。谢谢。

日本读卖新闻记者：

目前中国脱贫攻坚战的焦点在于为了可持续发展而促进农民的创业，我采访过一些新产业，可以看得出来有些农民没有专业知识，从事新产业没有那么简单。请问目前在中国各地推动的新产业发展有多大规模？能否提供具体的数据？另外对于这些新产业今后的发展有何展望？

韩长赋：

你讲到的是怎么通过产业扶贫和乡村创业来减少贫困的问题。习近平总书记反复强调，产业是发展的根基，产业扶贫是稳定脱贫的根本之策。从这些年的实践看，发展产业和支持创业是“五个一批”中带贫面最广、脱贫人数最多的。只要一个地方选准了产业，让贫困户加入进来，就能有效减少贫困和防止返贫。我在这里给大家介绍一组数据：截至目前，贫困地区累计建成各类扶贫产业基地10万个以上，现在已经有92%的贫困户通过“龙头企业＋合作社＋贫困户”等方式参与到产业发展当中。各地为此组建了4 100多个产业扶贫技术专家组，而且还聘请了产业发展指导员26万人。据国家统计局统计，2019年上半年贫困地区农村居民人均可支配收入5 216元，比上年同期实际增长了8.4%，这个增速比全国农民收入平均增速快了1.8个百分点。

你说到的现象我们也注意到，现在农村产业扶贫最大的一个困难就是怎么培育和发展长效产业，建立稳定脱贫长效机制，贫困地区产业总体比较弱，规模小、链条短，有些地方还存在同质化、竞争力不强的问题。当前，脱贫攻坚已经进入最后冲刺阶段，我们将总结推广一些地方好的经验，重点加强以下三方面工作：

第一，突出特色产业发展。有些地方经济上不发达，但有独特的生态优势，发展特色产业潜力巨大。我们将加强规划和引导，支持贫困地区挖掘特色资源，发展特色产业。

第二，强化产销衔接。现在没有种不出来的东西，只有卖不掉的东西。贫困地区大多流通成本偏高，市场信息不太灵，加工仓储也比较缺乏，品牌建设比较滞后，要把这些问题解决好，主要是靠搞好产销对接。现在我们已经组织了多种形式的产销对接活动，比如组织很多大的电商企业参与贫困地区的农产品销售，在很多城市建立了贫困地区农产品销售网点和渠道，发挥了重要的作用。下一步，我们将继续集中精力搞好产销对接，把贫困地区的特色资源、生态资源转化为市场优势、品牌优势和经济优势。

第三，进一步健全利益联结机制。就是要让贫困户更好地加入到产业发展当中来。我们将总结推广订单帮扶、股份合作、园区带动、生产托管、扶贫车间等带贫模式，让贫困户参与进来。有劳动能力的贫困户参加生产，没有劳动能力的可以入股，因为中央有很多扶贫政策和资金，他们可以通过和新型经营主体建立利益联结机制来分享收益。总之，当前要把产业扶贫作为脱贫攻坚“五个一批”的重点来抓，从长远看，要通过它把脱贫攻坚和乡村产业振兴衔接起来，使贫困户能够持续增收，巩固脱贫成果。

刘永富：

我补充介绍一点情况，不管是农民的创业还是贫困人口通过发展产业来脱贫，都会碰到很多困难和问题，难度还是挺大的。因为有些贫困人口比如搞养殖，养羊、养牛、养猪，得病了、死掉了，种果树，不会防病防虫，不会施肥剪枝疏果，所以效果不好。针对这些情况我们有这么几条措施：

一是培训。组织贫困人口进行培训，提升他们的技能。采取现场培训，不是课堂培训，提升技能、能力的同时，也转变观念、培养市场意识。我们注意到，一般贫困户即使培训了，也只能操作，很难办起企业。因此，我们就注重培训贫困村创业致富带头人。我们计划在全国12万个贫困村，脱贫攻坚期内培育四五十万带头人，现在已经培训了30多万人，这些带头人培训以后就可以组织贫困户参与到产业发展当中来。

二是支持贫困人口的创业政策。比如说贫困户想创业搞产业，但没有启动资金，那么政府就给他发放5万元以下、3年以内、免抵押、免担保、基准利率放贷、扶贫资金贴息、县建风险基金的扶贫小额信贷。现在已经在全国1 400多万贫困户中发放了5 800多亿元，基本上近半数的贫困户获得了贷款支持。

三是搞一些引导。宣传推介一些先进经验，让贫困户就近学习，用身边的先进来引导他们。同时，回引一些本土人才。总之，我们要在发展产业的过程中把贫困人口带动起来，在全民创业的过程中把培训贫困人口和贫困村创业致富带头人作为工作的一个重点来做。谢谢。

人民日报记者：

实施乡村振兴战略提出已经快两年时间了，中央农办（全称中央农村工作领导小组办公室）、农业农村部在推进过程中采取了哪些措施？取得了哪些成效？

韩长赋：

党的十九大提出实施乡村振兴战略，习近平总书记讲，这是新时代“三农”工作的总抓手，要全面推进乡村产业振兴、人才振兴、文化振兴、生态振兴和组织振兴。这两年来，党中央高度重视，各地各部门采取有力措施，乡村振兴战略实施开局良好，取得了积极成效。在这个过程中，主要是抓了这样几件事：

一是科学制定规划。中共中央、国务院印发了《乡村振兴战略规划（2018—2022年）》，部署了一系列重大工程、重大计划和重大行动，配套实施了农村人居环境整治三年行动。各省都出台省级的乡村振兴战略规划，大多数市县也制定了市县规划和方案，从中央到地方，乡村振兴的蓝图已经绘就，任务书、施工图都已经明确。今天下午我们还将在河北邢台召开村庄规划工作会，就是要引导村庄科学规划建设，保障乡村振兴有序推进、科学发展。

二是推广浙江经验。习近平总书记在浙江工作期间，亲自部署和推动实施了“千村示范、万村整治”工程，在浙江打造了一批生态宜居的美丽乡村，为其他地区提供了可学可鉴的样板。现在，各地到浙江调研，不用专门安排路线，想去什么地方就去什么地方，到处都是美丽乡村。中央农办、农业农村部、国家发展和改革委员会（简称发改委）已经系统总结了浙江“千万工程”的成功经验，中央转发全国。现在，我们与浙江正在共同建设乡村振兴示范省，通过典型引路带动全国乡村振兴。

三是展开工作布局。2018年一年，我们重点是抓工作布局。按照“产业兴旺、生态宜居、乡风文明、治理有效、生活富裕”的总要求，中央已经就发展乡村产业、改善农村人居环境、加强乡村治理和乡风文明建设出台了专门的指导意见，召开了会议进行部署。现在，农村已经涌现出一大批各具特色的乡土产业，2018年全国休闲农业和乡村旅游收入超过8 000亿元，农产品网络销售额接近3 000亿元。农村人居环境整治已经全面推开，开展农村垃圾污水处理和“厕所革命”，2018年已经完成1 000万农户的改厕。另外，我们选择了100个县、100个乡镇和1 000个村开展了乡村治理体系建设试点示范。

四是强化机制保障。近期，党中央印发了《中国共产党农村工作条例》，这是我们党历史上首次专门就农村工作出台党内法规，为推动乡村振兴战略实施提供了政治和组织保障。另外，我们正在会同有关部门研究制定土地出让收入更多投向农业和农村的改革方案、建立乡村振兴实绩考核制度等，落实五级书记抓乡村振兴。

实施乡村振兴战略，中央已经提出了2020、2035和2050年三个阶段性乡村振兴目标，并明确由中央农办和农业农村部负责牵头落实乡村振兴战略。我们将按照中央部署要求，扎实有效推进各项工作，确保到2020年乡村振兴取得重要进展。谢谢。

中央广播电视总台央视记者：

我想问刘永富主任一个问题，2020年稳定实现农村人口不愁吃、不愁穿，义务教育、基本医疗、住房安全有保障，是贫困人口脱贫的基本要求和核心指标。今年4月，习近平总书记在解决“两不愁三保障”突出问题座谈会上作出专门部署，想请刘主任给我们介绍一下目前这项工作的进展情况。谢谢。

刘永富：

“两不愁三保障”是贫困人口脱贫的核心指标，这次脱贫攻坚要解决的是绝对贫困问题，标准有三个方面。一是农民人均纯收入达到4 000块钱左右。二是“两不愁”，不愁吃、不愁穿，包括饮水安全。三是“三保障”，义务教育、基本医疗、住房安全有保障。这是消除绝对贫困的标准，如果达不到这个标准，不仅影响脱贫攻坚质量，而且也可以说是没完成任务。所以要特别注意防止工作中出现死角。在今年4月重庆座谈会以后，我们主要做了这么几点：

一是坚持标准。既不能拔高，脱离国情、超越国情，又不能降低标准，影响质量和群众的获得感。这个标准具体是什么呢？义务教育有保障，就是九年制义务教育的适龄儿童、少年要有学上、能上学、上学方便，不失学辍学。基本医疗有保障，就是参加基本医疗保险、大病保险和医疗救助，得了常见病、慢性病，在县、乡、村三级医疗机构得到及时治疗，看得上病、看得起病。住房安全有保障，就是对农户特别是贫困户的住房都要进行鉴定。现在我们国家有危房的标准，ABCD4类，AB是安全的，C是要维修的，D是要重建的。饮水安全有保障，就是有水喝，喝上安全的水。当然，各地还可以进一步细化。

二是明确了责任。中央统筹，主要体现的是中央的主管部门要负起责任，要指导本行业解决这方面的问题。省负总责，就是省里细化标准，制定方案，市县两级组织实施，逐村逐户逐人逐项销号。

三是摸底解决。今年4月以来，全国进行了全面排查，“两不愁三保障”里面，存在义务教育辍学的、看不上病的、住危房的和饮水不安全问题的共500多万人，有一部分是建档立卡贫困人口，有一部分是建档立卡之外的。这个数字还是不完全的统计，截至目前已经解决了300多万人，还有170多万人没有解决，这170多万人将在今年年底前基本解决。现在大体的进展情况就是这样。谢谢。

香港紫荆杂志记者：

2018年，第十三届全国人大常委会先后审议了《中华人民共和国农村土地承包法》（简称《农村土地承包法》）、《土地管理法修正案（草案）》，社会各界对土地问题高度关注。请问韩部长，深化农村土地制度改革的进展如何？

韩长赋：

你提的问题很重要。土地是农业之本，也是农民的命根子。近年来，农业快速发展，农村社会保持稳定，其中很重要的一条就是我们始终坚持并且不断巩固家庭承包经营责任制，稳定农村土地承包关系。大家都知道，中国农村的改革是从土地制度改革开始的，下个阶段深化农村改革还要坚持处理好农民和土地关系这条主线。从这方面来讲，重点是“三块地”。

第一块地，就是承包地。这方面的改革主要是实行“三权”分置和搞好30年的延包，落实集体所有权、稳定农户承包权、放活土地经营权，更好地激活土地权能，培育新型经营主体，发展适度规模经营。现在全国耕地有5.4亿亩在各种主体间进行流转，有7 200万户的农户参与了流转土地。有的是流转出去，有的是流转进来。土地承包到期之后再延长30年，这是党的十九大给广大农民的一颗“定心丸”，也写进了这次修订的《土地管理法》。从第一轮土地承包算起，我国农村土地承包关系将稳定75年，让各方面都有稳定的预期。目前，我们已经基本完成了农村承包地的确权登记，这为下一步的30年延包打下了基础。从2020年开始，我们将选择一部分县市进行延包试点，总结经验，在试点基础上形成全国的配套政策和延包的办法，确保这项大政策能够很好地衔接、平稳地过渡。

第二块地，就是农村集体经营性建设用地。这次新修订的《土地管理法》明确，农村集体经营性建设用地在符合规划，并且经过2/3以上集体经济组织成员同意的情况下，可以直接入市，这是一个重大的改革创新。大家知道，过去农村集体经营性建设用地是不能直接入市的，需要经过征地环节。据测算，全国农村集体经营性建设用地有4 200多万亩，可以说这是一笔很大的财富，是农民财产性收入的重要来源，也是集体经济的重要支柱，所以一定要管好用好。

第三块地，就是农村宅基地。这是农民的重要财产。这一轮机构改革明确，农业农村部负责农村宅基地改革工作。这方面，2015年全国已经有33个县开展了改革试点。宅基地涉及到广大农民的切身利益，也涉及到农村的稳定。所以，下一步我们将按照稳慎推进的原则，再选择一批县和市，深化改革试点。重点是以宅基地的“三权”分置为抓手，探索落实宅基地的集体所有权，保证宅基地农户的资格权，适度放活宅基地的使用权，既保障农民权益，又为乡村振兴增添活力。我们相信，这“三块地”的改革将会为整个农村改革和制度建设奠定更加巩固和完善的基础。谢谢。

经济日报记者：

深度贫困地区脱贫攻坚问题一直备受关注，2017年习近平总书记曾对攻克深度贫困堡垒提出明确要求，能否介绍一下如今这项工作的进展情况和下一步的安排？谢谢。

刘永富：

记者朋友对脱贫攻坚都非常熟悉，我看问的都是重要的问题。深度贫困问题是千百年来形成的，原因非常复杂。前几轮的扶贫都没有把深度贫困地区最后攻下来，这一次能不能攻下来关系到脱贫攻坚战能不能打赢，是一个难题，我们讲攻城拔寨主要就是讲这个，我们一定要防止深度贫困地区拖后腿。

一是明确工作思路。按照习近平总书记的指示和党中央国务院的部署，中央重点支持解决“三区三州”，即西藏自治区、四省藏区、新疆维吾尔自治区南疆四地区和四川凉山州、云南怒江州、甘肃临夏州的贫困问题，各个省份解决好自己区域内的深度贫困问题，中央各个部门要在政策支持、工作指导等方面，包括东西部扶贫协作和对口支援、中央单位定点扶贫工作都要支持深度贫困地区的脱贫攻坚，要明确这么一个工作思路。

二是确定深度贫困地区。“三区三州”是明确的，“三区三州”外，还有相当一部分深度贫困地区，比如云南昭通、贵州毕节这样的地方，各省再找出来，以市或者以县为单位，根据资源和实际编制脱贫攻坚的实施方案。

三是加大支持力度。深度贫困地区自身加大工作力度，中央和省级层面加大帮扶人员选派和资金的投入。比如凉山，四川省就从凉山州外的地方，在省内调剂了5 700人到凉山驻村帮扶。再比如说中央财政专项扶贫资金的支持，去年新增了200亿，120亿用到了“三区三州”，占60%；今年新增了200亿，135亿用到了“三区三州”，约占65%，加大了支持的力度。应该说成效还是比较明显的。

深度贫困地区脱贫攻坚方案得到了较好的实施，进度都超过计划。比如在资金的投入方面，到目前为止已经有接近80%的资金到位了，这是3年的计划，我们还有1年多的时间，但接近80%的资金都到位了。去年“三区三州”有305万贫困人口，去年一年就减少了133万人，还剩172万人。去年“三区三州”的贫困发生率比中西部下降了3.3个百分点，只有中西部地区的一半。下一步，我们不能放松，深度贫困地区仍然是重点，要继续保持这个力度，对进度慢的地方要挂牌督办。谢谢。

赵江涛：

感谢大家的关注和参与，今天的发布会到此结束。谢谢大家。

Part3 | 第三部分

国务院新闻办公室新闻发布会及政策例行吹风会

张馨/摄

3.《关于坚持农业农村优先发展做好“三农”工作的若干意见》新闻发布会

《关于坚持农业农村优先发展做好“三农”工作的若干意见》新闻发布会

一、基本情况

时　间	2019年2月20日（星期三）下午3时	
地　点	国务院新闻办公室新闻发布厅	
主　题	解读《关于坚持农业农村优先发展做好“三农”工作的若干意见》	
发布人	中央农村工作领导小组办公室主任、农业农村部部长	韩长赋
	农业农村部党组成员兼中央农办秘书局局长	吴宏耀
主持人	国新办新闻局局长、新闻发言人	胡凯红

二、现场实录

胡凯红：

女士们、先生们，大家下午好，欢迎大家出席国务院新闻办（全称国务院新闻办公室）今天下午举办的新闻发布会。昨天，《关于坚持农业农村优先发展做好“三农”工作的若干意见》，就是今年的中央1号文件正式对外发布了。今天下午，很高兴邀请到中央农村工作领导小组办公室主任、农业农村部部长韩长赋先生，请他解读1号文件，并回答大家的提问。今天出席发布会的还有农业农村部党组成员兼中央农办秘书局局长吴宏耀先生。下面，我们先请韩部长介绍。

韩长赋：

女士们、先生们、新闻界的朋友们，下午好。昨天是二十四节气中的雨水，新华社受权播发了《关于坚持农业农村优先发展做好“三农”工作的若干意见》，就是2019年的中央1号文件。下面，我向大家作一个简要的介绍。

张馨/摄

以习近平同志为核心的党中央高度重视“三农”工作，始终坚持把解决好“三农”问题作为全党工作重中之重。2018年9月，习近平总书记专门对做好今明两年“三农”工作、起草好今年的中央1号文件作出重要指示，强调要对标全面建成小康社会必须完成的硬任务进行全面部署。2018年底，习近平总书记对中央农村工作会议作出重要批示，充分肯定了2018年农业农村发展成绩，强调了做好“三农”工作的重大意义，明确了重点任务。总书记的重要指示，为制定今年的1号文件、做好今明两年“三农”工作确定了基调，提供了根本遵循。李克强总理也对做好“三农”工作提出了明确要求。

2018年，农业农村发展取得了新成绩，脱贫攻坚迈出坚实步伐，乡村振兴开局良好。农业生产再获丰收，粮食总产量达到13 158亿斤，连续7年稳定在1.2万亿斤以上，肉蛋奶、果菜鱼等重要农产品供应充裕。农民收入持续较快增长，农村居民人均可支配收入14 617元，扣除价格因素实际增长6.6%，增速继续高于城镇居民收入。农村发展呈现新气象，农村人居环境整治三年行动启动实施，首届“中国农民丰收节”成功举办。农业农村稳中向好，为经济社会持续健康发展提供了有力支撑。

2019年是新中国成立70周年，是决胜全面建成小康社会第一个百年目标的关键之年，也是打赢脱贫攻坚战和实施乡村振兴战略的重要历史交汇期，做好“三农”工作具有特殊重要性。当前，我国经济下行压力加大，外部环境发生深刻变化，风险和困难明显增多，必须守住“三农”这个战略后院，发挥好“压舱石”和“稳定器”的作用。还要看到，全面建成小康社会，最艰巨最繁重的任务仍然是在农业农村，必须集中力量攻坚，确保顺利完成承诺的农村改革发展目标任务，为有效应对各种风险挑战赢得主动，为确保经济持续健康发展和社会大局稳定、如期实现第一个百年奋斗目标奠定基础。

2019年的中央1号文件以习近平新时代中国特色社会主义思想为指导，全面贯彻党的十九大和十九届二中、三中全会以及中央经济工作会议精神，以实施乡村振兴战略为总抓手，对标全面建成小康社会“三农”工作必须完成的硬任务，适应国内外复杂形势变化对农村改革发展提出的新要求，抓重点、补短板、强基础，对做好“三农”工作作出了全面部署。文件主要特点可以概括为“六个突出”。

一是突出稳中求进工作总基调。着眼于稳市场、保供给，强化发展农业特别是抓好粮食生产的政策举措，明确要求稳定粮食生产面积、稳定粮食产量。着眼于稳就业、促增收，强调支持乡村产业发展壮大，进一步挖掘农村就业潜力，为农民提供更多就近就业机会。着眼于稳政策、促改革，在稳定农村基本政策的基础上，深入推进新一轮农村改革。着眼于稳社会、促和谐，强调加快补齐农村民生短板，着力营造风清气正、和谐稳定的农村社会环境。

二是突出实施乡村振兴战略总抓手。围绕实施乡村振兴战略已经明确的时间表、路线图和任务书，逐项明确阶段性工作举措，推动乡村振兴一年一个新进展，不断增强农民群众的幸福感、获得感。

三是突出围绕硬任务抓落实。对打赢脱贫攻坚战、保障国家粮食安全、抓好农村人居环境整治等硬任务进行再强调、再动员、再部署，细化举措、压实责任，把工作重心、投入保障、政策供给向硬任务聚焦，确保各项任务如期完成。

四是突出农业供给侧结构性改革主线。围绕“巩固、增强、提升、畅通”八字方针，对调整优化农业结构、发展乡村特色产业、促进一、二、三产业融合发展等作出部署，着力推动农业供给侧结构性改革这篇文章往深里做、往细里做。

五是突出发挥农村党支部战斗堡垒作用。把全面加强农村基层组织建设放在更加突出的位置，明确了抓实建强农村基层党组织的总体要求、重点任务和保障措施。

六是突出农业农村优先发展政策导向。细化实化了五级书记抓乡村振兴的制度安排，强调要把落实“四个优先”的要求扛在肩上、抓在手上，同政绩考核联系到一起，进一步强化政策支持。

可以说，今年的中央1号文件，是决胜全面小康攻坚冲刺阶段的1号文件，是脱贫攻坚和乡村振兴交汇推进时期的1号文件，是改革开放40年新时代农村改革再出发的1号文件。文件的指导性、针对性、前瞻性都很强，我们要全面抓好贯彻落实。

2019年重农强农的号角已经吹响，我们要坚决贯彻落实党中央确定的“三农”工作大政方针，撸起袖子加油干，千方百计把“三农”领域的事情办实办好，巩固发展“三农”持续向好形势，以优异成绩为新中国成立70周年献礼！

我的介绍就到这里。下面，我和我的同事愿意回答大家的提问。

胡凯红：

谢谢韩部长的介绍。下面开始提问，提问之前请通报一下所代表的新闻机构。

中央广播电视总台央视记者：

刚才介绍到，今年中央1号文件的特点包括突出围绕硬任务抓落实，能否具体介绍一下什么是硬任务，有哪些硬任务？谢谢。

韩长赋：

这个问题提得好，涉及到文件的重点。到2020年，我们要实现第一个百年奋斗目标，要全面建成小康社会，这是我们党对全国人民作出的庄严承诺，也是我们必须完成的硬任务。所以，今年的1号文件对“三农”工作是围绕这些硬任务作重点部署的。

第一，打赢脱贫攻坚战。这是全面建成小康社会最大的硬任务，是重中之重、急中之急。今年文件把它摆在了非常突出的位置。这方面一是要重点解决好实现“两不愁三保障”存在的薄弱环节。二是加大“三区三州”等深度贫困地区脱贫攻坚力度，要把这个“硬骨头”啃下来。三是减少和防止脱贫人口返贫，做好脱贫攻坚与乡村振兴的衔接。从这个角度来说，产业扶贫是非常重要的，能够提供就业岗位、拓宽增收渠道，也是脱贫攻坚和乡村振兴最直接、最有效的衔接点。所以，产业扶贫在脱贫攻坚中是一个重要措施。

第二，抓好粮食生产。这始终是农业农村工作的头等大事和首要任务，手中有粮，心中不慌，也是应对经济下行压力加大、各种不确定风险增加的“压舱石”。今年1号文件作出了特殊强调，释放了明确的重农抓粮的信号。每年关注1号文件的朋友们会注意到，今年的文件强调要毫不放松抓好粮食生产，就是稳面积、稳产量、稳政策，提出要稳定扶持粮食生产的政策举措，确保粮食播种面积稳定在16.5亿亩，粮食产量保持稳定。要严守18亿亩耕地红线，全面落实永久基本农田的特殊保护制度，巩固和提高粮食生产能力。另外，也提出到2020年确保完成建成8亿亩高标准农田的任务。

第三，增加农民收入。到2020年，农民人均收入比2010年翻一番，这是全面建成小康社会的硬指标。这几年农民收入增长较快，已经连续9年增速快于城镇居民收入。今明两年要保持农民增收好的势头，所以文件对发展壮大乡村产业、拓宽农民增收渠道作出了部署和安排。

第四，改善农村人居环境。这是实施乡村振兴战略的重点任务，必须抓好农村人居环境整治三年行动，确保到2020年农村人居环境得到阶段性明显改善。这方面要深入学习推广浙江“千村示范、万村整治”工程的经验，重点抓好垃圾污水治理、“厕所革命”和村容村貌提升。因为中国各地农村的情况千差万别，所以推进人居环境整治要从实际出发，坚持因地制宜、分类指导，循序渐进、量力而行，注重同农村经济发展水平相适应，还要同当地的文化和风土人情相协调。

第五，补齐农村基础设施和公共服务短板。农村基础设施和公共服务落后，是城乡差距最直观的一个表现，也是农民反映强烈的一个民生痛点。所以，要加快补齐短板，改善农村民生。文件提出要实施村庄基础设施建设工程，加强农村饮水、道路、用电、住房、物流、信息网络等基础设施建设，提升农村教育、医疗、卫生、社会保障、文化体育等公共服务水平，加强农村污染治理和生态环境保护，推动农业农村绿色发展，建设山清水秀、天蓝地绿的生态宜居乡村。

在其他领域也还有一些硬任务，也必须强化时间节点的意识，加强统筹协调，细化工作举措，层层压实责任，确保这些硬任务能够按时收官交账。应该说“三农”工作任务很多，这几项是硬任务。特别是要对标全面小康，脱贫攻坚是重中之重，必须按时保质保量完成，不能打折扣。粮食安全是首要任务，必须守住底线，确保生产不滑坡。乡村振兴是总抓手，必须全面推进，久久为功。我想这些都是今明两年我们必须要大力推进的。谢谢。

中国新闻社记者：

请问两个问题。第一，中央实施乡村振兴战略已经一年多的时间了，目前进展如何，在实施过程中遇到哪些问题，以及如何完成起步期的重点工作？第二，今年是21世纪以来中央1号文件连续第16年聚焦“三农”问题，请问当前的经济形势下，中央为何要连续聚焦，有何深意？谢谢。

韩长赋：

乡村振兴战略是党的十九大提出的重大战略，而且写进了《中国共产党章程》。一年多来，各地认真贯彻落实中央决策部署，精心组织谋划，努力推动落实。各地都已经研究制定了实施乡村振兴战略的政策意见，出台了实施乡村振兴战略的地方规划。大家都知道，2018年下半年，国家乡村振兴战略规划已经发布了。2018年9月，也是在这个地方曾经举办过新闻发布会，各地基本上都制定了配套计划，应该说基本搭建起了乡村振兴战略实施的“四梁八柱”，明确提出了推进乡村振兴战略的时间表、路线图和任务书。同时，针对重点领域和关键环节，从中央到地方，也研究出台了一批专项规划、行动计划、实施方案，部署了一批重大工程、重大项目、重大行动。乡村产业发展、人居环境整治等这些任务都取得了新的进展，可以说实施乡村振兴战略已经有了良好的开局。

但是，我们还要看到农业农村发展不平衡、不充分的问题仍然突出，乡村振兴还面临一些亟待解决的困难和问题。比如市县的重视程度还需要进一步提升，乡村振兴“人、地、钱”瓶颈制约还需要破解，农村基础设施建设、民生领域欠账比较多，农民主体作用也有发挥不够的情况等。

下一步，我们将围绕实施乡村振兴战略的重点任务，进一步强化要素支撑和制度保障，1号文件和去年印发的国家乡村振兴战略规划讲了很多的具体措施。我以为最重要的有这么几条：一是深入学习宣传贯彻习近平总书记关于“三农”工作的重要论述，增强理论武装，明确乡村振兴战略的思路、方向，进一步统一思想，凝聚各方力量。二是要强化五级书记抓乡村振兴的制度保障，这是我们的制度和体制优势，要层层压实责任，建立领导班子和领导干部实绩考核制度，加强考核结果应用，发挥考核指挥棒和方向标的作用，推动工作落实。三是贯彻落实农业农村优先发展方针，完善优先发展顶层设计，真正树立起农业农村优先发展政策导向，做到干部配备优先考虑、要素配置优先满足、资金投入优先保障、公共服务优先安排，解决好“人、地、钱”的问题。乡村振兴要真刀真枪干，也需要真金白银投。四是夯实乡村振兴人才支撑，解决“谁来振兴”的问题。要把乡村人力资本开发放在首要位置，畅通智力、技术、管理、人才的下行通道，培养懂农业、爱农村、爱农民“一懂两爱”的“三农”工作队伍，引导各类人才投身乡村振兴。这几条措施是下一步工作要强调和落实的。

关于第二个问题，我想，最重要的两句话，一是体现了我们党对“三农”工作的高度重视，对亿万农民的深切关怀，把“三农”工作放在重中之重的位置。二是今明两年是全面建成小康社会的决战决胜期，全面小康的短板和难点在“三农”方面，特别是贫困地区。今年1号文件继续聚焦“三农”，对决胜全面建成小康社会、实现第一个百年奋斗目标是非常重要的。谢谢。

路透社记者：

有两个问题。第一，市场比较关注1号文件中提到的大豆振兴计划，能否介绍计划的具体细节，比如今年增加产量和面积的目标是什么？第二个问题，关于中美贸易战，从贸易战开始中国已经批准从很多新的国家进口粮食，请问中美经贸磋商后，这种多元化政策会继续实行吗？

韩长赋：

你提出了一个关于大豆生产和贸易问题，这个问题我想请吴宏耀局长回答。

吴宏耀：

大豆振兴计划是调整农业供给侧结构，特别是种植业结构的一个重要举措，主要在以下几个方面着力：第一，要稳定恢复中国大豆种植面积，主要是在东北地区、黄淮海地区引导农民扩大大豆种植。第二，在科研上加快优质、高产大豆品种选育，开展联合攻关，提高大豆品种的适应性、高产性和优质性。第三，结合加工业发展，培育一些新的大豆企业、新的合作组织，提高大豆生产经营的组织化程度和水平。所以，大豆振兴计划主要是从技术上、结构上、政策上给予一定的扶持。

第二个问题，关于中美贸易大豆进口的问题。中国常年从美国进口大豆，占总进口量的1/3左右。去年受贸易摩擦的影响，从美国进口大豆有所减少。刚才也说了，中国大豆的需求量每年大概在1.1亿吨左右，而我国大豆产量在1 600万吨左右，85%左右的大豆需要进口。我们要进一步加大对外开放力度，包括农业对外开放的力度，利用好两个市场、两种资源，中国

张馨/摄

进口大豆的大门是打开的。从哪儿进，要根据市场，让市场说了算，让企业说了算，要按照经济规律办事。我们也是向美国市场开放的。

韩长赋：

我想补充三句话。第一句话，中国是大豆的原产地，也有自己的特点和优势，所以中国肯定会根据自己的资源优势和消费者需要，适度、合理发展自己的大豆。第二句话，中国虽然是要恢复和发展大豆生产，但是大豆市场的供给以进口大豆为主的格局不会改变。刚才宏耀同志讲了，我们一年生产1 600万吨左右大豆，而我们需求在1.1亿吨，常年需要进口9 000万吨左右。第三句话，我们肯定会在国际上开展大豆贸易，进口要多元化，中美肯定是大豆贸易的重要伙伴。谢谢。

农民日报记者：

今年中央1号文件的题目是坚持农业农村优先发展做好“三农”工作，韩部长在介绍今年中央1号文件六个特点里面，其中一个特点讲的就是突出优先发展的政策导向。请问在优先发展方面，有没有具体的要求？谢谢。

韩长赋：

农业农村优先发展是党中央从党和国家事业发展全局出发提出的，也是从解决城乡发展不平衡、乡村发展不充分的矛盾出发提出来的，是一个必须长期坚持的重大方针。1号文件对坚持这个方针、这个政策导向提出了要求，大家可能注意到了，文件的标题就是“关于坚持农业农村优先发展做好‘三农’工作的若干意见”。具体来说，就是习近平总书记提出的“四个优先”：

一是在干部配备上优先考虑。要优先把优秀的干部充实到“三农”战线，优先把精锐力量充实到基层一线，优先把熟悉“三农”工作的干部充实到各地党政班子，建立健全“三农”工作干部队伍培养、配备、管理、使用机制，打造一支“一懂两爱”的“三农”工作队伍。

二是在要素配置上优先满足。要破除阻碍城乡流动、平等交换体制机制障碍，改变资源要素向城市单向流动格局，引导和支持土地、人才、资金、技术以及科技等各类发展要素向农业农村流动，释放发展潜力和活力。

三是在资金投入上优先保障。要坚持把农业和农村作为财政优先保障领域和金融优先服务领域，加大公共财政倾斜力度，提高土地出让收入用于农业农村投入比例，过去长期是“取之于农，主要用之于城”，今后要确保农业农村投入力度不断增强、总量不断增加。

四是在公共服务上优先安排。要努力推进城乡基本公共服务标准统一、制度并轨，能够实现形式上的普惠向实质上的公平转变，让农民在农村就可以享受到优质的公共服务资源。用农民的话说，我们希望有一天能够过上跟城里人一样的日子。

文件提出来要制定农业农村优先发展的意见和具体办法。优先贵在落实，要真正改变“三农”工作“说起来重要、干起来次要、忙起来不要”的现象，强化五级书记抓乡村振兴责任，把“四个优先”的要求真正扛在肩上、抓在手上，并且和政绩联系起来，层层落实责任，动真格、见实效、能考核，把中央重视“三农”工作、加快农业农村现代化的战略部署，通过这些政策优先的措施，切实得到保障。谢谢。

中国日报记者：

今年是新一轮农村改革的开局之年，土地制度改革作为农村改革的一个“重头戏”，请问下一步改革的重点和方向是什么？谢谢。

韩长赋：

今年确实是新一轮改革的开局之年，中央1号文件对新一轮农村改革作出了部署。处理好农民和土地的关系仍然是深化农村改革的主线，总的要以土地制度改革为牵引，推进农村改革。具体来说，有这么几个方面是重要的。

第一，保持土地承包关系稳定并长久不变。要扎实完成承包地确权登记颁证，妥善处理好、化解好遗留问题，将土地承包经营权证书发到农户手中，我们叫“颁铁证”“吃定心丸”。这项工作在党的十八大以后连续干了5年，已经基本完成，今年要做好收尾工作。同时，研究出台第二轮土地承包到期以后再延长30年的配套政策，习近平总书记在党的十九大报告中宣布了这样一个决策，我们要根据中央要求，制定配套政策，确保政策衔接能够平稳过渡。

第二，要继续深化农村土地制度三项改革。就是土地征收、集体经营性建设用地入市和宅基地制度改革。改革试点已经实行了4年，要总结好试点经验，巩固扩大改革成果。试点比较成熟的，比如农村土地征收和集体经营性建设用地入市，这方面将会在修改相关法律基础上，完善配套制度，加快建立城乡统一的建设用地市场。试点不够充分还不够成熟的，比如宅基地制度改革，要稳慎推进，拓展改革试点，丰富试点内容，探索适度放活宅基地和农民房屋使用权的有效途径，盘活利用闲置宅基地和闲置农房，增加农民的财产性收入。大家都说农村有很多“空心村”，有很多闲置宅基地和闲置农房，要探索一些盘活利用的路径。在这之前，要做好基础性工作，组织开展农村宅基地和农房的调查，摸清全国宅基地的基本情况，力争2020年基本完成宅基地使用权的确权登记颁证工作，这是一项很重要的工作。

第三，创新经营方式。要完善承包地“三权”分置的法律法规和政策体系，突出抓好培育家庭农场和农民合作社这两类新型农业经营主体，同时落实扶持小农户发展政策，培育各类社会化服务组织，提高农业的经营效率和水平。

当然，农村土地制度改革还有其他的任务，这项改革是大事，所以必须稳慎推进。1号文件也强调，改革要守住底线，就是要坚持农村土地集体所有、不搞私有化，坚持农地农用、防止非农化，坚持保障农民土地权益、不得以退出承包地和宅基地作为进城落户的条件，这些底线是要守好的。总之，以土地制度改革为牵引推进新一轮农村改革，会进一步释放农村发展的活力。谢谢。

凤凰卫视记者：

我们关注到，文件提出要推动农村各类产权流转交易的规范运行，2019年农业农村部会有什么具体举措？谢谢。

韩长赋：

农村产权制度改革是农村改革的重要方面，这方面的改革安排就是要做好两件事。首先要搞好清产核资，就是集体有多少资产，包括经营性资产，也包括非经营性资产，这项工作今年年底前要基本完成，要搞清家底。第二要推动股份合作制改革试点，建立农村股份合作组织，也就是说，要解决这些资产哪些人有份、怎么样管理和运营，建立一套产权明晰、权属清楚、运行有效的机制。这项改革目前是在扩大试点的阶段，一部分县市在进行试点。这里面政策性很强，现在城市化和工业化加快推进，特别是大量的农民也就是集体经济组织成员外出务工经商、进城落户，农村在发生很大的变化，集体经济组织成员也在发生很大的变化。所以，要把集体资产的家底以及资产的权属搞清楚。另外，现在实施乡村振兴战略，增加农民的财产性收入，也要通过推进改革，把农村的资源要素盘活。这项改革中央已经下发了文件，工作正在有序推进。我们也相信，随着改革逐步到位，会进一步释放农村发展的活力。谢谢。

光明日报记者：

乡村治理是实施乡村振兴战略的关键一环，20字总要求里乡风文明和治理有效都和乡村治理有关。请问韩部长，今年的中央1号文件在加强和改善乡村治理方面有怎样的政策亮点？谢谢。

韩长赋：

谢谢你，你学习得很好。乡村振兴总要求是5句话20个字，其中很重要的就是治理有效。乡村振兴不仅仅是经济振兴，而是乡村的全面振兴。乡村治理是乡村振兴的关键环节，它关系到农民的幸福感和安全感，关系农村社会稳定，也关系党在农村的执政基础。现在，乡村治理特别是基层治理也有一系列的问题和挑战，比如你刚才讲的乡风文明方面，现在婚丧陋习、老无所养等一些农村不良风气有所抬头，有些地方农村黑恶势力侵蚀农民的安全感和幸福感，一些农村基层党组织软弱涣散、服务动员农民的能力弱化，村民自治组织作用发挥得也不够。今年的1号文件对乡村治理进行了重点部署。

一是完善乡村治理机制。要健全党组织领导的自治、法治、德治相结合的领导体制和工作机制，健全村级议事协商制度，发挥群众参与治理的主体作用，打造充满活力、和谐有序的善治乡村。按照中央的要求，我们研究起草了加强和改进乡村治理的政策意见，加强对这项工作的指导。

二是加强农村精神文明建设。要守牢农村思想文化阵地，引导农民践行社会主义核心价值观，挖掘农村优秀传统文化，通过村规民约等方式，推进农村移风易俗，革除陈规陋习，建设文明乡风。

三是建设平安乡村。要深入推进扫黑除恶专项斗争，坚决查处发生在农民身边的不正之风和腐败问题，加强农村矛盾纠纷调处化解和乡村公共安全隐患的排查和治理，确保农村社会能够风清气正、和谐稳定。

四是抓好农村基层党组织建设。“基础不牢，地动山摇”，要逐个整顿软弱涣散基层党组织，选好用好村党组织带头人，加强和改善村党组织对村级各类组织的领导，强化村级组织的服务功能。同时很重要的是，要完善村级组织运转经费保障机制，这是文件中一个很大的政策。要因地制宜发展壮大集体经济。通过这些措施，发挥好农村基层党组织的战斗堡垒作用，带动提升乡村治理能力，完善乡村治理体系。这方面工作应该说任务还是很艰巨的，通过贯彻落实文件，乡村治理也会成为乡村振兴的一个亮点。谢谢。

中央广播电视总台国广记者：

去年年底，中央经济工作会议提出了“巩固、增强、提升、畅通”供给侧结构性改革八字方针。请问，今年中央1号文件在农业供给侧结构性改革方面有什么重要的举措？谢谢。

韩长赋：

八字方针是中央经济工作会议提出的重要方针，就是要深化供给侧结构性改革，包括农业供给侧结构性改革。应该说，近两年农业供给侧结构性改革取得了良好进展，农产品的供给结构和需求结构存在的错配问题有明显改善，玉米去库存成效比较显著，农业绿色发展正在兴起，农产品质量持续提升，但是农业的主要矛盾还是在供给侧，所以说这项改革仍然在路上。贯彻八字方针，1号文件也进行了强调。要坚持以供给侧结构性改革为主线不动摇，围绕巩固、增强、提升、畅通来推进农业绿色化、优质化、特色化、品牌化，把农业供给侧结构性改革的文章往深里做、往细里做，目标就是不断推动农业高质量发展，从措施来说：

第一方面，要持续优化农业结构，通过继续抓好去库存、降成本、补短板来巩固玉米结构调整成果，同时把握好玉米去库存节奏，加大稻谷去库存力度，实施大豆振兴计划，增加紧缺和绿色优质农产品供给，合理调整粮经饲结构，推进畜牧业提质增效和渔业转型升级。

第二方面，要着力推进农业绿色发展，推行绿色种养、生态循环这些生产方式，开展农业节肥节药行动。去年，全国实现了农药化肥使用量“两个负增长”，这是一个历史性转折，要继续推进。另外，畜禽粪污等农业废弃物资源化利用也要推进，还要扩大轮作休耕试点。

第三方面，要狠抓农产品标准化生产、品牌创建和食品安全监管，实施农产品质量安全保障工程，健全监管体系、监测体系、追溯体系，推动形成优胜劣汰、质量兴农、品牌强农的农业发展格局。

这三个方面应该是农业结构调整的重要措施。我们相信，在稳定总量的同时，不断优化结构，我们农业的质量、效益和竞争力会不断提升。谢谢。

胡凯红：

由于时间关系，下面是最后一个提问。

中华合作时报记者：

中央1号文件中强调了农民合作社的规范提升，提出了建立健全支持合作社发展政策体系和管理制度。现在，“三位一体”综合合作在浙江等省已经取得了初步成效。请问，下一步在推动“三位一体”综合合作发展方面，将如何加强政策支持和引导，可否赋予供销合作社职能，从而推动合作社的规范发展？谢谢。

韩长赋：

这个问题请吴宏耀同志回答。

吴宏耀：

发展农民合作社和家庭农场，是我们培育农业新型经营主体的两个重点。今年的1号文件对这两个主体作出了部署：一个是大力发展家庭农场，第二个是规范发展农民合作社。

农民合作社的发展，这么多年来，应该说已经取得了很大的成绩，也发挥了积极的作用，但合作社发展过程中也出现了一些问题。对农民合作社，1号文件提出了两个方面要求：一是发展，二是规范。对一些不规范运行的合作社，包括“空壳社”“僵尸社”要进行整顿。

你说的浙江省在搞的供销合作社，应该是农民合作社的一个很重要的组成部分，也是中国合作经济的很重要的组成部分。对此，党中央、国务院高度重视，中央也发出了深化供销合作社综合改革的意见，各地都在贯彻落实。浙江合作社发展比较早，到现在为止发展得比较好，生产、供销、信用“三位一体”综合合作，应该说取得了积极的成效。从各个地方发展情况看，搞综合合作是一个方向，但是怎么搞综合合作，各地应该有不同的探索，可以像浙江把生产合作、供销合作、信用合作“三位一体”搞起来；也可以像山东搞代耕代种、全程保姆式耕种、土地托管，这也是一种很有效的形式。

在发展供销合作社方面，一是发展要向下，强化基层社，引导基层社回归本源，回到农民群众中，带动农民参与合作。二是要拓展供销合作社经营的范围，不光搞生产合作、产销合作，还可以搞一些信用合作，搞一些农产品的流通、加工方面的合作。

总的来说，一方面合作社的发展要大力支持，另一方面还是要加强引导，规范合作社的发展，使合作社发挥更好的作用。谢谢。

韩长赋：

我同意刚才吴宏耀同志的解答，我再补充一个观点。支持、扶持、引导农民合作社的发展，是我们农村改革以及乡村振兴过程中一项重要的政策导向。因为我们是小农户占大多数的国家，要发展市场化的农业，就要组织农民抱团闯市场。搞现代农业要发展适度规模经营，这也需要农民联合起来、组织起来，实现共同富裕的目标。所以，我们要坚持发展多种形式的合作社，这也是我们2019年的一项重点工作。谢谢。

胡凯红：

今天发布会到此结束。谢谢韩部长，谢谢吴局长，谢谢各位。

刘健/摄

4.《关于保持土地承包关系稳定并长久不变的意见》新闻发布会

《关于保持土地承包关系稳定并长久不变的意见》新闻发布会

一、基本情况

时　间	2019年11月28日（星期四）上午10时	
地　点	国务院新闻办公室新闻发布厅	
主　题	解读《关于保持土地承包关系稳定并长久不变的意见》	
发布人	中央农村工作领导小组办公室主任、农业农村部部长	韩长赋
	农业农村部党组成员兼中央农办秘书局局长	吴宏耀
主持人	国新办新闻局局长、新闻发言人	胡凯红

二、现场实录

胡凯红：

女士们、先生们，大家上午好，欢迎出席国务院新闻办公室新闻发布会。中共中央、国务院《关于保持土地承包关系稳定并长久不变的意见》日前已正式公布。今天我们很高兴邀请到中央农办主任、农业农村部部长韩长赋先生，农业农村部党组成员兼中央农办秘书局局长吴宏耀先生，请他们向大家介绍有关情况，并回答大家的提问。首先，有请韩部长作介绍。

韩长赋：

女士们、先生们，媒体朋友们，大家好。感谢大家长期以来对“三农”工作的关注和支持。

今天发布会的主题重大。土地关系是农村最基本的生产关系，以土地制度为核心的基本经营制度是党在农村的政策基石。改革开放以来，我们坚持

刘健/摄

土地家庭承包经营，并保持承包关系稳定不变，为解决吃饭问题奠定了制度基础，也为保持农村长期稳定奠定了制度基础。前天，中央授权新华社发布了《关于保持土地承包关系稳定并长久不变的意见》，这是个非常重要的文件，是贯彻落实党的十九大和十九届四中全会精神的重要举措。《意见》明确了巩固和完善家庭承包经营制度的基本方向，明确了保持土地承包关系长期稳定的基本原则，是一个关于农村土地政策的重大宣示，是一个既管当前又管长远，可以说是“一不动百不摇”的重要制度设计。《意见》发布，意义重大、影响深远。长期稳定土地承包关系，充分保障农民的土地承包权益，完善农村土地承包经营制度，既有利于增强农民发展生产的信心，给他们吃下“定心丸”，又有利于促进农村土地流转，发展适度规模经营，还有利于保障农村的长治久安。

大家都知道，我国改革开放是从农村起步的，农村改革是从土地承包开始的。习近平总书记强调，深化农村改革，主线仍然是处理好农民与土地的关系。40多年来，我们有两次重大的土地制度创新，第一次是从改革开放之初，就实行家庭联产承包责任制，实际上是土地集体所有权和家庭承包经营权“两权”分离；第二次是党的十八大之后，实行土地集体所有权、农户承包权、土地经营权“三权”分置。这两次创新始终都是坚持土地集体所有和家庭承包经营，是一脉相承、与时俱进、长期稳定的。进入新时代，党中央提出保持土地承包关系稳定并长久不变，是对党的农村土地政策的继承和发展。

这次中央发布的《意见》明确了长久不变的政策内涵，归纳起来就是“两不变、一稳定”，即保持土地集体所有、家庭承包经营的基本制度长久不变，确保农民集体有效行使土地所有权、集体成员平等享有土地承包权，这是一个“长久不变”；保持农户依法承包集体土地的基本权利长久不变，家庭经营在农业生产经营中居于基础性地位，农村集体经济组织成员有权依法承包集体土地，任何组织和个人都不能剥夺和非法限制，这是一个“长久不变”；保持农户承包地稳定，农民家庭是土地承包经营的法定主体，发包方及其他经济组织或个人不得违法调整其承包地，第二轮土地承包到期后应坚持延包原则，不得将承包地打乱重分，确保绝大多数农户原有承包地继续保持稳定。十九大提出，第二轮承包到期后再延长30年，这次《意见》又进一步做了明确。第二轮土地承包到期后再延长30年，农村土地承包关系从第一轮承包开始保持稳定长达75年，这是实行“长久不变”的重大举措，也是具体体现。

下一步，我们要以习近平新时代中国特色社会主义思想为指导，落实《意见》要求，坚持土地承包关系稳定并长久不变，稳定基本经营制度、尊重农民主体地位，做好承包地确权登记颁证和新一轮延包工作，为实施乡村振兴战略、加快农业农村现代化提供制度保障。

我就介绍到这里。下面，我和吴宏耀同志愿意回答大家的提问，谢谢。

胡凯红：

谢谢韩部长。下面开始提问，提问前先通报所代表新闻机构。

中央广播电视总台央视记者：

二轮承包马上到期，广大农民都很关心延包问题，请问如何组织实施才能确保“长久不变”的政策落地？谢谢。

韩长赋：

确实，二轮承包到期后再延长30年重大政策宣示以后，各方面都非常关注，尤其是农民朋友更加关心。因为土地是农民最大的财富，我在这里可以介绍点承包情况。大家都知道，我们是在农村普遍进行承包，现在有15亿多亩的农村承包地，涉及近2亿农户。所以土地如何延包事关他们的切身利益。这里有一组数据，二轮承包是从1993年开始，到1999年基本完成了。如果按照承包期30年计算，到2023年，二轮承包就开始大批到期，就要开始延包。延包的高峰期集中在2026年到2028年。因为各地方并不完全相同，所以每个地方的承包起始时间不是完全一样、整齐划一的。

承包到期后如何延包？党中央的政策是一贯的。这次《意见》明确规定：一是坚持延包原则，不得将承包地打乱重分，要确保绝大多数农户原有承包地继续保持稳定。绝大多数农户原来包哪个地，还是哪个地，所以延包是原则。二是延包的起点以各地第二轮土地承包到期开始计算，承包期还是30年。具体到一个地方，特别是到一个县，是从二轮承包到期为起点开始算起。

当然，如何组织实施还有很多问题需要解决，有些问题还要通过探索来解决。主要是三个方面的工作，从目前讲：一是把证书发到农民手中。从

2014年起，我们开始推进承包地确权登记颁证，经过6年集中攻坚，这项工作已经基本完成，目前发证率超过94%。下一步要继续抓好扫尾，做到应发尽发，要把现在农户的承包地明确下来，进一步确定下来。二是健全配套法律政策。按照新修订的《中华人民共和国农村土地承包法》，这个刚刚修订并已经实施了，要抓紧修改完善相关配套法律法规和政策措施。因为关于土地承包、延包，那里面都有明确的法律表述，要进一步完善配套政策，还要依法来进行这项工作。三是开展延包试点。准备在一部分县，特别是先期到期的县开展第二轮土地承包到期后的延包试点，现在我们正在组织申报。通过试点，来摸索经验，指导基层探索延包的具体办法。谢谢。

经济日报记者：

这些年，很多农民进城落户，请问这些进城农民的承包地应该如何处置？谢谢。

韩长赋：

谢谢您的问题，这个问题是大家关心也是比较热议的问题，不仅进城的农民关心，不进城的农民也关心。随着城镇化的加快推进，大量农民进城，全国现在进城务工经商的农民大约是2.88亿，其中举家进城务工经商的有3 000多万户。所以有的村里的房子闲着，存在“空心村”现象。其中，相当一部分在城里落户了，但是多数过年过节时还回村里。总的来讲，举家进城落户的农户越来越多，这种现象越来越普遍。

进城农户的承包地怎么处置？这关系到农民的切身利益，也关系到农村社会稳定。总的讲，我们在土地问题上要有足够的历史耐心，不要着急，不要急于收回农民的承包地。我们在土地问题上，要尊重农民的意愿和维护农民权益，把选择权交给农民，由农民选择，而不是代替农民选择。

这次出台的《意见》明确提出，现阶段不得以退出土地承包权作为农民进城落户的条件。对进城落户的农民，一方面可以引导他们在依法自愿有偿的原则下，将承包地转让或者退还集体，前提是自愿有偿。另一方面，也可以保留承包权、流转经营权或者通过代耕托管等方式发展多种形式的适度规模经营。他自愿，可以在自愿有偿的情况下，当然要依法，将承包地退还给集体，或者在集体成员内转让他的承包权。他不愿意，就要保留承包权，允许他通过流转经营权或者通过代耕托管的方式来发展多种形式适度规模经营。对长期弃耕抛荒承包地的，《意见》也有明确的政策。发包方可以依法采取措施予以纠正，不能长期撂荒，这是不可以的。在此我想再强调一下，对进城农户是否放弃承包地，要尊重农民的意愿，可以示范和引导，但不能搞强迫命令。谢谢你的提问。

中国农村杂志社记者：

我的问题跟最近发生的一起土地流转问题有关，11月20日央视综合频道的《焦点访谈》栏目报道了贵州省修文县在没有和当地农民达成协议的情况下，强行推平了农民的土地，请问怎么看待这件事情？谢谢。

韩长赋：

这个问题请宏耀同志回答一下。

吴宏耀：

这个问题我来回答。最近《焦点访谈》对贵州省修文县强行推平农民土地一事进行了报道，农业农村部对此高度重视，立刻发函要求当地农业农村部门进行核查，并且已经派出调研组赴贵州开展现场调查。我们将根据调查的情况，及时督促地方进行整改，并切实维护好农民的合法权益，依法处理相关责任人。

《农村土地承包法》，包括这次发布的《意见》都明确规定，任何组织和个人不得强迫或者阻碍土地经营权流转，所以土地经营权的流转应该是农民自愿，任何组织和个人不能强迫农民流转，也不能阻碍农民的流转。2014年，中办、国办印发的《关于引导农村土地经营权有序流转发展农业适度规模经营的意见》强调，严禁通过定任务、下指标或将流转面积、流转比例纳入政绩考核等方式推动土地流转。这个《意见》再次强调要依法保障农民对承包地的占有、使用、收益、流转及承包土地的经营权抵押、担保的权利，要依法保障农民对承包地的占有权、使用权、收益权、流转权，以及承包土地的经营权的抵押和担保的权利，要不断赋予其更加完善的权能。所以我们要求，各地区、各有关部门要认真落实中央要求，依法保护农民土地的流转权益，确保现有的土地承包关系保持稳定并长久不变，也确保适度规模经营、

刘健/摄

发展现代农业能够因时因地有序地推进。谢谢。

中新社记者：

我们看到，《意见》提到要落实好长久不变就要做好承包土地确权登记颁证的工作。据我了解，中央从2014年提出要用5年时间基本完成这项工作。请问这项工作目前进展如何？这次发的证到时候还有效吗？谢谢。

韩长赋：

刚才我也有提到这项工作。开展农村承包地确权登记颁证工作是党中央做出的一项重大决策部署。开展这项工作的初衷，就是要稳定土地承包关系，给农民吃“定心丸”，同时把土地承包的情况进一步搞清楚。这项工作，在2014年以前就开始试点，中央农办、农业农村部和中央有关部门组织开展试点，从2014年开始全面推开。到2018年年底，这项确权工作已经基本完成，今年是开始“回头看”，因为这项工作非常具体，工作也非常浩繁。

通过确权登记，全国累计精准测量了11亿个地块，我前面讲了，我们是15亿亩左右承包地，有11亿块，土地单块面积是很小的。清理了2亿多农户的档案资料，可以说通过这次确权登记摸清了家底，解决了长期以来农村土地“四至”不清、面积不准、权属不明等问题。这项工作在确权登记基础上，进行颁证，叫“确实权、颁铁证”，把改革开放以来的农村土地承包关系，也包括承包的地块，进一步搞明白、搞清楚，而且这个确权登记是好几次公开，要在村里公开，同时政府主管部门要登记、录入。大家都清楚，这项工作各方反映、成效是显著的，强化了对农民土地承包经营权的物权保护，农民拿到了证书，他对自己的承包地就放心、就踏实，他就可以放心地流转他的土地经营权，他也可以开展土地经营权的抵押和担保。

大家可以看到，这项工作实际上为将要开展的第二轮到期后的新一轮延包打下了扎实基础。所以这次中央《意见》明确要求，在延包工作中要以这一次承包地确权登记颁证为基础。您刚才说到，证书颁发了以后到下一轮承包还有没有效？我可以明确回答，是有效的。《意见》讲得已经很清楚，已颁发的土地承包权利证书，在新的承包期继续有效，且不变不换。有一个技术上的问题，证书记载的承包期限，到延包时再做统一变更。谢谢。

中国日报记者：

在采访中了解到，二轮承包以来，由于人口的增减和自然灾害等一系列原因，一些农户存在无地或者少地的状况，请问本次出台《意见》强调土地承包关系保持稳定并长久不变，这些无地和少地的农户权益该如何保障？谢谢。

韩长赋：

你说的是一个现实问题。二轮承包以来，因为承包农户家庭人口变动等原因，一些承包农户之间占有的耕地不均，这也是必然、客观的情况，生老病死是客观现象。也有一些农户少地甚至无地，当时有的农户是二轮承包时举家进城打工了，也有的主动提出放弃参加第二轮承包，这种情况也有。他们的土地承包权益如何保障？是落实长久不变政策需要解决的问题。我们对这个问题高度重视，通过各地进行的初步调查，大体上这部分农户占总农户的比例不到1%。《意见》对此作出明确规定，第二轮承包到期后，应坚持延包原则，不得将承包地打乱重分，现有承包地在二轮承包期期满以后由农户继续承包，有自然灾害损毁等特殊情形时，可按照“大稳定、小调整”的原则，按照法定程序可以在个别农户间做适当调整，但是要依法依规、从严掌握。总的来说，不是通过把地打乱重分的方式来解决无地或者少地农户的问题，有的情况可以本着“大稳定、小调整”的原则进行适当调整，但只是在个别农户间，还要依法依规进行。

做这样的规定是怎么考虑的呢？主要是考虑要保持承包关系的稳定。农业家庭经营关键是有稳定预期，农民有了长期的稳定的自主经营的土地，他才能有稳定的经营预期和长远的经营打算，才能放心地在土地上谋发展、增加投入、改善生产条件，提高土地的质量。他既种地，还要保护这个地。如果承包地不断调来调去，一个农户今年种这块地，明年种那块地，就难以爱惜土地、养护土地，甚至可能出现掠夺性的利用土地，这样农业就难以持续稳定发展。在承包期内是这样，承包到期后延包的时候也是一样的道理，主要是从保护农户的承包权益和保障农业可持续发展两个方面考虑的。

无地少地农户怎么办？如何保障他们的基本生活呢？各地也在研究和探索。一方面，有条件的地方可以通过集体预留的机动地，二轮承包的时候允许集体有条件可以留不超过5%的机动地；还有新开垦的耕地，以及原承包户依法自愿交回的耕地，还有承包农户消亡了，集体依法收回的耕地，通过这些耕地来解决。另一方面，可以帮助无地少地的农民通过流转土地经营权来耕种土地，也可以流转其他进城务工农民的土地，他愿意流转的土地你可以生产经营。此外，还要在地外做文章，因为我们不能无限地分割耕地来解决这些问题，因为中国人多地少，这是我们的基本国情，所以还要从地外做文章，帮助无地少地的农户提高就业技能、提高就业服务、广辟就业门路。我们一方面鼓励农民工外出进城打工，实际上农村现在大量甚至有些地方是多数的青壮劳动力没有在家里种地，出去打工了。还有，在实施乡村振兴战略当中，习近平总书记提出要搞“五个振兴”，其中一个就是乡村产业振兴，就是发展乡村产业，推进农村一、二、三产业融合，发展仓储保鲜、冷链物流、农产品加工、农村电商等，包括乡村旅游，扩大农民就业和增收的门路。当然，可能还有确实生活无着落、有实际困难的，可以通过提供基本社会保障来解决。谢谢。

农视网记者：

按照《农村土地承包法》的规定，土地经营权流转期限不得超过土地承包的剩余期限。目前二轮承包即将到期，是否会影响新型经营主体流转土地的积极性？谢谢。

韩长赋：

谢谢您，这个问题请吴宏耀同志回答。

吴宏耀：

您提出的确实是一个问题，我们新修订的《农村土地承包法》规定，流转期限不得超过承包的剩余期限。但刚才韩长赋部长也说了，到2023年要进入二轮承包到期，高峰是在2026年到2028年。这就意味着，从现在流转土地到土地二轮承包到期，可能不到十年时间，有些新型经营主体流转土地以后要长期投资农业，所以他们会有一些担心，到期以后怎么办？这次《意见》里给出了一些办法，《意见》规定了延包的原则和办法，这次二轮土地承包到期以后要延包，强调稳定现有的土地承包关系，让绝大多数农户原有的承包地继续保持稳定。这一方面给承包户一颗“定心丸”，同时给土地的受让方，也就是新型经营主体也吃下了“定心丸”，到期以后农户可以延包，经营主体可以再续签合同，可以延期流转土地。这是一个途径。

新修订的《农村土地承包法》也给出了一些方案。法律规定，经承包方同意，受让方可以依法投资改良土壤，建设农业生产辅助设施、配套设施，并按照合同约定对投资部分获得合理补偿。按照法律规定，投资主体对农业的长期投资，可按照合同约定获得合理补偿。所以要求在尊重农民意愿并进行充分协商的基础上，新型经营主体在流转土地时，可以通过合同约定等方式协商确定二轮到期后继续经营的具体条款。这在法律上给了保障。

我们在调研中也看到，很多农民和新型经营主体在合同中都约定，在承包到期后，在政策允许的情况下，继续由新型经营主体，也就是原来的主体经营，较好地解决了这方面的问题。现在从政策上、法律上都给出了办法，这方面的障碍可以消除。所以长时间流转农民的土地搞经营活动，对农业长期投资有一个比较稳定、可预期的效果，这方面的政策是有的，法律也是有规定的。谢谢。

胡凯红：

最后一个提问。

农民日报记者：

请问韩部长，刚刚您介绍农村土地"三权"分置是一项重大制度创新，有利于促进土地流转，这次《意见》强调保持土地承包关系稳定并长久不变，请问两者之间是否有矛盾呢？谢谢。

韩长赋：

我首先明确地说，这两件事并不矛盾。正如您刚才讲到的，2016年中央印发了《关于完善农村土地所有权承包权经营权分置办法的意见》，在农村实行土地集体所有权、农户承包权和土地经营权"三权"分置。这个制度安排，有两点特别重要：第一，它是家庭承包制基础上的完善和发展，就像我刚才介绍的"两权"分离基础上，把承包经营权当中的经营权分置出来，它可以流转，实行"三权"分置。第二，这个制度安排顺应了许多农民进城打工以后，他想保留承包权，但又不想或者是不方便经营土地，就想流转土地经营权的这样一个愿望。同时，也满足了一些种田能手、种粮大户，以及一些新型经营主体，包括家庭农场想多种地的需求。制度设计是这样的一个基本内涵。

现在大约有多少土地在流转？到2018年年底，全国有5.39亿亩耕地在不同主体间进行流转。流转方式有多种，时间有长短，期限的问题刚才宏耀同志已经说明了。所以"三权"分置的制度安排，实际上是顺应了城市化、工业化和农业现代化需要，因为农业现代化要使用机械，也需要适度规模经营，所以土地经营权需要流转起来，因为土地经营权本身也是生产要素，作为要素，它也应该被更有效地配置。

当然，流转不流转土地，是承包农户自己的愿望，是他自己的选择和决定，谁也不能强迫，任何组织和个人不能强迫承包农户流转或者不流转土地经营权。流转的期限不能超过第二轮承包剩余期限，土地流转了，还必须搞农业，不能从事非农建设，这都是法律规定的。在坚持集体所有权、稳定农户承包权的基础上，使农村土地经营权流动起来，激发了农村基本经营制度活力，这实际上也是对农村基本经营制度的完善。

这次发布的《意见》，强调了"两不变，一稳定"，既可以进一步稳定农户承包权，使农民放心地流转土地，也能让新型经营主体有稳定的预期，能够放心地流入土地，加大农业投入，发展现代农业。前面我讲，两件事并不矛盾。这两者的关系可以简单地表述，稳定是为了更好地放活，放活是为了长久的稳定。只有土地承包关系稳定了，才能确保“三权”分置得以确立，并且稳步实施。如果承包权变来变去，经营权就没有了基础。只有实行“三权”分置，放活土地经营权，承包关系才能保持长久稳定，这样农户的承包权才能更好地实现，土地才能够得到充分有效地利用。谢谢。

胡凯红：

今天发布会到此结束，谢谢韩部长，谢谢吴局长，谢谢各位。

张馨/摄

5.《关于促进小农户和现代农业发展有机衔接的意见》新闻发布会

《关于促进小农户和现代农业发展有机衔接的意见》新闻发布会

一、基本情况

时　间	2019年3月1日（星期五）上午10时	
地　点	国务院新闻办公室新闻发布厅	
主　题	解读《关于促进小农户和现代农业发展有机衔接的意见》	
发布人	中央农村工作领导小组办公室副主任、农业农村部副部长	韩　俊
	农业农村部党组成员兼中央农办秘书局局长	吴宏耀
	农业农村部政策与改革司司长	赵　阳
主持人	国新办新闻局局长、新闻发言人	胡凯红

二、现场实录

胡凯红：

女士们、先生们，大家上午好，欢迎大家出席国务院新闻办公室举办的新闻发布会。最近，中办、国办印发了《关于促进小农户和现代农业发展有机衔接的意见》。为了帮助大家更好地了解这方面的情况，今天我们很高兴请来了中央农村工作领导小组办公室副主任、农业农村部副部长韩俊先生，请他向大家介绍有关情况，并回答大家关心的问题。出席今天发布会的还有农业农村部党组成员、中央农村工作领导小组办公室秘书局局长吴宏耀先生，农业农村部政策与改革司司长赵阳先生。下面，先请韩俊副部长作介绍。

韩俊：

女士们、先生们，新闻界的朋友们，大家上午好。党中央、国务院高度重视发挥小农户家庭经营在农业发展中的作用。习近平总书记多次强调，“大国小农”是我们的基本国情农情，要注重解决小农户生产经营面临的困难，把他们引入现代农业发展大格局。近日，中办、国办印发了《关于促进小农户和现代农业发展有机衔接的意见》，对扶持小农户、提升小农户发展现代农业能力作出了全面部署。

张馨/摄

我们国家的基本国情农情是人多地少，“人均一亩三分地，户均不过十亩田”。从现阶段来看，以小农户为主的家庭经营是我国农业经营的主要形式，也是我国农业发展必须长期面对的现实。我国建设现代农业的前进方向和必由之路是发展多种形式适度规模经营，培育新型农业经营主体。但是，我们也要看到，小农户家庭经营是我国农业的基本面，在农业现代化过程中，一定要处理好培育新型农业经营主体和扶持小农户的关系，让党的农村政策阳光雨露惠及广大小农户。文件的主要内容主要体现在以下四个方面：

一是强调各级党委政府要高度重视小农户发展，按照服务小农户、提高小农户、富裕小农户的要求，在政策制定、工作部署、财力投放等各个方面加大工作力度，实现好、维护好、发展好小农户利益。

二是强调加快构建扶持小农户发展的政策体系，特别是要注重政策的公平性和普惠性，防止人为垒大户，排挤小农户。文件重点围绕提升小农户发展能力、提高小农户组织化程度、拓展小农户增收空间、健全面向小农户的社会化服务体系，完善小农户扶持政策等，提出了一系列具体政策措施，这些政策措施具有很强的针对性和可操作性。

三是强调统筹兼顾扶持小农户和培育新型农业经营主体。发挥新型农业经营主体对小农户的带动作用，引导小农户开展多种形式的合作和联合。

四是强调农业生产经营规模一定要坚持宜大则大、宜小则小，不搞一刀切、不搞行政命令；保持足够历史耐心，确保我国农业现代化进程走得稳、走得顺、走得好。

我就简要介绍到这里，下面我和我的同事愿意回答新闻界朋友提出的问题。谢谢大家。

胡凯红：

谢谢韩俊副部长的简要介绍。现在开始提问，提问之前还请先通报所代表的新闻机构。

中央广播电视总台央视记者：

2017年中央出台了支持新型农业经营主体的文件，现在又出台扶持小农户的文件，请问中央出台这些文件想解决什么问题？应该说当前新型农业经营主体发展迅速，作用成效非常显著，那么如何处理好培育新型农业经营主体和扶持小农户之间的关系？

韩俊：

文件一发布，很多人都很关注，提问最多的就是你刚才的问题。我们是“大国小农”的基本国情，第三次农业普查数据显示，我国小农户数量占到农业经营主体的98%以上，小农户从业人员占农业从业人员的90%，小农户经营耕地面积占总耕地面积的70%。我国现在的农户有2.3亿户，户均经营规模7.8亩，经营耕地10亩以下的农户有2.1亿户，这是个小规模甚至超小规模的经营格局。刚才我讲，“人均一亩三分地，户均不过十亩田”。我们户均经营面积，除了黑龙江、吉林、内蒙古自治区、宁夏回族自治区、新疆维吾尔自治区以外，其他省份户均经营面积都在10亩以下。比如说江苏户均只有3.8亩，广东户均是2.6亩，浙江就更少了，户均耕地面积只有1.3亩。

特别是在一些西南地区，那些丘陵山区，不但户均经营规模小，而且地块特别零散。比如四川省平均每户地块在10块以上，平均每块地只有0.4、0.5亩。老百姓讲，“巴掌田”“鸡窝田”非常普遍。有的地方老百姓说，“青蛙一跳过三丘”“斗笠田”，很小。

我们要彻底改变这种经营格局，需要长期的历史过程。小规模的家庭经营是我们国家发展现代农业必须长期面对的一个基本现实。毫无疑问，我们发展现代农业，要促进土地流转，发展多种形式的适度规模经营。在这个过程中，会发育出一大批家庭农场、农民合作社、农业产业化龙头企业等新型农业经营主体。最近这些年，农业劳动力大量向农外转移，在这个过程中，新型农业经营主体大量涌现，劳动力出来了，土地也就流转了。现在我国流转承包地的农户已经超过7 000万户，当然有些农户是全部流转，有些农户是部分流转。流转的承包地面积占到家庭承包经营面积的37%，这个比重每年都在提高。

这些年，从政策层面来讲，我们强调发挥多种形式适度规模经营的引领作用比较多，也出台了一系列扶持新型农业经营主体发展的政策，这些都是符合客观规律的，都是符合现代农业发展方向的。但是也应该看到，在当前和很长一段时期内，一家一户小规模的家庭经营是我国农业经营的基本面。从各地实际来看，一些地方确实存在着忽视小农户，甚至存在排挤小农户、垒大户的倾向，资金项目过于向大的经营主体倾斜，向工商资本倾斜，甚至侵害了小农户的一些合法的权益。

在我国，要改变超小规模的农业经营方式是个长期的历史过程，必须有足够的历史耐心。我国基本国情是人多地少，各地农业资源禀赋差距非常大，特别是很多丘陵山区，要实行规模化经营，是很长的一个过程，而且很多地区很难实现集中的规模化经营。所以，我们的农业经营方式必须是坚持宜大则大，宜小则小，不能搞“一刀切”，不能搞强迫命令。

在培育新型农业经营主体、发展多种形式适度规模经营的同时，要加强针对小农户的扶持政策，把小农户引入现代农业发展的轨道。也就是说，我们搞现代农业，不能让小农户掉队，要防止搞强制的土地流转，防止将土地等生产资料集中到少数人的手中，对广大小农户实行“硬挤出”，这样就会影响到他们的就业和生计，更要防止大量农民变成既没有办法转移就业又无地可种的无业农民。

这次中央专门出台扶持小农户发展的文件，就体现了政策平衡性的考虑。在实践当中，我们的政策导向是非常清楚的，既要发挥多种形式适度规模经营的引领作用，又要注重稳定小农户家庭经营这个基本面，这样我们国家的农业现代化才能够走得稳、走得顺，才能走得好。谢谢。

经济日报记者：

我们知道，在促进小农户和现代农业发展有机衔接方面，国家在财政金融方面的支持很重要。请问，在这方面我们有哪些具体措施？谢谢。

韩俊：

这个问题请中央农办秘书局局长吴宏耀同志回答。

吴宏耀：

这个问题应该说非常重要，韩俊同志刚才也作了一些解答。我们一方面要充分发挥各种新型农业经营主体的引领作用，同时我们也不能忘了小农户，要把小农户引入现代农业的轨道。这是我国的基本国情决定的，也是现在的发展阶段所决定的。至于你提到的财政和金融方面的问题，关于财政支持政策，今年中央1号文件和这次的《意见》都作出了明确要求。

第一方面，要强化强农惠农富农政策力度，完善农业支持保护政策制度，按照世贸组织规则保护农民利益，支持农业发展，稳定和完善普惠性的、直接对农民的补贴政策。同时，针对家庭农场、农民合作社等新型农业经营主体的支持政策，也要重点支持和农民有紧密联系的、能带动农民增收致富的新型农业经营主体。

第二方面，要实施新型职业农民培育工程，继续围绕农业职业经理人、现代青年农场主、农村实用人才带头人、新型农业经营主体骨干和农业产业扶贫对象等开展职业技能培训，计划今年要培育新型职业农民100万人以上。通过培训，使一部分小农户能够发展成为家庭农场。

第三方面，要大力推进农业社会化服务。财政要支持农村集体经济组织、专业化农业服务组织、服务型农民合作社、供销合作社等具有一定能力和提供有效稳定服务的主体，为从事粮棉油糖等重要农产品生产的农户提供以生产托管和保姆式服务为主的社会化服务。

第四方面，要大力培育发展家庭农场，支持农民合作社规范发展。

这是财政的四个方面。

在金融方面，近日中国人民银行联合中国银行保险监督管理委员会（简称银保监会）、中国证券监督管理委员会、财政部、农业农村部印发了《关于金融服务乡村振兴的指导意见》，接下来中央农办、农业农村部将积极会同有关部门，进一步推动提升金融服务小农户的水平，主要在三个方面发力：

一是在信贷支持方面。主要是通过健全小农户信用信息征集和评价体系，探索完善无抵押、无担保的小农户小额信用信贷，推动农村中小金融机构立足县域、回归本源，更好发挥支农主力军作用。鼓励发展产业链金融，强化利益联结机制，依托核心企业提高小农户融资可得性，扩大农业农村贷款抵押物范围，全面推行农村承包土地经营权抵押贷款，来促进提升小农户融资能力。

二是在保险政策方面。主要是扩面、提标、增品，主要推动从覆盖直接物化成本向逐渐实现完全成本的农业保险，现在农业保险主要是覆盖了物化成本，我们试点推行覆盖完全成本的农业大灾保险试点，包括三大粮食作物完全成本保险和收入保险的实施对象要覆盖所有小农户。同时，要支持发展和小农户关系密切的农作物保险，主要是畜禽产品的保险、重要菜篮子产品的保险。

三是鼓励地方建立特色优势农产品保险制度。加快研究出台中央财政对地方特色农产品保险的以奖代补政策，这也是今年的新政策。对地方特色农产品保险，中央财政采取以奖代补的方式给予支持，重点支持地方发展特色农产品。谢谢。

农民日报记者：

《农民专业合作社法》（全称《中华人民共和国农民专业合作社法》）实施以来，农民合作社发展成效也是非常显著的，在组织小农户闯市场方面发挥了作用，我们如何进一步发挥农民合作社带动服务小农户的作用？谢谢。

韩俊：

这个问题我来回答。一家一户的小农经营分散，势单力薄，在市场上讨价还价能力低，往往卖农产品的时候价格比较低廉，购买农业生产资料的时候，价格比较高、比较贵，利益大量流失。所以，把小农户引入现代农业发展的轨道，必须要引导小农户发展多种形式的合作和联合，要做好提高小农户组织化程度这篇大文章。这个文件对发挥合作社服务好小农户的作用作出了全面部署，明确提出要按照服务小农户、提高小农户、富裕小农户的总要求，加强农业社会化服务，要提高小农户的经营能力，促进传统小农户向现代小农户转变。也就是说，通过发展农民合作与联合，通过引进先进农业科技，这些传统的小农户完全可以变成现代小农户，这方面国际上也有一些很成功的经验。

党中央、国务院高度重视农民合作社事业发展，《农民专业合作社法》颁布已经10年了，10年来，农民合作社发展成效是非常显著的。我们现在在工商部门依法登记注册的农民专业合作社已经超过210万家。合作社在组织农民闯市场、解决农民产销等各个方面的困难、为农民服务方面，发挥了不可替代的作用。过去这些年，农民合作社的数量扩张是很快的，多的时候，一年新注册合作社二三十万家，但是发展质量总体还是不高的，一些合作社的管理运行不是很规范，与农民的利益联结也不是很紧密。特别是有些合作社，挂着合作社的牌子，但是有其名无其实。新闻媒体也作了很多报道，确实在一些地方存在一些“空壳社”“僵尸合作社”，给合作社整体形象带来了不利影响。

今年中央1号文件明确提出要开展农民合作社规范提升行动，要深入推进农民合作社的示范社建设。贯彻中央1号文件的要求，切实发挥合作社带动小农户、服务小农户的作用，重点要抓好以下四个方面的工作：

第一，在全国范围内开展“空壳社”的清理整顿工作。中央农办、农业农村部已经制定了这方面的工作方案，已经正式公布了，组织集中开展农民专业合作社“空壳社”专项清理工作。这项工作首先要进行全面摸底，重点对有问题的合作社核查具体情况，依法依规分类进行清理整顿。我想，这项工作对促进合作社的发展是非常必要的，是非常有益的。

第二，加大合作社示范社建设力度。我们会认真总结多年以来各地发展农民合作社示范社的一些好的经验和做法，在全国范围内树立一批制度健全、运行规范、服务能力强、带动效果好的农民合作社典型，引领农民合作社整体发展质量提升。

第三，开展农民合作社整县提升试点。农业农村部已经作了部署，在全国范围内第一批选了30个县，开展整县试点，这个试点核心内容是三句话，一是在县里把单个农民合作社发展质量提升，二是在县域范围内发展一批农民合作社的联合社，三是提升县域指导扶持农民合作社发展水平。

第四，加大财政对农民合作社的扶持力度。通过创新金融保险服务，落实用地、用电等政策，要把带动建档立卡贫困户较多的农民合作社、把深度贫困地区农民合作社作为扶持重点。

我们希望通过采取以上措施，能够促进农民合作社规范发展、健康发展，使得合作社真正成为服务农民的组织，真正在服务小农户、带动小农户方面发挥应有的作用。谢谢。

中华合作时报记者：

刚才说到“空壳社”，我们注意到，确实这个问题还是比较严重的。在以后新成立的这些合作社中，相关部门应该如何把好关，如何做好监控，避免这种“空壳社”继续出现？

韩俊：

按照《农民专业合作社法》，到工商部门注册成立一个合作社的门槛是很低很低的，只要5个农民，有身份证，签了字，按了手印，按照法律要求，就可以注册成立一个合作社。存在“空壳社”的问题，有多种方面的原因，一些地方对专业合作社有扶持政策，他一看到有政策了，马上就注册一个合作社。其实什么叫做合作社呢？通俗来讲，合作社就是农民的企业，是由农民所有的、农民控制的、为农民服务的组织，合作社就是农民的联合合作，当然合作的形式是多种多样的。《农民专业合作社法》颁布以来，确实数量扩张很快，一年全国二三十万个，合作社的资金也不需要验资，有些合作社成立以后，确实有的动机就不纯，没有真正想着为成员服务，所以到了一定阶段，就需要做一些规范化的工作。

农业农村部与有关部门已经制定了相关措施，对这些“僵尸社”“空壳社”要注销，在法律上还是比较复杂的。今后要出台一些简化的政策措施。通俗来讲，它已经是个“僵尸合作社”了，但要把它送到“火葬场”还很复杂，所以政策上还是要从实际出发，在法律框架下，采取一些简化措施，这样就可以使合作社从注册到运营、管理都比较规范。

虽然存在一些“空壳社”“僵尸社”，但是从总体上看，我国过去10年的合作社发展成效是非常显著的。户均不到10亩地，农民要进入市场，单家独户是不行的，在农民走向多种形式的合作和联合过程中，我们要加强引导、加强服务、加强支持。谢谢。

光明日报记者：

家庭农场是小农户的升级版，是发展现代农业的重要力量，但是现在在各种新型农业经营主体中，家庭农场的发展可以说是比较弱的。请问这次文件提出启动“家庭农场培育计划”，是基于什么考虑？谢谢。

韩俊：

这个问题请农业农村部政策与改革司赵阳同志回答。

赵阳：

您提出的这个问题确实是一件大事要事。去年9月，习近平总书记在第八次中央政治局集体学习会议上明确提出要突出抓好这件大事。我从四个方面作个解释。

第一，目前家庭农场发展是非常迅速的。到2018年年底全国家庭农场已经接近60万家，此外没有纳入农业农村部门名录管理的家庭农场还非常多，比如说一些种养大户，实际上本身就是家庭农场。

第二，家庭农场的发展确实是不充分的。和其他新型农业经营主体比较，它的发展在技术支撑、资金投入、生产销售方面还是有很大的差距。家庭农场是新型农业经营主体的重要力量，当前它的发展远远不能满足发展现代农业的要求。

第三，家庭农场的发展还是大有潜力的。根据第三次全国农业普查的数据来看，规模农业经营户达到398万户。比如说种植业、养殖业各不相同，就种植业来讲，种植100亩以上的，在全国也有100多万家，因此家庭农场发展潜力是非常大的。这些规模农业经营户主要是从事商品生产。

第四，这次文件明确提出要启动家庭农场培育计划。政策的意图就是要统一思想，把发展立足点放到小农户上，通过财政、金融、保险各个方面的支持政策，来形成一种鼓励发展、支持发展家庭农场的良好氛围，让那些有长期、稳定务农意愿的小农户能够稳步扩大经营规模，逐步发展成为规模适度、生产集约、管理先进、效益明显的家庭农场。我们政策与改革司作为今年八项重点任务之一，提出了百万家庭农场建设行动，从而推动我国小农生产提档升级，促进小农户与现代农业发展有机衔接。谢谢。

中国新闻社记者：

随着农业现代化的推进以及农村人口减少和农村人口老龄化加剧，一家一户办不了、办不好以及办起来不合算的事越来越多，请问农业农村部如何解决小农户生产过程中面临的一些问题？

韩俊：

这个问题的关键就是要健全农业的社会化服务体系，由吴宏耀同志来回答。

吴宏耀：

这个问题确实存在，是小农户急需要解决的，也是发展现代农业必须要解决的难题。文件针对这个问题，提出要加强面向小农户的社会化服务，特别是要发展农业生产性服务。通过这一政策，就是要把小农户一家一户办不了的事办好，要办起来，要办得好，而且要办得有效率，把小农户引入现代农业发展的轨道。主要采取三个方面的措施：

第一，加快培育多元化、专业化、市场化的服务组织。按照主体多元、形式多样、服务专业、竞争充分的原则，加快培育专业服务公司，服务型农民合作社、供销合作社等组织，以及包括农村集体经济组织等各类新型农业服务组织，充分发挥各自的优势和功能，通过多种方式开展社会化服务，把小农户一家一户办不了的事办起来。

第二，积极拓展小农户急需的服务领域。农业生产性服务业应该覆盖产前、产中、产后全产业链的服务。现在我国大田作物的耕、种、防、收的服务相对比较成熟，而对果蔬等经济作物的社会化服务比例比较低，特别是市场信息、产销对接、农作物病虫害防治、动物疫病防控、农业废弃物资源化利用等方面，都是服务的薄弱环节。所以，从田间到餐桌，农业全产业链服务还有很多需要拓展的领域，也是下一步将要重点发展的服务领域。

第三，不断创新服务方式。一方面，公益性服务机构要稳定，要提高服务质量和水平。另一方面，要大力支持发展经营性市场化服务，促进公益性农技推广机构与经营性服务组织融合发展。要鼓励各类服务组织围绕农业产前、产中、产后各个环节提供专业化的专项服务和全方位的综合服务。谢谢。

中央广播电视总台国广记者：

我们知道，土地是农民的命根子，也是小农户最重要的生产资料和财产权益。请问，如何才能更好地保护小农户承包土地的权益？

韩俊：

这个问题我来回答。改革开放以来，特别是党的十八大以来，党中央、国务院制定出台了一系列保护农户土地承包权益的法律和政策。大家知道，我们新修订的《农村土地承包法》对农村承包土地“三权”分置、保持农村土地承包关系稳定和长久不变、引导农村承包土地规范流转等，作出了全面系统的法律规范。所以，这部法律对保护农民的土地承包权益具有重大的意义。为贯彻落实法律法规和政策的要求，我们要切实保护小农户土地承包权益。下一步，主要是做好以下四个方面的工作：

第一，完成好承包土地确权登记颁证工作。这项工作在全国范围内已经开展了5年，到2018年年底基本完成。目前，这项工作共涉及2 838个县（市、区）及开发区，3.4万个乡镇、55万多个行政村。经过5年的努力，我们实测的承包地面积达到16.7亿亩，确权面积14.8亿亩，确权土地面积超过了第二轮土地承包账面面积。今年中央1号文件明确提出，要在基本完成承包地确权登记颁证工作的基础上，开展“回头看”，要做好收尾工作，妥善化解遗留问题，土地承包经营证书一定要发到农户手中。贯彻落实中央一号文件的要求，今年农业农村部将在全国范围内组织开展承包地确权登记颁证“回头看”工作，全面排查证书有没有发到农户、确权过程中有没有存在突出的矛盾。通过“回头看”，确保这项工作要有质量，要经得起历史的检验。通过给农民开展确权登记，把农民有多少承包地真正搞清楚，真正给农民颁发具有法律效力的土地承包经营证书，让农民真正吃上一颗长效“定心丸”。农民对这个证是很看重的，几年前我去四川调研，到农民家里看他的土地承包证，农民翻箱倒柜没有找出来。我临走的时候，他怕当地干部挨批评，找到了一个小红本，我一看是结婚证，我说你这是结婚证，不是土地承包证。农民开玩笑讲，你那个土地承包证要跟结婚证一样管用，那我就会好好存着了。过去我们也给农民发过土地承包证，但是法律效力不够。我们这次就是要发一个真正像结婚证一样有法律效力的土地承包经营权证书，要颁

"铁证"、确实权，让农民真正吃上一颗长效"定心丸"。在搞"回头看"的过程中，希望媒体朋友们监督我们，帮助我们把这项工作做好。

第二，贯彻落实中央关于保持土地承包关系稳定并长久不变的要求。只有确保农村土地承包关系稳定并长久不变，依法保障小农户对承包地享有的占有、使用、收益等各项权利。只有确权，农民才能安心，农民才能放心，农民才能定心，农村才能真正长治久安。在这方面，中央已经明确了政策要求，第二轮土地承包到期以后，再延长30年。一轮土地承包15年，二轮土地承包30年，第二轮土地承包以后再延长30年，累计加起来就是75年了。中央农办、农业农村部正在抓紧研究制定配套政策，指导各地明确第二轮土地承包到期后延包的具体办法，也就是说要提前做好顶层政策设计。

第三，加强承包地经营权流转的规范管理和服务。我们现在农村土地方面一个重大的理论创新、重大的政策创新和实践创新，就是承包土地的"三权"分置。土地所有权是集体的，承包权是集体成员的，承包权和经营权可以分离，要落实土地集体所有权，稳定农户承包权，放活土地的经营权。这方面，我们要健全承包地经营权的流转市场，规范市场运行机制。中央1号文件提出，要允许承包土地的经营权担保融资。这方面特别要强调，一定要坚持农地农用，防止非农化，加强对工商资本租赁农地的监管和风险防范。

讲到土地流转，我想再补充一点，因为小农户要和现代农业发展有机衔接，土地流转是一项重要工作。土地流转是个必然趋势，但不是说规模越大越好，不能片面地求大，也不能片面地求快。因为在现有的农业机械化和生产技术水平下，土地经营规模超过适度标准以后，要雇劳动力，要投入大量的资金，要搞大量的基础设施建设。这样一来，如果你种粮食的话，资金的压力、成本的压力是没有办法承受和化解的。我们也做过很多调研，搞五、六千亩的，不一定比搞三五百亩的收益好。所以，土地流转一定要强调适度，农业经营规模一定要适度。在实际工作中，一方面要防止土地经营规模过于细碎、过于细小，同时也要防止土地过度集中，人为"垒大户"，这是我们一贯的政策要求。

第四，保护好进城落户农民的土地权益。这个问题农民很关注，现在鼓励农民进城落户，很多地方出台了政策，吸引农民到城里落户。但是农民进城以后，你如果让他放弃承包土地、放弃他的宅基地，他同意不同意？我们做过很多调查，可以说绝大部分农民不同意、不愿意"双放弃"（放弃承包地、放弃宅基地）来换取城镇的户口。用农民的话讲，“家中有地，进退有据”。为什么不能强制农民放弃土地来作为进城落户的先决条件呢？这是中央一直强调的，实际上道理是很浅显的，农村的承包土地和宅基地是法律赋予农民的合法财产权利，让农民带着土地权利进城成为新市民，是保护农民利益的需要，也是促进城镇化健康发展和社会稳定的需要。我们可以想一下，如果政策上说农民不放弃承包地、不放弃宅基地，你就不能进城落户，我们如果制定这样一个政策，是阻碍新型城镇化发展的政策，因为这样的话农民就不愿意进城落户了。所以，现阶段农民进城落户定居，他是不是放弃承包的耕地、草地、林地和宅基地，必须完全尊重农民的意愿。中央反复强调，不得以退出承包地和宅基地作为农民进城落户的条件。当然，我们适应农民进城落户和新型城镇化发展的需要，要赋予农民对承包地等更大的处置权，各地可以积极探索农民承包地的退出机制，允许在城镇有稳定的就业和定居的农户转出承包地。但是必须强调，要坚持依法、自愿、有偿的原则，绝对不能搞强迫命令。

第一财经电视记者：

现在电商发展非常发达，我们看到很多农户的产品实现了从田间直接到消费者餐桌的过程。但是我们也发现，在这个过程中，一些产品的标准涉及到食品安全问题，但仍处于没有监管的状态。请问怎么看待电商发展对于农户生产销售和增收方面的影响，另外下一步农业农村部如何保障食品的安全问题？

韩俊：

互联网在农村的渗透是非常之快的。你可以看到，即使在最偏远、最贫困的农村，到处都可以看到电商的影子。这几年“互联网＋农业”发展非常迅猛，它是农村的一个新产业、新业态，创造了大量的机会，也创新了农产品的流通方式。过去主要鼓励发展一些批发市场，有了互联网以后，农村的流通业态也在创新，城市和农村的联结可以很短。大山里面，农民养的土鸡，可以直接卖给城市居民家庭。现在城里很多居民是在微信上跟一些农民联系的，农民种了有机蔬菜、养了土鸡，农民种了绿色的大米，直接卖给城市消费者，这种形式发展得非常快，参与的人很多，对增加农民收入、提高农业附加值，也起到了很重要的作用。

但是，正如您刚才讲的，现在也面临着一些突出的制约。过去相当长一段时间，我们农产品的分级、包装、储藏、运输整个体系是比较落后的，尤其是我们的产品商品化处理能力比较弱，冷链物流就更为落后。通俗地讲，现在到农村很多农产品是在田头卖，在马路边卖，是“披头散发”地在卖，没有经过“梳妆打扮”再进入市场，没有标准，城市消费者对食品安全也有担忧。这几年，随着农村电商的发展，在发展“互联网+农业”方面，我们采取了很多支持政策。

现在，我们必须要缩短农村和城市在物流配送体系方面的差距，电商要在农村发展壮大，必须要提升农村农副产品产地商品化的处理水平，加快发展农村冷链物流体系，加快推进电商下农村，包括一些大的电商平台，包括一些地区性的小的电商平台，加速往农村渗透，我们对这些电商进农村有些支持政策。电商要在农村发挥有效作用，城市消费者最担心的就是食品安全，这方面需要制定相应的标准，需要加大监管力度，也希望媒体加强对这方面的监督。谢谢。

新华社记者：

我的问题还是关于土地方面的。刚才，韩俊副部长讲到土地零碎化的问题，一些“巴掌田”“皮带田”，不管是给小农户生产还是土地流转都带来一些困难。近年中央1号文件提出了鼓励土地“互换并地”的意见，一些地方也开展了试点，农业农村部在解决小农户土地零碎化方面有没有一些措施？

韩俊：

这个问题请吴宏耀同志回答一下。

吴宏耀：

刚才韩俊同志说了，“大国小农”“人均一亩三分地，户均不过十亩田”是我们基本的国情农情。第一轮土地承包的时候，为了起点公平，确实分得比较散，我们下去调研的时候，有几户家里几亩地，可能就分了十几块，特别是贵州一些地方，“巴掌田”都有。所以这次中央1号文件提出来，在确权登记颁证过程中，我们要鼓励一些地方农民自愿换地、拼块，各个地方都在试点。所以确权登记颁证过程中，有些地方结合高标准农田建设、农田整治，也探索了一些换地的试点，这个是政策允许的，也是支持的，各个地方在确权登记颁证的时候，可以在农民自愿的基础上，土地进行互换，把土地规模扩大一点。

总的来说，现在一方面我们要扶持小农户的生产，另一方面是在城镇化进程加快、工业化进程加快的过程中，慢慢的一部分农民要进城，我们鼓励留在农村的或者有志从事农业生产的一些农户，能够逐步扩大种植面积，流转土地，发展成为家庭农场。在家庭农场基础上，我们再鼓励家庭农场搞合作社，再支持合作社办一些农产品的加工，或者产销结合，或者与龙头企业结合，构建新的农业经营体系。当然政策允许农业经营采取多种方式，农户合作经营、集体经营、企业经营都行，所以根据各个地方不同的作物、不同的品种，我们鼓励发展多种经营形式。一方面要支持新的农业经营主体发展适度规模经营，同时在这个过程中，也是文件强调的，不能忘了小农户，要把小农户带入或者引入现代农业的发展轨道。谢谢。

胡凯红：

今天的发布会就到此结束，谢谢韩部长，谢谢吴局长，谢谢赵司长，谢谢各位。

张馨/摄

6.《关于加强和改进乡村治理的指导意见》新闻发布会

《关于加强和改进乡村治理的指导意见》新闻发布会

一、基本情况

时　间	2019年6月24日（星期一）下午2时	
地　点	国务院新闻办公室新闻发布厅	
主　题	解读《关于加强和改进乡村治理的指导意见》	
发布人	中央农村工作领导小组办公室副主任、农业农村部副部长	韩　俊
	农业农村部党组成员兼中央农办秘书局局长	吴宏耀
主持人	国新办新闻局	寿小丽

二、现场实录

寿小丽：

女士们、先生们，大家下午好。欢迎出席国务院新闻办新闻发布会。近日，中办、国办印发了《关于加强和改进乡村治理的指导意见》。为帮助大家更好地了解相关情况，今天我们非常高兴邀请到中央农村工作领导小组办公室副主任、农业农村部副部长韩俊先生，农业农村部党组成员兼中央农办秘书局局长吴宏耀先生，请他们向大家介绍乡村治理的有关情况，并回答大家的提问。下面先请韩俊先生作简要介绍。

韩俊：

女士们、先生们，新闻媒体的各位朋友们，大家下午好！乡村治理是国家治理的基石。没有乡村的有效治理，就没有乡村的全面振兴。党中央、国务院高度重视乡村治理工作。习近平总书记指出，要加强和创新乡村治理，建立健全党委领导、政府负责、社会协同、公众参与、法治保障的现代乡村社会治理体制，健全自治、法治、德治相结合的乡村治理体系，让农村社会既充满活力又和谐有序。

张馨/摄

昨天，新华社受权发布了《关于加强和改进乡村治理的指导意见》。《指导意见》是实施乡村振兴战略的一个重要配套性文件，对当前和今后一个时期的全国乡村治理工作作了全面部署安排。

近年来，党中央、国务院作出一系列重大决策部署，加快推进乡村治理体系和治理能力现代化，取得显著成效。党领导的农村基层组织建设进一步加强，乡村治理内容逐步充实，乡村治理手段不断创新，乡村治理体系进一步完善，农村基本公共服务显著改善，农村社会保持和谐稳定，广大农民的获得感、幸福感、安全感不断增强。

当前，我国乡村治理体系和治理能力现代化水平还不高，治理理念、治理方式、治理手段还存在着许多不适应的地方，乡村治理需要破解的难题还不少。比如，随着乡村人口数量持续减少，许多农村出现村庄空心化、农民老龄化现象，农村“三留守”问题突出；城乡公共服务的差距仍然较大；一些地方农村基层党组织软弱涣散；农村基层民主管理制度不健全；一些地方违法犯罪活动仍然不少，黑恶势力活动时有发生；一些地方不良风气盛行，天价彩礼让人“娶不起”，名目繁多的人情礼金让人“还不起”等。巩固党在农村的执政基础，实现乡村全面振兴，满足农民群众美好生活需要，必须着力解决乡村社会治理中的突出问题。

在总结各地近年来乡村治理创新实践和经验的基础上，《指导意见》围绕建设善治乡村，提出了加强和改进乡村治理的总体要求，强调加强党对乡村治理的集中统一领导，健全自治、法治、德治相结合的乡村治理体系，提升乡镇和村为农服务能力，明确了当前和今后一个时期17个方面的重点任务。

乡村治理不仅是个社会建设问题，还关系到农村经济、政治、文化、生态等方方面面。《指导意见》的内容非常丰富，提出了许多行之有效的政策举措。对于《指导意见》中需要普遍执行的政策，各地各部门要加大工作力度，尽快落实落地，确保取得实效；对于《指导意见》中鼓励提倡的做法，要结合各地实际，有针对性地借鉴推广；对于需要继续探索的方面，要加强改革创新。为了加强示范引导，中央农办将牵头组织开展乡村治理试点示范和乡村治理示范村镇创建工作，挖掘一批先进典型，总结推广一批成熟的治理模式。

6月9日，中央农办会同相关部门召开了全国加强乡村治理体系建设工作会议，对贯彻落实《指导意见》、加强和改进乡村治理作出了全面安排部署。

下一步，中央农办将认真贯彻落实习近平总书记的重要指示批示精神，按照党中央、国务院的决策部署，会同相关部门抓好乡村治理各项重点工作，加快补齐乡村治理的短板弱项，把中央的决策部署落到实处，不断推动乡村治理体系和治理能力现代化取得新成效。

下面，我和我的同事愿意回答大家的提问。谢谢。

寿小丽：

谢谢韩俊副部长，下面进入提问环节，提问前请通报一下所代表的新闻机构。

中央广播电视总台央视记者：

我们知道，农村基层党组织对于带领农村发展和乡村治理具有十分重要的作用，在采访中我们也了解到一些情况，比如一些地方出现了农村基层党组织战斗力还不强，有的地方甚至是党组织出现软弱涣散的状况。请问，在乡村治理过程中，怎样才能够充分发挥农村基层党组织战斗堡垒的作用？谢谢。

韩俊：

我们常讲，“村看村、户看户、农民看支部”“给钱给物，还要建个好支部”。习近平总书记反复强调，农村基层党组织是党在农村全部工作和战斗力的基础，任何时候任何情况下，抓农村党组织建设都不可放松。加强和改进乡村治理工作，必须打造千千万万个坚强的农村基层党组织，培养千千万万名优秀的农村基层党组织书记。

农村基层党组织总体上是坚强的、有战斗力的，但也要清醒看到还存在不少突出问题。有的村党组织领导作用被弱化、虚化，有的村党组织处于软弱涣散状态。有的村干部作风不实，漠视群众，弄虚作假，优亲厚友，造成干群党群关系紧张。有的干部把权力当成“摇钱树”，搞“微腐败”、雁过拔毛，“小官巨贪”时有发生。有的农村党员在思想意识、党性修养、为民宗旨上出现动摇，先锋模范作用没有发挥出来。

为了解决当前一些地方农村基层党组织和党员队伍存在的突出问题，

更好地发挥农村基层党组织战斗堡垒作用，《指导意见》提出了三个方面的措施：

一是抓实建强农村基层党支部。提出要全面落实村“两委”换届候选人县级联审机制，实施村党组织带头人整体优化提升行动，持续整顿软弱涣散村党组织。要严厉打击干扰破坏村“两委”换届选举的黑恶势力、宗族势力，坚决把受过刑事处分、存在“村霸”和涉黑涉恶等问题的人清理出村干部队伍等。

二是加强和改善村党组织对村级各类组织的领导。我们村一级有各种各样的组织，比如村民委员会、农村集体经济组织、村级合作经济组织，还有其他的一些群众性自治组织。要推行村党组织书记和村委会主任“一肩挑”、村“两委”班子成员交叉任职，村里的重要事项、重大问题都要提交村党组织研究讨论等。

三是发挥党员在乡村治理中的先锋模范作用。开展党员联系农户、党员户挂牌、设岗定责、志愿服务等活动，推动党员在乡村治理中带头示范，带动群众全面参与。

中央广播电视总台国广记者：

我们注意到，《指导意见》明确提出要不断增强广大农民群众的获得感、幸福感和安全感。我们认为这其中安全感应该是最基本的。请问，如何通过推进乡村治理体系和治理能力的现代化来增强农民的安全感，让农村更加和谐有序？谢谢。

韩俊：

这个问题请我的同事吴宏耀来回答。

吴宏耀：

我很高兴回答你的问题。我国的农业是“压舱石”，农村是战略后院。所以习近平总书记多次强调，要夯实乡村治理这个根基。农村社会稳、国家大局就能稳。当前我国经济社会运行总体平稳，但也要看到稳中有变、变中有忧，外部环境复杂严峻，风险挑战明显增多，迫切需要稳住农业农村这一头，最大限度地减少不和谐的因素，有力维护政治安全、社会安定、人民安宁。《指导意见》主要从以下几个方面作出了一些部署：

一是深入推进扫黑除恶专项斗争，加强平安乡村建设。严厉打击把持基层政权、操纵破坏基层换届选举、侵吞集体资产等违法犯罪活动，做到有黑扫黑、有恶除恶、有乱治乱，形成强大震慑。推进农村社会治安防控体系建设，依法打击整治毒品违法犯罪活动、非法宗教活动等。健全农村公共安全体系，强化农村安全生产、交通消防等安全管理责任。

二是完善乡村矛盾纠纷调处化解机制，加大小微权力腐败惩治力度。完善调解、仲裁、行政裁决、行政复议、诉讼等有机衔接、相互协调的多元化纠纷解决机制。要注重运用智能化、信息化手段，探索建立"互联网＋网格管理"服务管理模式。大力开展农村基层"微腐败"整治，建立健全小微权力监督制度，严肃查处侵害农民利益的腐败行为。

三是加强农村法律服务供给，推进法治乡村建设。充分发挥人民法庭在乡村治理中的作用，加强农村法律顾问工作，健全乡村基本公共法律服务体系。规范农村基层行政执法程序，严格按照法定职责和权限执法，将政府涉农事项纳入法治化轨道。深入开展农村法治宣传教育，大力开展"民主法治示范村"创建，深入开展"法律进乡村"活动，培育一批"法治带头人"。谢谢。

光明日报记者：

现在农民的日子越过越好，但是一些农村的婚丧陋习、天价彩礼、孝道式微、老无所养等问题有所蔓延，成为农民的一大烦心事，请问如何遏制这些不良现象，促进农村社会风气的改观？

韩俊：

我国农村正处在一个大变革时代，1995年农村常住人口达到了峰值，有8.6亿人，去年农村常住人口只有5.6亿人，20多年来减少了3亿人。在这样一个大变革的过程中，各种思潮冲击交汇、传统的价值观念不断遭到冲击解构。现在农村在乡风文明方面存在很多突出的问题，比如不养父母、不管子女、不守婚则、不睦邻里等有悖家庭伦理和社会公德的现象还不少，一些地方红白喜事大操大办，攀比之风盛行。七八十年代结婚彩礼就一两百块钱，九十年代达到1万元，现在彩礼都是十几万甚至更多。下乡调研经常听到有人讲，某家的儿子结婚成家了，但是父母成贫困户了，现在我们搞脱贫攻坚工作，确实存在“因婚致贫”的现象，在一些地区因结婚而致贫不是个别现象。我们说乡村要有人情味，但是这些名目繁多的人情礼金让农民背上了沉重的人情债。农业农村部每年都要搞驻村调查，农民现在消费支出排第一位就是食品，过去看病的支出排在第二位，现在很多农民第二位的支出就是人情礼金。这些问题农民群众反映非常强烈，但是碍于面子，好像感觉改变现状又很困难，群众迫切希望采取有效的方式来治理这些问题。

乡村振兴是全面的振兴，乡村是不是振兴，要看乡风好不好。我们加强和改进乡村治理，必须旗帜鲜明反对天价彩礼，要旗帜鲜明反对铺张浪费，要旗帜鲜明反对婚丧大操大办，旗帜鲜明反对有悖家庭伦理和社会公德的现象。《指导意见》里这方面的政策导向是非常清楚的，分别从积极培育和践行社会主义核心价值观，实施乡村文明培育行动，发挥道德模范的引领作用，加强农村文化的引领四个方面，对这项工作作出了具体部署。

各地反映，在乡风文明建设方面，制度规则的供给不足。为了解决这些问题，也作了一些探索，但是现行的一些做法存在着制度的权威性不够、约束力不强、效率较低、失灵频繁等问题，有的甚至是农民群众讲“隔山打牛”，效果不好。从各地实践看，我们做好乡风文明建设工作需要宣传引导，需要倡导实践养成，需要完善制度保障，也需要采取符合农村特点的方式和方法，真正能够做到寓教于乐、寓教于事、寓教于行。比如要约束攀比炫富、铺张浪费的行为，不是发几个政府文件或者开几个会就能够解决的。一些地方在政府的引导下，农民在充分协商的基础上制定出村规民约，把一些约束性强的措施写入村规民约。有些地方建立了村庄红白理事会、村民议事会、道德评议会等群众性的自治组织并充分发挥作用。通过以上措施，比较好地解决了这些方面的突出问题。要推广农民自我约束、自我管理、自我提升方面的好做法，推动形成农村的新风尚。

当然，乡风文明建设也需要社会各个方面的支持和参与，文件提出加强农村文化的引领作用。要真正发挥好文化的引领作用，我们特别需要引导文化工作者、科普工作者、退休人员、企业家、文化志愿者投身乡村的文化建设，形成一股新的农村文化建设力量。谢谢。

中国新闻社记者：

此前提出社会主义新农村建设目标时，其中之一是管理民主，现在乡村振兴提出的是治理有效，而且是自治、法治、德治“三治”结合。请问，在乡村治理中如何做到“三治”并举，如何理解这“三治”之间的关系？谢谢。

韩俊：

文件的核心就是强调自治、法治、德治有机结合。要回答您提出的这个问题，首先要回答治理的内涵和精髓是什么。过去讲社会管理，现在讲社会治理，一字之差，是理念的巨大差别。

治理不是管制，治理不是政府唱独角戏，不是政府单打独斗，也不是单打一。过去我们讲社会管理，一些基层的同志在某种程度上是“一套模式管到底、一种方法用到底”，现在这种方法和方式已经不能够适应形势的要求了。党的十九大、2018年和2019年的中央1号文件，均提出要健全自治、法治、德治相结合的乡村治理体系，这也是《指导意见》这个文件的主线。自治、法治、德治是维持乡村治理格局良性运转的不同治理方式。自治是属于村庄的范畴，法治是属于国家的范畴，德治是属于社会的范畴，这三种方式是互为补充、互相衔接、缺一不可的。

实现乡村有效治理要综合利用现代治理手段和传统治理资源，要把自治、法治、德治很好地结合起来，积极搭建多方参与治理的平台和渠道，鼓励引导社会和公众共建共治共享，推动政府治理、社会调节、基层群众自治实现良性互动，以党建统领全局，以自治为基础，以法治为根本，以德治为引领，建立健全党委领导、政府负责、社会协同、公众参与、法治保障、科技支撑的现代乡村社会治理体制。

要以自治增活力。村民自治是我们国家农村基层民主的一种基本形态，是我们党领导亿万农民建设社会主义民主政治的一个伟大实践。经过了30多年的发展，党领导下的村民自治已经成为农村基层社会治理体系中的基础性制度，对保持农村社会和谐稳定、巩固党在农村的执政基础，对维护农民群众的民主权益发挥了重大作用。以自治增活力，需要从健全完善村民自治的有效实现形式入手，进一步健全农村基层民主选举、民主决策、民主管理、民主监督的机制。这些方面的制度还不够健全。要强化农民的主人翁意识，提高农民主动参与村庄公共事务的积极性。过去20多年，农村3亿多人出来了，现在确实出现了“事不关己、高高挂起”的现象，一些地方农民的集体意识在淡化。村民自治一个重要的目标就是强化农民的主人翁意识，提高农民主动参与村庄公共事务的积极性，让农民自己“说事、议事、主事”，农民的事让农民商量着办，凸显农民在乡村治理中的主体地位。

要以法治强保障。乡村有效治理，法治是前提，法治是基础，法治是保障。我们要全面依法治国，必须把政府各项涉农工作纳入法治化轨道，加强农村法治宣传教育，完善农村法律服务，引导干部群众尊法、学法、守法、用法，依法表达诉求、解决纠纷、维护权益，建设法治乡村。

要以德治扬正气。乡村社会和城市是不一样的，乡村社会的一个显著特点，就是人们大多“生于斯、长于斯”。虽然现在城乡结构发生了巨大变化，村庄内部的社会结构、人口结构、村庄形态发生了巨大变化，但是乡村社会作为一个熟人社会，它的基本特征没有发生根本性的变化，起码还是一个半熟人的社会。在这样一个熟人社会里，大家相互知根知底，都知道自己的邻居，有着因彼此熟悉而产生的一种信任感。熟人社会里我们要降低社会治理成本，必须特别重视德治的作用。大家知道，在一个大家彼此熟知的村庄中，要是一个人做了不道德的事，这个村庄里的人会戳他脊梁骨的，大家都讲脸面。乡村治理要达到一种春风化雨的效果，就要深入挖掘熟人社会中的道德力量，德、法、礼并用，通过制定村规民约、村民道德公约等自律规范，弘扬中华优秀传统文化，教育引导农民爱党爱国、向上向善、孝老爱亲、重义守信、勤俭持家，增强乡村发展的软实力。

《指导意见》对健全“三治”结合乡村治理体系作出了具体部署，在实际工作中我们应该注意“三治”结合是一种理念，是一种工作方法，应该积极探索“三治”结合的有效实现形式，不断完善乡村治理机制。

中国农村杂志社记者：

现在乡镇是乡村的中心，在乡村治理中应该发挥重要的作用，但是我们在采访中发现一些地方乡镇带动农村经济发展的能力不强，农村公共管理和服务不到位。请问，如何提升乡镇的为农服务能力，充分发挥其带动乡村的龙头作用，让农村的经济社会发展更加充满活力？

韩俊：

这个问题由吴宏耀来回答。

吴宏耀：

在我国农村，乡镇上面连着县，下面连着村，是农村资源要素交换的关键节点，也是公共服务的主要供给者，还是乡村治理的重要环节。你刚才说的一些问题，确实在一些地方是存在的，所以要提高乡镇服务管理能力，使乡镇成为带动农村发展的龙头。需要重点抓好以下三个方面的工作，努力把乡镇建设成为三个中心。

第一，把乡镇建设成乡村治理的中心。乡镇党委要落实抓农村基层党组织建设和乡村治理的直接责任，加强对乡镇和村各类组织、各项工作的领导，乡镇党委书记和乡镇党委领导班子要包村联户，及时研究解决农村基层党建、乡村治理和群众生产生活等方面的问题。乡镇政府要强化社会治安、食品安全、道路交通安全、矛盾纠纷化解等方面的监督和管理，有效化解农村社会的矛盾隐患。

第二，把乡镇建成农村的服务中心。要加强乡镇公共服务和基础设施的规划建设，不断完善农村义务教育、医疗卫生、社会保险、劳动就业、文化体育等基本公共服务。要加强乡镇中小学、乡镇卫生院、农技推广站等条件建设，形成区域性服务中心。要推动“最多跑一次”改革向基层延伸，加快在乡镇建设综合便民服务平台和网上办事平台，实行“一门式办理、一站式服务”。

第三，把乡镇建成乡村的经济中心。要支持农产品批发市场、加工流通企业向镇域集聚，实现加工在镇、基地在村、增收在户，支持在乡镇发展农资供应、土地托管、统防统治、烘干收储等生产性服务业，发展餐饮休闲、物流配送、养老托幼等生活性服务业。同时要支持乡镇发展劳动密集型产业，有条件的地方可以建设产业集群。谢谢。

新华社中国经济信息社记者：

《指导意见》中提出了许多政策措施，内容也非常丰富，我们相信随着这些措施的实施，一定可以有力推动乡村治理体系和治理能力现代化。请问下一步如何保证这些措施能够在基层有效落实、落地？谢谢。

韩俊：

乡村治理体系的建设是一项系统工程，也是一项长期任务，文件明确了近期目标，也提出了一些长期目标。为了保证这些措施落实到位，中央农办会同有关部委在浙江宁波召开了全国加强乡村治理体系建设工作会议，中央农村工作领导小组组长、国务院副总理胡春华同志专门作了重要讲话，部署了当前和今后一个时期乡村治理的各项工作。《指导意见》提出了四个方面的要求：

第一，加强组织领导。各级党委和政府要把乡村治理工作摆在一个重要位置，纳入经济社会发展总体规划和乡村振兴战略规划中，各地将加强和改进乡村治理工作纳入乡村振兴考核，将党组织领导的乡村治理工作作为每年市县乡党委书记抓基层党建述职评议考核的重要内容，推动层层落实责任。

第二，建立协同推进机制。加强乡村治理体系建设涉及党委和政府很多部门，需要密切配合，党委农村工作部门要发挥牵头抓总作用，强化统筹协调、具体指导和督促落实。其他相关部门要按照各自职责，强化政策、资源和力量配备，加强工作指导，做好协同配合，形成工作合力。

第三，强化各项保障。各级党委和政府需要加强乡村治理人才队伍的建设，聚合激活各类人才资源，充实基层治理的力量，增强乡村治理体系的活力。要加大投入保障，健全以财政投入为主的稳定的村级组织运转经费保障机制。要整治形式主义、官僚主义，让基层干部从文山会海、迎来送往中解脱出来。特别是文件专门提出，不能把政府部门的工作都摊派给村级组织，原则上各种政府机构不能在村里设立分支机构，真正要下大功夫治理村级组织评比多、会议多、考核多的问题。

第四，加强分类指导。对《指导意见》部署的工作内容，各级党委和政府要结合本地实际，分类确定落实措施。对于需要普遍执行和贯彻落实的政策措施，要加大工作力度，逐级压实责任，明确时间进度。对于需要探索的事项，要组织开展试点，鼓励基层大胆实践、勇于创新，形成适合本地的乡村治理机制。谢谢。

中国日报记者：

《指导意见》还提出要开展乡村治理试点示范和乡村治理示范村镇创建行动。请问，这是基于什么样的考虑？会有哪些具体的安排？谢谢。

韩俊：

刚才在开场白里我已经提到了这一点，在这儿我再作一些具体的介绍。开展乡村治理试点示范和乡村治理示范村镇创建这两项活动是2019年中央1号文件明确提出的要求，《指导意见》也提出了这方面的任务。这两项工作是我们贯彻落实《指导意见》的两个重要抓手，具体的工作部署文件很快就会印发，大家可以持续关注。

一是在县级层面开展试点示范。县级是乡村治理体系建设的关键层级，在全国要选择100个县（市、区），作为首批乡村治理体系建设的试点单位。这项工作由中央农办、农业农村部牵头组织，联合中央组织部、中央宣传部、民政部、司法部共同开展。试点的内容主要包括探索党组织领导自治、法治、德治相结合的路径，共建共治共享的治理机制，乡村治理与经济社会协同发展的机制，乡村治理的组织体系，完善基层治理方式、村级权力监督机制，创新村民议事协商形式、现代乡村治理手段等八个方面的内容，鼓励试点地区探索形成一批可复制、可推广的“三治”结合的新路径、新模式。

二是在村镇层面开展示范创建。乡镇和村是乡镇治理的基础单元，是乡村治理政策具体实施落实的层级。我们将在全国开展“千村百乡”乡村治理示范村镇创建活动，中央农办、农业农村部、中央宣传部、民政部、司法部等五个部门将在地方创建的基础上，联合认定100个示范乡镇和1 000个示范村。示范村创建的标准主要包括党组织领导有力、村民自治依法规范、法治理念深入人心、文化道德形成新风、乡村发展充满活力、农村社会安定有序六个方面。示范乡镇创建标准主要包括乡村治理工作机制健全、基层管理服务便捷高效、农村公共事务监督有效、乡村社会治理成效明显四个方面。通过示范创建，培育和树立一批乡村治理的先进典型，发挥其引领示范和辐射带动作用，推动中央关于乡村治理的政策在基层落地生根。谢谢。

新华社记者：

我有两个问题，第一个是关于规范小微权力、防止苍蝇式腐败将采取哪些举措？第二个问题是对于村庄空心化、农村“三留守”问题，《指导意见》如何部署？接下来将采取什么样的措施？谢谢。

韩俊：

小微权力的问题请吴宏耀回答。

吴宏耀：

小微权力腐败，就是发生在农民群众身边的腐败问题，文件对此作出了明确规定，也提出了明确要求，要加大对基层小微权力腐败的惩治力度。文件强调要规范乡村小微权力的运行，明确每项权力行使的法规依据、运行范围、执行主体、程序步骤，同时建立健全小微权力监督制度，形成群众监督、村务监督委员会监督、上级部门监督和会计核算监督、审计监督等全程实时、多方联网的监督体系。文件还要求织密农村基层权力运行“廉政防护网”，大力开展农村基层微腐败整治，推进农村巡察工作，严肃查处侵害农民利益的腐败行为。这方面在全国部署的扫黑除恶专项斗争中也进行了重点整治。谢谢。

韩俊：

关于“三留守”问题，随着城镇化快速推进，乡村人口持续减少，一些地方农村“三留守”问题日益突出。解决“三留守”问题，关键是建立健全“三留守”关爱服务体系，这项工作每年中央1号文件都强调，也在持续地往前推进。《指导意见》对做好这项工作也提出了一些要求。

总的来说，首先是要发挥好政府的作用，政府要承担起应有的责任，持续加大投入。其次是要发挥好社会的作用，特别是社会工作者包括志愿者的作用，这也是一个重点领域，近年来有很多很好的探索，可以说在动员社会力量参与建立“三留守”关爱服务体系方面，已经形成了非常浓厚的氛围。对这些好的经验，下一步要加大推广力度，对作出贡献的，要给予鼓励和表彰。

解决好“三留守”问题，也要强调家庭应有的责任。比如对留守儿童，要强调农村家庭父母对子女的抚养责任。总之，要形成一种政府负责、社会参与、家庭尽责的机制，关爱服务体系才能真正地建立起来。

寿小丽：

谢谢韩俊副部长，谢谢吴宏耀局长，谢谢各位记者朋友们，今天的新闻发布会就到这里。谢谢大家。

刘健/摄

7.《关于进一步推进移风易俗建设文明乡风的指导意见》新闻发布会

《关于进一步推进移风易俗建设文明乡风的指导意见》新闻发布会

一、基本情况

时　间	2019年10月29日（星期二）上午10时	
地　点	国务院新闻办公室新闻发布厅	
主　题	解读《关于进一步推进移风易俗建设文明乡风的指导意见》	
发布人	中央农村工作领导小组办公室副主任、农业农村部副部长	韩　俊
	中央精神文明建设指导委员会办公室一局局长	张志勇
主持人	国新办新闻局副局长、新闻发言人	袭艳春

二、现场实录

袭艳春：

女士们、先生们，上午好。欢迎大家出席国务院新闻办新闻发布会。日前，中央农村工作领导小组办公室、农业农村部等11个部门联合印发《关于进一步推进移风易俗建设文明乡风的指导意见》。为了帮助大家更好地了解相关情况，今天，我们非常高兴地邀请到中央农村工作领导小组办公室副主任、农业农村部副部长韩俊先生，中央精神文明建设指导委员会办公室一局局长张志勇先生，请他们向大家解读这个文件，并回答记者朋友们的提问。首先，请韩俊先生做介绍。

韩俊：

女士们、先生们，媒体朋友们，大家上午好！一直以来，党中央、国务院高度重视农村精神文明建设工作。习近平总书记指出，实施乡村振兴战略，不能光看农民口袋里的票子有多少，更要看农民的精神风貌怎么样，必须坚持物质文明和精神文明一起抓，提升农民精神风貌，不断提高乡村社会文明程度。

为了有效遏制农村陈规陋习，树立文明新风，最近，中央农办牵头，联合中央组织部、中央宣传部、中央文明办、农业农村部等11个部门，共同印发了《关于进一步推进移风易俗建设文明乡风的指导意见》，这个文件对当前和今后一个时期的文明乡风建设工作作出了全面的部署安排。

乡村振兴不振兴，要看乡风好不好。近年来，各地在革除农村陋习，树立文明新风方面，做了一些工作，取得了明显成效。但是，天价彩礼“娶不起”、豪华丧葬“死不起”、名目繁多的人情礼金“还不起”以及孝道式微、农村老人“老无所养”等问题还大量的存在。这些农村社会不良风气的蔓延，成为广大农民群众巨大的家庭负担，实际上它也扭曲了社会的价值观。广大干部群众热切盼望出台相关措施，来抵制歪风、弘扬正气。

推进移风易俗、建设文明乡风，是实施乡村振兴战略一项非常重要的工作，是培育和践行社会主义核心价值观的必然要求，也是当前农民群众十分关心的现实问题。《指导意见》明确了这项工作的总体要求和今后一段时间的重点工作举措，主要内容有：

一是加强党的领导。各级党委和政府要把文明乡风建设作为实施乡村振兴战略一项重要任务，建立健全党委统一领导、政府负责、各部门分工落实的工作机制。要深入研究当前婚丧陋习、孝道式微等问题的形成原因，建立管用有效的工作机制，制定有针对性的政策举措。要以党风政风引领农村新风，落实农村基层党组织的责任，充分发挥好农村党员干部的模范带头作用。

二是坚持依靠群众。农民群众是文明乡风建设的主体，要增强农民群众的主人翁意识，有效发挥村民自治的重要作用，创新工作措施和方法，让群众真正成为文明新风的制定者、执行者、评议者和受益者，做到自我管理、自我约束、自我提高。

三是要依法依规。推进移风易俗、建设文明乡风，必须加强制度保障，实施有效管理。在相关法律法规修订中要增加文明乡风建设的相关内容。对不赡养、虐待父母等行为要加大惩处力度。出台有关政策措施要符合法律法规，村规民约的内容要符合宪法和法律精神。农村基层群众性自治组织有关约束性措施的制定和实施要符合村民自治程序和规范。

四是加强教育引导。要深入教育宣传和发动群众，以社会主义核心价值观为引领，广泛开展内容丰富、形式多样的宣传教育。要加强文化引领、强化价值认同、注重实践养成、建立激励机制，发挥典型的示范引领作用，注重寓教于乐、寓教于行、寓教于事，把中华传统美德和现代文明观念转化为农民群众的行为习惯和准则。

五是坚持因地制宜。“十里不同风，百里不同俗”，推进文明乡风建设，要与当地经济社会发展水平和文化传统相适应，充分尊重当地习俗，充分考虑群众习惯和接受程度，不搞强迫命令，不搞“一刀切”。

下一步，各有关部门将强化责任落实，建立长效工作机制，推动部门协同联动。我们的目标是力争通过3到5年的努力，文明乡风管理机制和工作制度基本健全，农村陈规陋习蔓延势头得到有效遏制，婚事新办、丧事简办、孝亲敬老等社会风尚要更加浓厚，农民人情费支出负担明显减轻，乡村社会文明程度进一步提高，要让农民群众有实实在在的获得感，全力推进农村精神文明建设取得新成效。

下面我和张志勇局长愿意回答媒体朋友的提问。谢谢大家。

袭艳春：

感谢韩俊先生的介绍，下面开始提问，提问前请通报所在的新闻机构。请提问。

中央广播电视总台央视记者：

刚才提到建设文明乡风需要依法依规，请问如何制定约束性措施，才既能保证文明乡风建设依法依规，又能符合村民自治程序和规范？谢谢。

韩俊：

刚才我在开场白里已经讲了文件在这方面提出的要求，下面我再做一个具体的解释。我们知道乡村社会和城市社会有很大的不同，不同在哪里呢？乡村社会，人们大多是生于斯长于斯，是一个熟人社会，因此乡村社会的治理要采取符合农村特点的方式，我们既要充分运用现代的治理理念和方式，也要充分发挥农村传统治理资源的作用，用村规民约来推进乡风文明建设。村规民约是村民自我管理、自我教育、自我监督的行为规范，介于法律和道德之间，更多的是发挥道德的约束作用。我们知道农村的陈规陋习具有社会性和顽固性，一旦形成，会对群众产生长期影响，不少村民对这些陈规陋习，比如大操大办，并非自愿，但是受困于社会风气带来的压力，也很难改变。改变这些陈规陋习是很难的一件事，不能只靠"硬碰硬"。在实践中一些地方通过村民讨论制定村规民约，对红白喜事采取约束性措施，这确实是约束大操大办陈规陋习的有效途径。原来村民碍于面子，现在村规民约有了规定，实际上也就有了挡箭牌。从各地的实践来看，这些措施效果是不错的。发挥好村规民约在弘扬公序良俗等方面的积极作用，可以降低乡村社会治理的成本，可以提高乡村社会治理的能力。

我们也注意到，一些地方村规民约的内容还是比较空泛，制定也不够规范，实施也存在流于形式的问题。特别是有一些村规民约的内容涉嫌违法违规，对亲情伦理缺乏关怀，容易伤害群众的感情。比如有的地方规定二婚不能办酒席，村民就不好接受，有些村规民约确实涉嫌侵犯群众特别是妇女的合法权益。针对这些方面的问题，《指导意见》提出村规民约的内容一定要符合宪法和法律的精神，农村群众自治性组织制定和实施约束性措施，要符合村民自治程序和规范。各级党委和政府要将指导规范村规民约工作作为加强农村基层社会治理的重要内容，要防止盲目的立规，防止一些地方以约代法，用村规民约代替法律。有关部门要通过制定规范的村规民约范本，主动引导和规范，完善审查备案的程序。村规民约一定要有审查备案程序，要严格把好关，重点审查村规民约的制定或修订程序和内容是不是合法，是不是符合实际，是不是具有可操作性。对于村规民约当中带有歧视性和违法的内容要及时纠正和废除。

推进移风易俗、建设文明乡风工作需要强化法律的约束，光靠村规民约还不够。《指导意见》提出要加快推动在相关法律修订中增加文明乡风建设的内容。前不久，《中华人民共和国民法典（草案）》提请十三届全国人大常委会第十四次会议审议，我们注意到草案三审稿家庭编，在二审稿的基础上增加了树立优良家风、弘扬家庭美德、重视家庭文明建设等条款。这就从上位法对婚丧新风、孝亲敬老作出规定，这方面的法律通过将使各级特别是基层在具体工作中真正有法可依、有规可循。

总之，推进移风易俗、建设文明乡风工作只有依法依规开展，只有符合农村实际，尊重当地传统习俗，最大限度地体现全体村民意愿，才能够落得下去，才能够取得长久实效，才能够得到社会各界特别是广大农民群众的拥护和支持。

经济日报记者：

我们在采访中听到，有一些地方反映农村精神文明建设缺乏硬措施，想请问此次文件在增强政策举措的约束力方面有哪些新的突破？谢谢。

张志勇：

应该说，《指导意见》的出台从总体上看，就像韩部长刚才讲的，本身就是进一步加强农村精神文明建设的一个比较硬的举措。因为《指导意见》本身体现了我们坚持农村精神文明建设的问题导向，也体现了农民群众关心关注的身边问题。所以应该说《指导意见》从加强农村精神文明建设的角度来看，本身就是很有效、很实在的举措。

《指导意见》从革除农村的陈规陋习、推进移风易俗着眼，很重要的一条就是要改变农村群众一些根深蒂固的、比较落后的或者跟新时代不大相符的旧观念。当前我们在进一步推进农村精神文明建设工作中，一方面要始终坚持教育引导、宣传示范，包括在座媒体对基层创新创造的反映；另一方面也像韩部长强调的，我们针对这些不良的东西、不好的习俗，要出台一些切实管用的比较过硬的办法和新的举措。

通过这些举措，进一步树立和弘扬乡村的新风正气，遏制当前在农村一些地方不良风气蔓延的势头。《指导意见》从两个方面提出了比较过硬的举措：

一是对各级各有关部门的工作提出了更加明确的要求。大家也都有这方面的体会，社会文明的进步，人的素质的提升，从某种程度上来讲也是管出来的。这么多年的实践证明，面对农村陈规陋习，必须要旗帜鲜明地反对，要大刀阔斧地改革，要出一些实实在在的招数和举措来破解这些难题。大家也都见到过或者听说过，比如一些地方农村，媒人两头去欺骗，对男方说女方多好，对女方说男方多好，其实他是趁机渔利，也有一些女方家长要高额彩礼。还有我们倡导的是厚养薄葬，在一些地方恰恰相反，不孝敬老人的现象时有发生，虽然是个别的，但影响还是挺大的。所以《指导意见》明确要求，基层民政、妇联等工作部门要加强对农村婚介机构和农村“媒婆”的管理，基层司法执法部门要对乡村社会利用婚丧嫁娶敛财等违法犯罪行为进行重点整治，对孝道式微这些不良现象要加强批评教育，对不赡养甚至虐待父母的行为要加大惩处力度。

二是要推动农村移风易俗工作方式方法的创新。提高农村社会的基础服务条件，营造良好的环境和氛围。要探索建立正面激励机制，对于在推进文明乡风建设特别是移风易俗工作方面作出表率的家庭、先进个人可以给予相应奖励。要进一步总结和推广一些地方开展的“乡村道德银行”“文明积分”等奖励模式，让德者有得。要创新青年婚介服务方式，充分发挥共青团、妇联等群团组织的作用，鼓励村里的妇联主席成为农村的义务红娘，为农村青年提供婚恋服务，宣传引导农村青年抵制高额彩礼、奢华婚礼。同时要创新农村养老服务方式，推广农村互助型养老，积极引入相关公益组织，不断完善服务方式、内容等。要创新农村婚丧宴席举办方式，鼓励有条件的地区建立农村宴席服务队，明确服务项目、收费标准和服务承诺等，进一步防止大操大办、浪费攀比。这些方面，各地都有很多好的探索，特别是像刚才韩部长讲的，通过农村的红白理事会等自治组织，弘扬婚丧事中的互助、友爱等优良习俗，同时明确大家可以接受的标准，形成村规民约，推动风气逐渐好转。谢谢！

新华社记者：

在农村有一句话是“村看村、户看户、群众看干部”，我的问题是，在文明乡风建设中会采取什么样的措施来切实保障农村党员干部的先锋模范作用？谢谢。

韩俊：

这个问题我来回答。党风政风跟乡风民风是分不开的。推动以党风政风引领农村新风是《指导意见》提出的一个很重要的原则，文件在这方面提出了三个方面的要求：

一是党员干部要发挥模范带头作用，特别是要求各级领导干部必须在移风易俗中走在前头，以身作则，率先垂范。如果党员干部自身红白喜事大操大办、大摆宴席，群众是不服气的，农村风气也可能被带坏。《指导意见》对党员干部还提出了一些具体的要求，比如说要开展党员联系农户，党员户挂牌等活动，推动党员干部作出示范，带动群众全面参与。

二是《指导意见》提出要建立党员干部操办婚丧事宜的报备制度。各地这些年来已经形成了一些很好的做法，有的地方组织广大党员干部签订文明节俭操办婚丧事宜承诺书，鼓励党员干部在婚事新办、丧事简办等方面做表率。有的地方对党员干部宴席宴请的范围和标准都规定得很细，对必须的宴请严格按照有关标准办，不能变相收受礼金，有的地方依靠群众性自治组织成立移风易俗小组，抓好移风易俗的监督和落实工作，常态化地开展移风易俗宣传，引导群众自觉抵制不良风气。

三是地方各级纪检监察部门要根据党内规章制度对党员干部婚事新办、丧事简办、抵制天价彩礼、孝亲敬老等作出具体规定，同时发挥好组织监督和群众监督的作用。对违反相关规定的党员干部要进行相应的处理，组织部门在对地方党政领导班子和有关干部进行综合考评时，也要注意了解推进农村移风易俗工作的相关情况，将这方面的情况作为干部考核选拔任用、评先奖优、问责追责的重要参考，对文明乡风建设工作成效显著的予以奖励，对工作不力的要严肃问责。谢谢！

光明日报记者：

现在一些地方建立红白理事会、村民议事会等群众性组织，在文明乡风建设中发挥了很好的作用，请问未来如何更好地发挥这些群众性组织的作用，推动文明乡风建设？谢谢。

韩俊：

这个问题我来回答。《指导意见》对农村基层党组织要承担什么责任有明确的要求，对农村党员要发挥什么作用有明确的要求，对用好村规民约也提出了要求。《指导意见》里还有很重要的内容，对发挥好群众性自治组织的作用也提出了要求。这些群众性自治组织，你刚才讲的红白理事会、村民议事会、道德评议会或者老人会等，名称很多，都是群众性组织，要解决农民的烦心事，还得发动农民群众自己解决，这个成本是比较低的。因为农村是熟人社会，大家都爱面子，传统治理资源包括这些组织可以很好地发挥作用。比如浙江象山探索出了在党组织领导下的“村民说事”制度，就是村里所有的事，农民可以去说，可以去议，最后农民群众自己来定。全国各地都去参观学习，他们在这方面的经验也被写入了中央1号文件，这是符合农村特点的治理方式。从全国来看，目前各地普遍建立了群众性组织。实践证明，通过这些群众性组织开展多种形式的议事协商活动，可以真正实现农民自我教育、自我管理、自我约束、自我提高，是推进文明乡风建设中的生动实践。我前面讲到通过村委会、政府有关部门审查把关制定出村规民约以后，它的实施很多是要靠红白理事会、村民议事会、道德评议会等来实现的。

一是发挥好群众性组织的自我组织作用。文件提出，各地要普遍建立党支部领导下的红白理事会、老年人协会、村民议事会、道德评议会等协商机制和群团组织，广泛开展议事协商活动，完善组织章程和各项制度。从各地的做法来看，理事会一般应由村主要干部兼任理事长，吸收农村能人、农村德高望重的人士，包括婚事、丧事具体操办人和敬老爱老模范等，依靠他们开展婚丧嫁娶服务、邻里互助活动和道德评议。

二是发挥好群众性组织的自我管理作用。《指导意见》提出鼓励道德评议会等群众性组织在村民委员会的统一指导下制定“红黑榜”，有的地方叫

"绿叶墙"。通过互评亮榜，宣传婚丧新风和孝道典型。浙江全省已经基本实现文化礼堂全覆盖，村里都有一个文化墙，谁做得好就上墙，张榜公示。鼓励农村基层群众性自治组织、集体经济组织和有关社会组织发展为老志愿服务，鼓励农村基层群众性组织通过与赡养人子女签订《家庭赡养协议书》等方式，督促子女从经济供养、生活照料、权益维护等方面自觉承担家庭责任。在一个村庄里，不孝敬老人的人是被人看不起的，要通过群众性组织去约束他。这方面各地有很多做法，对农村留守、空巢老人进行定期巡访，及时发现和解决老年人独自生活的风险，广泛开展老年人喜闻乐见的文化休闲活动，解决农村老年人的精神慰藉需要。目前，农村老龄化比城市的程度要深，这方面要充分发挥农村群众性组织的作用。

三是发挥好群众性组织的自我监督作用。在实施过程当中，可以依据村规民约出台一些约束性措施，这些措施的制定和出台要主动邀请并接受红白理事会、道德评议会等群众性组织的监督。通过民主协商限定可办酒席的项目、红白事操办的规模和时限、待客范围、席面标准和礼金数额等。婚丧嫁娶大操大办，在城市里大家感受可能不深，但是在农村里，对农民来讲确实是一个很大的烦心事。一些农民工回乡创业，都反映人情费是一座大山。要解决这些问题，刚才我讲的这些举措都是比较有效的。当然，推进移风易俗、建设文明乡风是一个系统性工程，一定要多管齐下，在地方各级党委和基层党组织的领导下，充分发挥好群众性组织的重要作用，推动农村精神文明建设取得新成效。谢谢！

蓑艳春：

最后一个提问。

中国日报记者：

《指导意见》由11个部门共同印发，涉及很多方面，请问如何来加强各部门之间的协同，促进《指导意见》落到实处？谢谢。

韩俊：

《指导意见》提出的措施要落实好，必须加强各部门的协同配合，形成工作合力，最重要的是各地要抓紧建立健全党委统一领导、政府负责、各部门分工落实的责任机制，统筹调动各方面的力量，共同推动这项工作有序开展。

一是要强化党委的领导责任。各级党委特别是县级党委要把农村移风易俗建设文明乡风摆到非常重要的位置上，在全面从严治党、乡村振兴和脱贫攻坚中大力推进移风易俗工作。现在一些地方，在农村移风易俗和建设文明乡风方面缺乏有效的办法和载体，确实存在像老百姓讲的“隔山打牛”、流于形式的问题，措施不管用。乡村振兴总要求“产业兴旺、生态宜居、乡风文明、治理有效、生活富裕”，乡风文明是乡村振兴非常重要的一项工作。市县级党委政府主要负责人是乡村振兴的第一责任人。《中国共产党农村工作条例》明确要求，县委书记要把主要精力放在农村工作上，放在乡村振兴上，应当带头深入基层，倾听群众的呼声，研究当地婚丧陋习、孝道式微等问题形成的原因，结合本地实际制定有针对性的政策举措，狠抓工作落实，推动农村婚丧、孝道风气实现明显好转。

二是要落实农村基层党组织的责任。乡镇党委和村党组织要充分发挥政治功能和组织优势，深入开展农村群众性精神文明创建活动，把推动革除婚丧陋习、抵制天价彩礼、解决孝道式微等问题列为重要工作内容，加强组织推动，深入教育宣传和发动群众，扎实做好落实工作。最重要的要靠乡镇党委和村党组织真正把群众发动起来。

三是建立健全考核机制。按照《中国共产党农村工作条例》的规定，要建立市县党政领导班子和领导干部推进乡村振兴实绩考核制度，而且要求以省为单位，2019年年底前要把这方面的考核制度建立起来。在进行考核的时候，要把建设文明乡风工作作为重要的考核内容，给予足够的权重，对文明乡风建设工作成效显著的要给予奖励，对工作不力的要严肃问责。实施乡村振兴战略是“三农”工作新的旗帜、总的抓手，如果抓这项工作三年五年过去了，移风易俗、乡风文明工作没有什么进展，老百姓没有什么获得感，老百姓的烦心事还很多，说明工作是不力的，所以一定要建立责任制。

四是建立协同推进机制。乡风文明建设涉及到农村工作的方方面面，要形成部门合力。地方各级党委农村工作部门在乡风文明建设工作中要切实发挥好牵头抓总作用，要统筹协调有关部门形成齐抓共管的工作局面，并做好督促落实工作。各相关部门要按照各自的职责，强化政策、资源和力量配备，加强工作指导，做好协同配合，切实解决好文明乡风建设方面存在的突出问题。谢谢。

袭艳春：

再次感谢两位发布人，也谢谢大家。今天的发布会到此结束。

张馨/摄

8.《关于促进乡村产业振兴的指导意见》政策例行吹风会

《关于促进乡村产业振兴的指导意见》政策例行吹风会

一、基本情况

时　间	2019年7月1日（星期一）下午3时	
地　点	国务院新闻办公室新闻发布厅	
主　题	解读《关于促进乡村产业振兴的指导意见》	
发布人	农业农村部副部长	余欣荣
	农业农村部乡村产业发展司司长	曾衍德
主持人	国新办新闻局	寿小丽

二、现场实录

寿小丽：

女士们、先生们，大家下午好。欢迎出席国务院政策例行吹风会。近期，《国务院关于促进乡村产业振兴的指导意见》正式对外公布。为了帮助大家更好地了解相关情况，今天我们非常高兴邀请到农业农村部副部长余欣荣先生，请他为大家介绍有关情况并回答大家的提问。出席今天吹风会的还有农业农村部乡村产业发展司司长曾衍德先生。下面，先请余欣荣先生作介绍。

余欣荣：

女士们、先生们，媒体朋友们，大家下午好！感谢各位长期以来对“三农”工作的大力支持！

乡村振兴，产业兴旺是基础。党中央、国务院高度重视乡村产业发展。习近平总书记指出，产业兴旺是解决农村一切问题的前提。李克强总理强调，要支持返乡入乡创新创业，推动农村一、二、三产业融合发展。近日，

张馨/摄

国务院印发了《关于促进乡村产业振兴的指导意见》，对促进乡村产业振兴作出全面部署。下面，我作个简要介绍。

党的十八大以来，乡村产业呈现良好发展势头。粮食产能连续7年保持在1.2万亿斤以上，规模以上农产品加工业主营业务收入达14.9万亿元，乡村休闲旅游营业收入超过8 000亿元，农业生产性服务业营业收入超过2 000亿元，农村网络销售额1.3万亿元，返乡下乡创新创业人员累计达780万人。如今，一批彰显地区特色、体现乡村价值、乡土气息浓厚的乡村产业，正在农村广阔天地中不断成长壮大，为乡村振兴提供了强力支撑。

总体上看，乡村产业存在产业门类不宽、产业链条不长、要素活力不强和质量效益不高等问题，亟需加强引导和扶持。这次国务院印发的《指导意见》明确乡村产业的内涵特征、发展思路、实现路径和政策措施等，是指导乡村产业发展的纲领性文件。概括起来有三个特点：

第一，乡村产业定位更加准确。《指导意见》明确，乡村产业是根植于县域，以农业农村资源为依托，以农民为主体，以农村一、二、三产业融合发展为路径，地域特色鲜明、创新创业活跃、业态类型丰富、利益联结紧密的产业体系。乡村产业源于传统种养业和手工业，主要包括现代种养业、乡土特色产业、农产品加工流通业、休闲旅游业、乡村服务业等，具有产业链延长、价值链提升、供应链健全以及农业功能充分发掘、乡村价值深度开发、乡村就业结构优化、农民增收渠道拓宽等一系列特征，是提升农业、繁荣农村、富裕农民的产业。

第二，乡村产业振兴的路径更加清晰。主要体现在四个方面：一是以科学布局优化乡村产业发展空间结构。强化县域统筹，推进镇域产业聚集，构建县乡联动、以镇带村、镇村一体的格局。二是以产业融合增强乡村产业发展聚合力。发掘新功能新价值，培育融合主体、催生融合业态、搭建融合载体、建立融合机制，发展连接城乡、打通工农、联农带农的多类型多业态产业，让小农户分享产业链增值收益。三是以质量兴农绿色兴农增强乡村产业持续增长力。发展乡村绿色产业，健全绿色标准体系，培育提升产品品牌、农业品牌，强化资源保护利用，让乡村产业成为撬动“绿水青山”转化为“金山银山”的“金杠杆”。四是以创新创业增强乡村产业发展新动能。改变过去乡村产业主要依靠人力、地力等传统要素发展的局面，更多依靠科技创新支撑，培育创新创业主体，拓宽创新创业领域。

第三，促进乡村产业振兴要求更加具体。《指导意见》强调，各地要落实五级书记抓乡村振兴的工作要求，把乡村产业振兴作为重要任务，摆上突出位置。要建立农业农村部门牵头抓总、相关部门协同配合、社会力量积极支持、农民群众广泛参与的推进机制。

《指导意见》明确了促进乡村产业振兴的总体要求、重点任务、政策措施及组织保障等一系列重大问题，特别是对乡村产业概念作了明确的界定，是姓“农”、立农、兴农的产业。同时，《指导意见》明确了乡村产业“抓什么”“怎么抓”等问题，这是今后一个时期指导乡村产业发展纲领性文件。《指导意见》的出台，有利于统一思想认识、汇聚强大力量，共同促进乡村产业振兴，奠定全面建成小康社会、乡村全面振兴的基础。下一步，农业农村部将认真贯彻落实国务院的决策部署，与有关部门密切配合，建立协调推进机制，推动各项政策措施落实落细，加快促进乡村产业振兴，助推乡村全面振兴。

下面，我和我的同事愿意回答大家的提问。

寿小丽：

谢谢余欣荣副部长。请记者朋友们提问，提问前请通报一下所在的新闻机构。

中央广播电视总台央视记者：

近些年，国家出台的政策措施很多涉及到乡村产业振兴。请问此次《指导意见》中有哪些新的政策“含金量”，与以往有什么联系和不同？谢谢。

余欣荣：

这个问题进一步聚焦了政策，感谢你对乡村产业振兴的关心。这一次出台的政策措施，是在以往政策的基础上进行了集成、延伸、拓展、细化和实化，在“钱、地、人”这三个方面我们力求打出“组合拳”。

具体来说，在“钱”的方面：一方面，健全财政投入机制。一个重要的指标，就是提高土地出让收入用于农村的比例。经测算，这一比例的提高将会大幅度增加农业农村投入。同时，还要鼓励有条件的地方根据实际需要，按照市场化的方式设立乡村产业发展基金。另一方面，创新乡村金融服务。大家知道，金融服务是制约乡村产业发展的一个短板，这一次文件重点提出了要引导县域金融机构，将吸收的存款主要用于当地，重点支持乡村产业。初步测算，这项措施将会增加10万亿元以上的县域贷款余额。

在“地”的方面：完善用地保障政策，在安排土地利用年度计划的时候，加大对乡村产业发展用地的倾斜支持力度。开展县域乡村土地综合整治，盘活建设用地重点用于乡村新产业新业态和返乡入乡创新创业。探索针对乡村产业的省市县联动“点供”用地，支持休闲农业、乡村旅游及农村一、二、三产业融合发展，更好地拓展乡村产业用地空间。

在“人”的方面：健全人才保障机制，引导各类人才到乡村兴办产业，加大农民的技能培训力度，支持职业院校扩大农村定向招生。深化农业系列职称制度改革，支持科技人员以科技成果入股农业企业，建立健全科研人员的校企、院企共建双聘机制，实现股权分红等激励措施。谢谢。

中国新闻社记者：

近年来，有的地方出现了“空心村”的问题，一些乡村留不住人，日渐凋敝。请问《指导意见》的出台，对化解“空心村”的问题会起到哪些积极作用？

余欣荣：

这个问题请乡村产业司曾衍德司长回答。

曾衍德：

谢谢。这个问题在一些地方确实存在，主要是在中西部地区。出现这些现象的根本原因，还是乡村没有产业。没有产业，乡村就吸引不了资源要素，也就留不住人。习近平总书记指出，产业兴旺是解决农村一切问题的前提。这里“一切”，所指的是农村全局、全面、全方位。没有产业，就没有乡村的振兴，乡村振兴也就是一个“空中楼阁”。解决好“空心村”问题，根本的还是发展乡村产业。我们提出主要做到三个方面：

第一，要把产业更多留在乡村。过去都是农村搞种养业，城市搞加工流通，农民拿不到多少收益，现在我们就要改变这些问题。在《指导意见》中提出要突出资源优势，重点发展现代种养业、乡土特色产业、农产品加工流通业、乡村休闲旅游业、乡村新型服务业和乡村信息产业，这些都是立农、

为农、兴农的产业，都要尽量把这些留在农村。

第二，要把就业岗位更多留给农民。目前，在田头就业的农民在减少，一些青壮劳动力都进城务工了。这些外出务工的人不是不想在乡村就业，而是乡村的产业发展不充分，就业岗位较少，他们只能往外跑。所以这次文件中提出，要充分挖掘乡村功能价值，引导加工流通企业重心下沉，向有条件的中心镇和物流节点集中。这些措施就是要把更多的二、三产业留在乡村，把更多的就业岗位留给农民。

第三，要把产业链增值收益尽量留给农民。发展乡村产业，目的是要促进农民持续增收，要推动乡村生活富裕。目前，一些乡村产业与农民联系不紧，增值收益留给农民的不多，这些状况也需要改变。《指导意见》中提出，要建立联农带农机制，通过融合发展等多种方式，让农民不但有活儿干，更要有钱赚，让农民的腰包鼓起来，让农民的笑脸多起来。

我们提出的这三条如果做到位了，乡村振兴就有希望了，农业农村就会出现三大变化：一是农业强起来。通过发掘农业的新功能和新价值，延长产业链、提升价值链、打造供应链，加快构建现代农业产业体系、生产体系和经营体系，农业农村发展水平就提高了。二是农村美起来。通过实施绿色兴农、质量兴农战略，绿色发展模式更加成形，带动农村繁荣、乡村美丽。三是农民富起来。产业兴旺了，农民就业增收渠道拓宽了，农民收入增加了，生活也就富裕了。谢谢。

路透社记者：

我们了解到非洲猪瘟对全国很多养殖户造成了很严重的影响，这项农村振兴计划将如何帮助那些失去了猪，但又没有得到政府补偿的养殖户。另外，在中美贸易战影响下，棉花、大豆等大宗农产品价格波动剧烈，波及到很多农户的生计和相关农业产业的发展。请问您打算如何减少贸易战带来的影响，恢复他们的收入？谢谢。

余欣荣：

谢谢路透社记者提的问题。关于第一个问题，就是非洲猪瘟疫情的问题。在党中央、国务院的坚强领导下，经过各方努力，我国的非洲猪瘟防控工作取得了阶段性成效。截至6月30日，已经发生的143起疫情中，有131起解除了疫区封锁，25个省份的疫区全部解除封锁；今年共发生疫情44起，除4月外，月均发生数保持在个位数。下一步，我们重点的工作：一是要进一步强化措施落实。继续强化监测排查、疫情处置、调运和屠宰环节的监管、餐厨废弃物管理等，严禁使用泔水喂猪。二是抓好分区防控。指导加快推进试点，及时发现问题、总结推广经验。三是加强境外疫情的防堵。进一步加强互市贸易生猪、其他畜禽及其产品的检疫监管和监测排查，强化入境口岸等高风险区域巡查。

您刚才提的第二个问题，有关中美农业贸易这方面的问题。6月29日，中美两国元首在日本大阪成功会晤，一致同意在平等和相互尊重基础上重启经贸磋商，美方不再对中国产品加征新的关税。您关心的涉及到农业方面的问题，农业农村部将按照两国元首达成的重要共识，积极做好相关的工作。谢谢。

寿小丽：

谢谢路透社的记者，你刚才提到的第一个问题，近期我们还会安排专门的吹风会，会发布有关的情况。请继续提问。

中央广播电视总台央广记者：

刚才余欣荣副部长说到了对于乡村产业要提供金融服务，我想再具体问一下，这方面要怎么把乡村产业和金融服务结合起来，在这方面有什么具体的新措施？谢谢。

余欣荣：

对于金融服务乡村产业发展，近年来各地做了一些有益的探索。在文件制定过程中，我们进一步总结以往的经验，推动农村金融更好地服务乡村产业。在这方面，文件作了一系列规定。一是改革农村金融体制。为了进一步有效引导金融机构支持乡村产业发展，提出县域金融机构要将吸收的存款收入用于当地，优先、重点支持乡村产业发展等。二是创新乡村金融服务。包括在抵质押、信息化服务等方面，制定一系列符合农村特点的支持措施，包括信息体系建设、支持产业大户和龙头企业等相应的一些政策。三是健全财政投入机制。鼓励支持有条件的地方建设乡村产业发展基金，重点用于乡村产业技术创新。相信这些政策的出台，将会更加有利于农村特别是县域范围内乡村产业的发展，从而服务和推动乡村产业振兴，增加农民收入，实现可持续发展。谢谢。

人民日报记者：

我们注意到《指导意见》中提出鼓励工商资本下乡，请问这会不会造成与民争资源、争利的情况？谢谢。

余欣荣：

这个问题请曾衍德司长回答。

曾衍德：

工商资本是我们乡村产业发展重要的力量，目前工商资本每年投入乡村产业的资金都在万亿元以上，可以说这是一个巨大的力量。今后，我们还要加强政策引导，要鼓励和支持更多的资本投入乡村。重点做到“三多”：

一是多办一些农民“办不了、办不好”的产业。工商资本进入乡村，要坚持立足农业、服务农民，投资兴办农民参与度高、受益面广的乡村产业，要带着农民干、做给农民看、帮着农民赚。只有这样，工商资本在乡村才能立住脚，也才能持续发展，赢得农民的欢迎和社会的支持。

二是多办一些产业链条长的产业。工商资本的资金实力强、市场信息广、经营理念新，我们要引导工商资本发展适合规模化集约化经营的种养业，特别是要发展农村一、二、三产业融合的新产业，通过打造全产业链，形成农村产业融合发展的领军企业。

三是多办一些带动贫困户的产业。工商资本逐利是本能，投资乡村产业赚钱是应该的。同时，到贫困地区带动农户脱贫致富，也是应该的。我们提出要引导工商资本到贫困地区或者其他欠发达地区投资兴业，吸纳农民就业、开展职业培训和就业服务等，这样在自身发展的同时，也让更多的贫困户富裕起来。

当然，工商资本进入乡村，也要依法依规开发利用农业农村资源，不得违规占用农地或耕地从事非农产业，不得侵害农民财产权益。谢谢。

经济日报记者：

我们注意到这次《指导意见》提出用5～10年的时间，使农村一、二、三产业融合发展增加值占县域生产总值的比重实现较大幅度的提高，所以能否请余欣荣副部长详细介绍一下，这个指标的内涵和指向？谢谢。

余欣荣：

这个问题是这个文件里一个很重要的创新性指标，它是我们对乡村振兴、产业融合的发展规律、地位、作用的新认识。这个指标是指向性的，也是制度性的。提出这个指标，主要基于以下几点考虑：

一是适应产业发展新趋势。当前，农业与现代产业要素跨界配置的趋势越来越明显。制度、技术和商业模式也在不断创新，将农业与农产品加工、流通和服务业等渗透交叉，形成新产业新业态新模式，实现产业跨界融合、要素跨界流动、资源集约配置。可以从一定意义上讲，农村产业融合发展是继联产承包责任制、乡镇企业、农业产业化之后农民的“第四次创造”。

二是突出农业农村地位。大家都知道，在现行的统计制度中，农业作为第一产业，包括农林牧渔，这是传统的种养业。随着经济的发展和结构的升级，种养业增加值占地方生产总值的比重越来越小。如果把加工流通、休闲旅游、电子商务、健康养生等新产业新业态，这些与农业延伸、交叉、融合的产业增加值统计起来，比重就很大。我们对一些中西部地区进行测算，农村一、二、三产业融合发展增加值，已经占到了县域生产总值的50%，即使在一些大城市的周边，也占到了20%。如果我们仅仅是停留在原有的第一产业这个认识程度上，一般占地方生产总值的比重都在10%以下，一些发达地区只有2%、3%。因此，《指导意见》提出农村一、二、三产业融合发展增加值指标，更能够反映我国农村现代经济发展内在规律，更能显示出农业农村地位的重要，以及产业融合发展的取向。因此，在今天农业农村发展的新形势下，我们应该更加敏锐，同时客观、及时、科学地研究揭示，因势利导促进乡村产业的融合发展，使我们各级党委政府更加关注、身体力行地去引导和推动农村一、二、三产业融合发展，服务乡村经济发展，加快乡村振兴的步伐。

三是完善农业统计制度。落实《指导意见》提出的要求，我们正在研究提出农村一、二、三产业融合增加值的指标体系和测算办法，重点是提出农业延伸的产业、交互的产业，以及农业农村功能价值拓展的产业。把这些产业分类，确定合理的计算方法，并作为农业高质量发展的重要指标，纳入考核的重要内容。这一统计制度的完善，不仅是统计制度的变革，还是发展方向的指针，更是带有变革性的意义。

我们相信，随着农村一、二、三产业融合发展规律的认识，制度的建立，统计体系、考核方法的深入推进，将会极大引导和推动城乡统筹发展。谢谢。

中央广播电视总台国广记者：

请问乡村产业振兴发展如何保障农业环境不受影响，真正实现绿色发展？谢谢。

余欣荣：

这位记者提了一个非常重要的问题，也是在制定《指导意见》过程中，我们特别注意坚持和把握的一个原则。《指导意见》在基本原则中特别强调，践行绿水青山就是金山银山的理念，严守耕地和生态保护红线，节约资源，保护环境，促进农村生产生活生态协调发展。我们之所以提出这个重要的原则，就是吸取了20世纪80年代发展乡镇企业时“村村点火、户户冒烟”的教训，绝不能再走先污染、后治理的老路。要践行绿色发展理念，走可持续的路子，让乡村产业成为撬动“绿水青山”转变成“金山银山”的“金杠杆”。具体来说：

一要以绿色标准体系引领乡村产业绿色发展。在梳理现有标准基础上，按照绿色发展的要求，制定和修订农业投入品、农产品加工业、农村新业态等方面的国家和行业标准，建立统一的绿色农产品市场准入标准。同时，积极参与国际标准的制定和修订，推进农产品认证结果互认。引导和鼓励农业企业获得国际通行的农产品认证，拓展国际市场。

二要以标准化生产推进乡村产业绿色发展。引导各类农业经营主体建设标准化生产基地，特别是在国家农产品质量安全县中整县推进全程标准化生产，建设一批绿色粮仓、绿色果（菜）园、绿色牧（渔）场，打造农业绿色发展先行区。加强化肥、农药、兽药及饲料质量安全管理。文件强调要继续推进废旧地膜和包装废弃物等回收处理，推行水产健康养殖等。

三要强化资源保护利用促进乡村产业绿色发展。大力发展节地、节能、节水等资源节约型产业。国家明令淘汰的落后产能、列入国家禁止类产业目录的、污染环境的项目，不得进入乡村，不要再捡回落后的低质低效生产。推进种养循环一体化，支持秸秆和畜禽粪污资源化利用。推进加工副产物综合利用。

为确保乡村产业的绿色发展，文件对供地、规划、金融等多种制度保障作出了明确规定，从而在积极支持农业产业发展的过程中保证农业环境不受影响，实现真正意义上的可持续发展、绿色发展。谢谢。

寿小丽：

好的，谢谢余欣荣副部长，谢谢曾衍德司长，谢谢各位记者朋友们，今天的吹风会就到这里，大家再见。

刘健/摄

9.《关于切实加强高标准农田建设提升国家粮食安全保障能力的意见》政策例行吹风会

《关于切实加强高标准农田建设提升国家粮食安全保障能力的意见》政策例行吹风会

一、基本情况

时　间	2019年11月25日（星期一）上午10时	
地　点	国务院新闻办公室新闻发布厅	
主　题	解读《关于切实加强高标准农田建设提升国家粮食安全保障能力的意见》	
发布人	农业农村部副部长	余欣荣
	农业农村部新闻发言人、办公厅主任	广德福
	国家发展改革委农村经济司副司长	邱天朝
	财政部农业农村司副司长	许留庆
主持人	国新办新闻局	寿小丽

二、现场实录

寿小丽：

女士们、先生们，大家上午好！欢迎出席国务院政策例行吹风会。近日，国务院办公厅《关于切实加强高标准农田建设提升国家粮食安全保障能力的意见》已正式对外公布。为帮助大家更好地了解相关情况，今天，我们非常高兴地邀请到农业农村部副部长余欣荣先生，请他向大家介绍有关情况，并回答大家的提问。出席今天吹风会的还有农业农村部新闻发言人、办公厅主任广德福先生，国家发展改革委农村经济司负责人邱天朝先生，财政部农业农村司负责人许留庆先生。下面先请余欣荣先生作介绍。

余欣荣：

女士们、先生们，媒体朋友们，大家上午好！感谢各位多年来对我国高标准农田建设事业的关心和支持。

刘健／摄

落实好国家粮食安全战略，必须坚定、扎实、高效推进高标准农田建设。近日，国办印发了《关于切实加强高标准农田建设，提升国家粮食安全保障能力的意见》。《意见》全面系统提出了今后一个时期我国高标准农田建设的指导思想、目标任务和政策要求，是统领全国高标准农田建设工作的顶层制度设计，为高标准农田建设的管理制度体系建设发挥了立柱架梁、奠定基石的重要作用，对构建集中统一高效的高标准农田建设管理新体制，凝聚各方力量加快推进高标准农田建设，不断夯实国家粮食安全基础具有重要意义。

大家知道，随着我国人口增长和城镇化不断发展，人多地少、耕地面积相对不足的矛盾日益凸显，必须集约高效利用耕地，提高粮食产能，做到谷物基本自给、口粮绝对安全，把饭碗牢牢端在自己手上。从各地实践看，高标准农田建设取得了明显成效，但我国农业基础设施薄弱、防灾抗灾减灾能力不强的状况尚未根本改变，现阶段高标准农田建设工作还存在着底数不清、质量参差不齐等问题。高标准农田建设亟需加强顶层设计，构建集中统一高效的管理新体制，凝聚各方力量加快推进。2018年党和国家机构改革把原来多个部门分别实施的农田建设管理职能整合归并到农业农村部，由农业农村部负责农田建设管理职能。根据中央要求，农业农村部在充分调查研究的基础上起草了《意见》，并征求了相关部门和各省（自治区、直辖市）的意见。11月6日，国务院常务会议审议通过了《意见》。

这次《意见》注重系统总结以往经验，坚持问题导向，贯彻新发展理念，具有以下显著特点：

一是指导思想更加明确。《意见》以习近平新时代中国特色社会主义思想为指导，全面贯彻党的十九大和十九届二中、三中、四中全会精神，紧紧围绕实施乡村振兴战略，按照农业高质量发展要求，推动“藏粮于地、藏粮于技”，以提升粮食产能为首要目标，聚焦重点区域，统筹整合资金，加大投入力度，完善建设内容，加强建设管理，突出抓好耕地保护、地力提升和高效节水灌溉，加快补齐农业基础设施短板，提高水土资源利用效率，切实增强农田防灾抗灾减灾能力，为保障国家粮食安全提供坚实基础。

二是目标任务更加明确科学。《意见》既强调了数量目标，提出到2022年，全国要建成10亿亩高标准农田，以此稳定保障1万亿斤以上的粮食产能；到2035年，通过持续改造提升，全国高标准农田保有量进一步提高。同时，又重视明确质量目标，《意见》提出了土壤质量、环境标准的整体要求。

三是政策措施更加有力高效。《意见》要求构建集中统一高效的管理新体制，明确“五个统一”，即统一规划布局、统一建设标准、统一组织实施、统一验收考核、统一上图入库的具体要求。同时，允许地方因地制宜制定不同标准。明确强化资金投入和机制创新，建立健全农田建设投入稳定增长机制。实行中央统筹、省负总责、市县抓落实、群众参与的农田建设工作机制。

下一步，我们将认真落实《意见》各项政策要求，会同相关部门抓好农田建设各项重点工作，加快推进高标准农田建设，着力提升粮食综合生产能力，确保粮食生产稳定发展和重要农产品有效供给。

下面，我和我的同事愿意回答大家的提问。

寿小丽：

谢谢余欣荣副部长。下面开始提问，提问前请通报一下所在的新闻机构。现在开始提问。

中央广播电视总台央视记者：

刚才余部长提到，到2022年全国要建成10亿亩高标准农田，那么，这对保障我国粮食安全来说意味着什么？请为我们做个解读。

余欣荣：

好，你这个问题提得非常关键。你刚才提的问题，实际上是一个粮食安全的重大问题。“洪范八政，食为政首”。保障粮食安全，关键是要保障粮食生产能力，确保需要的时候能够产得出、供得上。建设高标准农田，不仅能够新增粮食产能，而且能够提升农田的抗灾能力。据评估，建成以后项目区的耕地质量一般提升1～2个等级，粮食产能平均提高10%～20%，亩均粮食产量提高100公斤。在严重气象灾害年份，项目区粮食产能稳定性水平要明显高于非项目区。

高标准农田建设是保障国家粮食安全的关键举措。据测算，到2022年全国建成高标准农田10亿亩，以此可以稳定保障粮食产能在1万亿斤以上，约占我国粮食总产量的80%，在保障国家粮食安全方面将起到基础支撑作用。

《意见》从强化建后管护和严格管控利用等方面，提出了进一步保护和调动粮食生产积极性的政策要求，支持建成后的高标准农田集中用于重要农产品特别是粮食生产。谢谢。

经济日报记者：

据我们了解，随着近几年各地大规模开展高标准农田建设，建设难度和成本持续增加，请问如何保障建设的资金？谢谢。

许留庆：

做好资金保障，对于高标准农田建设至关重要。中央财政积极贯彻落实乡村振兴战略部署，坚持把农田建设作为支持重点，构建和完善多元化的投入机制，不断加强资金使用管理和全过程绩效管理，有力保障了高标准农田建设任务的实施。

一方面，完善农田水利建设多元化投入机制。一是整合完善中央财政投入机制，会同农业农村部整合设立农田建设补助资金，支持高标准农田及农田水利建设。2019年，中央安排高标准农田建设资金859亿元，其中，中央财政安排农田建设补助资金694亿元，国家发展改革委安排中央预算内投资农业生产发展专项165亿元。2019年10月，中央财政已提前下达2020年农田建设补助资金预算616亿元。二是鼓励地方加大财政投入力度。鼓励经济发达地区在国家补助的基础上，兼顾各级财政承受能力和政府债务风险防控的要求，筹集投入更多资金，提高项目建设水平。三是鼓励引导多渠道资金投入。鼓励高标准农田建设项目受益对象和农村集体筹资投劳，鼓励采取投资补助、贴息等形式，吸引社会资金的投入。

另一方面，强化资金使用管理和全过程绩效管理。一是加强资金管理。2019年5月，财政部、农业农村部联合印发《农田建设补助资金管理办法》，提出了按照"政策目标明确、分配办法科学、支出方向协调、绩效结果导向"的原则，分配、使用和管理农田建设补助资金。二是全面实施绩效管理。2019年5月，财政部、农业农村部联合印发《农业相关转移支付资金绩效管理办法》，建立农田建设补助资金预算编制、执行和监管全过程绩效管理运行机制，实现预算和绩效管理一体化，强化绩效评价结果的应用。

我们也注意到，随着高标准农田建设工作的不断深入，建设难度日益增大。同时，由于近年来人工和材料费用的增长，高标准农田建设成本不断升高，迫切需要多渠道筹集资金。为此，《意见》明确要建立健全农田建设投入稳定增长机制，有四个方面：一是各地要通过优化地方财政支出结构，合理保障财政资金的投入。二是发挥政府投入引导和撬动作用，采取投资补助、以奖代补、财政贴息等多种方式，支持高标准农田建设。鼓励地方政府有序引导金融和社会资金投入高标准农田建设。三是鼓励地方政府在债务限额内，发行债券支持符合条件的高标准农田建设。四是完善新增耕地指标调剂收益使用机制，土地指标跨省域调剂收益按规定用于增加高标准农田建设投入。省内的高标准农田建设新增耕地指标调剂收益优先用于农田建设再投入和债券偿还、贴息等。我们相信，通过以上措施，能够确保高标准农田建设任务顺利完成。谢谢。

中国新闻社记者：

关于高标准农田建设现在实行的是中央统筹、省负总责、市县抓落实、群众参与的工作机制，请问如何发挥这个机制的作用，推动地方开展工作？谢谢。

广德福：

大家都知道，农田建设需要各级各部门形成合力，同时还要积极调动项目区群众的积极性，只有这样才能更好地发挥高标准农田建设的效益。在我看来，主要从四个方面发力。

一是强化组织领导。要完善省级政府一把手负总责、分管领导直接负责的工作机制，抓好统筹规划、任务落实、资金保障、监督评价和建后管护等工作，要加快任务分解，层层压实责任。

二是进一步强化农田建设项目的定期调度。根据气候条件、农业生产和工程建设周期，严格落实定期调度制度，及时分析研判建设进度，采取通报、约谈、现场督导等方式，推动年度任务完成。

三是严格落实高标准农田建设评价激励措施。结合粮食安全省长责任制考核，对任务完成、资金投入、建后管护等内容开展综合评价，实行奖优罚劣。

刘健/摄

四是做好协调统筹，推动形成合力。农业农村部门要全面履行好农田建设集中统一管理职责，发展改革、财政、自然资源、水利、人民银行、银保监等相关部门要按照职责分工密切配合，做好规划指导、资金投入、新增耕地核定、水资源利用和管理、金融支持等工作，协同推进高标准农田建设。同时，我们要及时总结和推广好的经验、好的做法，发挥好媒体作用，强化舆论宣传，营造良好的舆论氛围。谢谢。

农视网记者：

截至去年年底，全国建成高标准农田6.4亿亩，但是我们在采访中发现，部分地方存在着高标准农田建设项目面积重叠的问题。我想问一下农业农村部有没有相关的数据？在已经建成的高标准农田当中存在多大比例的面积重叠？

余欣荣：

谢谢你提出的这个问题。首先，经过这么多年努力，高标准农田建设在各地、各有关部门不断推动下取得了很大的成绩，为确保国家粮食安全、保障重要农产品供给发挥了重要的作用。高标准农田建设是一项很重要同时又是覆盖面很广的工作，其难度、复杂性可想而知。所以，在部分地方高标准农田建设过程中存在一些这样或那样的问题，我们也高度重视。其中，正如你所讲的，过去因为是多个部门推进高标准农田建设，不同程度的存在着底数不清、面积重叠的问题。我们针对这方面的问题正在进行专项清查，这项工作还在进行之中。我们在严肃认真地摸清数量的前提下，要把质量摆在突出位置。同时，对高标准农田建设过程中存在的其他问题进行认真梳理，逐一解决。我们相信，随着高标准农田建设集中统一、科学高效地推进，尤其是《意见》的贯彻落实，过去存在的一些问题都会得到比较好的解决。谢谢。

中国日报记者：

我们看到，这次《意见》提出要修编全国高标准农田建设规划，这项工作中央此前也已经有了相应部署。我的问题是，修编情况目前进展如何？相关工作开展的主要指导原则和考虑因素有哪些？谢谢。

邱天朝：

感谢你对高标准农田建设规划问题的关注。大家都知道，规划是国家进行宏观调控的重要手段，也是安排政府相关投资的重要依据。高标准农田建设规划是部署未来一段时期高标准农田建设的目标任务、项目布局、建设重点、资金安排等内容的总体考虑和总体设计，对高标准农田建设发挥着龙头引领作用。实际上，正如你刚才说的，党中央、国务院对高标准农田建设规划工作历来高度重视，2013年，国务院批复并发布了《全国高标准农田建设总体规划》，之后又相继批复同意《国家农业综合开发高标准农田建设规划》《全国土地整治规划（2016—2020年）》，这些规划对全国各地有序推动高标准农田建设发挥了重要指导作用。但是，随着形势变化，一是上述这几个规划实施期接近尾声，一般都到2020年结束。二是刚才余部长提到，2018年机构改革对高标准农田建设的部门管理职责进行了优化调整。三是2018年发布的《乡村振兴战略规划（2018—2022年）》也对高标准农田建设提出了新的目标任务。所以综合考虑这些新的情况，确实有必要编制新一轮高标准农田建设规划。

因此，在今年年初，大家可能注意到，2019年中央1号文件就明确提出，要修编全国高标准农田建设总体规划。这次发布的《意见》，对规划修编问题再次做了强调。按照机构改革之后部门的职责分工，新一轮的高标准农田建设规划编制工作是由农业农村部牵头组织，有关部门配合。目前农业农村部会同有关部门正在开展高标准农田建设的情况评估，这个情况刚才余部长也提到了，就是要进一步摸清底数，在此基础上坚持目标导向、问题导向，高质量地编制新一轮规划。据我们了解，现在规划的总体框架已基本确定了。

长期以来，国家发展改革委高度重视高标准农田建设，主要做了两个方面的工作：一是做好高标准农田建设规划、计划与国民经济社会发展总体规划、计划及其他涉农规划、计划的政策衔接平衡；二是在中央预算内投资安排上，持续加大对高标准农田建设的支持力度。目前，国家发展改革委正在组织开展"十四五"经济社会发展规划以及各类专项规划的前期工作，高标准农田建设规划是其中已经初步明确的重要专项规划之一。

下一步，我们将结合"十四五"规划编制、《乡村振兴战略规划(2018—2022年)》的实施，以及国土空间规划、水利建设规划等相关规划，进一步做好统筹衔接平衡，积极推动全国高标准农田建设规划编制相关工作，推动形成国家、省、市、县四级农田建设规划体系，明确高标准农田建设区域布局，明确重大工程、重点项目，集中力量在永久基本农田保护区、粮食生产功能区、重要农产品生产保护区建设高标准农田，优先支持革命老区、贫困地区建设高标准农田。与此同时，继续加大农田建设方面的投入支持力度，推动落实"藏粮于地、藏粮于技"战略，确保国家粮食安全和重要农产品供给。谢谢大家！

中央广播电视总台央广记者：

刚才余部长说到，在建设高标准农田当中要把质量放在突出位置，我们也注意到，在《意见》中也对高标准农田的质量提出了很多要求。请问这是作何考虑？怎样保证高标准农田的质量？

余欣荣：

正如我前面所讲，这次《意见》的一个重要特点，就是突出强调高标准农田建设数量要求的同时，也要注重质量的提高。大家知道，只有健康的土壤，才能生产出有利于消费者健康的食品，这是一个基本道理，或者说是基本规律。因此，注重高标准农田建设，既是贯彻落实中央提出的质量兴农、绿色兴农战略决策，践行新发展理念的重要举措；又是以高标准农田建设为平台促进农业绿色发展，为加快农业高质量发展提供重要支撑的现实选择。建设高标准农田，不仅要以保障粮食产能为首要任务，确保“吃得饱”；而且要为提供高品质的农产品奠定良好的资源环境基础，实现“吃得好、吃得健康”，从而更好地满足人民群众对美好生活的需要。

近年来，特别是党的十八大以来，各级农业农村部门坚决贯彻落实党中央、国务院的决策部署，牢固树立绿色发展理念，坚持质量兴农战略，不断取得新的进展。但同时我们也清醒地看到，农田基础设施总体薄弱状况没有根本改观，部分地区由于农业资源长期透支导致地力下降、资源环境压力持续加大等问题，需要引起高度重视，迫切需要在高标准农田建设中更加突出耕地质量的保护与提升，加强这方面的科学研究及措施，才能真正落实生态友好这个基本要求。

当前和今后一个时期，我国正面临着实施乡村振兴战略的重大任务。建设高标准农田是发展现代农业、夯实乡村振兴基础的重要举措。下一步，我们将按照《意见》的要求，突出抓好耕地保护、地力提升和高效节水灌溉，注重土壤改良，严格落实耕地质量标准，通过一系列措施，使高标准农田建设不仅在数量而且在质量上都能够获得丰收。谢谢。

寿小丽：

谢谢余欣荣副部长，谢谢各位记者朋友们，今天的国务院政策例行吹风会就到这里，大家再见！

张馨／摄

10.《关于加快推进水产养殖业绿色发展的若干意见》新闻发布会

《关于加快推进水产养殖业绿色发展的若干意见》新闻发布会

一、基本情况

时　间	2019年2月15日（星期五）上午10时	
地　点	国务院新闻办公室新闻发布厅	
主　题	解读《关于加快推进水产养殖业绿色发展的若干意见》	
发布人	农业农村部副部长	于康震
	农业农村部渔业渔政管理局局长	张显良
主持人	国新办新闻局副局长、新闻发言人	袭艳春

二、现场实录

袭艳春：

女士们、先生们，上午好，欢迎大家出席国务院新闻办新闻发布会。经国务院批准，农业农村部等10部委近日印发了《关于加快推进水产养殖业绿色发展的若干意见》。为了帮助大家更好地了解相关情况，今天我们非常高兴地邀请到农业农村部副部长于康震先生，请他为大家介绍有关情况，并回答记者朋友们的提问，出席今天发布会的还有农业农村部渔业渔政管理局局长张显良先生。下面，先请于康震先生作介绍。

于康震：

女士们、先生们，朋友们，大家上午好！首先感谢大家对水产养殖业绿色发展工作的关心和支持！为解决好水产养殖业绿色发展面临的突出问题，日前经国务院同意，农业农村部会同生态环境部、自然资源部、国家发展改革委、财政部、科学技术部（简称科技部）、工业和信息化部、商务部、国家市场监管总局、中国银行保险监督管理委员会联合印发了《关于加快推进水产养殖业绿色发展的若干意见》。今天，很高兴有机会能够就《意见》的背景情况、主要内容和工作部署等与大家进行交流。

党中央、国务院高度重视生态文明建设和水产养殖业绿色发展。党的十九大提出加快生态文明体制改革，建设美丽中国，要求推进绿色发展，着力解决突出环境问题。习近平总书记多次强调，绿水青山就是金山银山，要坚持节约资源和保护环境的基本国策，推动形成绿色发展方式和生活方式。加快推进水产养殖业绿色发展，既是落实新发展理念、保护水域生态环境、实施乡村振兴战略、保障国家粮食安全、建设美丽中国的重大举措，也是打赢精准脱贫、污染防治攻坚战的重要举措和优化渔业产业布局、促进渔业转型升级的必然选择。这是《意见》出台背景和遵循。

改革开放以来，在“以养为主”的发展方针指引下，我国水产养殖业发展取得巨大成就。2018年的水产养殖总产量超过5 000万吨，占我国水产品总产量的比重达78%以上，是世界上唯一养殖水产品总量超过捕捞总量的主要渔业国家。党的十八大以来，各地区各部门按照党中央、国务院决策部署，切实采取有效措施，大力推进水产养殖业供给侧结构性改革，生态养殖模式迅速铺开，水产养殖业发展亮点纷呈。我给大家举几个例子：稻渔综合种养开展得如火如荼，池塘工程化循环水养殖、近海立体生态养殖、工厂化循环水养殖等先进技术示范推广力度不断加大，世界上最大的全潜式大型网箱“深蓝1号”在山东成功建造并下水，开始进行鲑鳟鱼的养殖，目前进展很顺利。千岛湖、查干湖等养水生态渔业享誉全国，很多在座的记者可能都去过那个地方，冬季有捕鱼项目。水产养殖业的快速发展为解决城乡居民“吃鱼难”、保障优质动物蛋白的供给、降低天然水域水生生物资源的利用强度、促进渔业产业兴旺和渔民生活富裕等都作出了突出贡献。但是，与新时代的发展要求相比，水产养殖业还面临着一些困难和问题。从产业发展的外部环境看，养殖水域周边的各种污染，严重破坏养殖水域生态环境；经济社会发展和建设用地不断扩张，使水产养殖水域空间受到严重挤压，渔民合法权益受到侵害。从产业发展的内部环境来看，水产养殖布局不尽合理，如部分地区近海养殖网箱密度过大，水库、湖泊中的养殖网箱网围过多过密，而一些可以合理利用的空间（如深远海、水稻田、低洼盐碱地等）却没有得到开发或者开发利用很不够；一些落后的养殖方式亟待转变，产业的规模化、组织化、品牌化程度较低等。这些都与水产养殖大国的地位不相称。

针对水产养殖业面临的突出问题，农业农村部会同相关部门进行了深入研究，在反复论证和广泛征求意见的基础上形成了《意见》。《意见》共8个部分、26条具体的政策措施，围绕加强科学布局、转变养殖方式、改善养殖环境、强化生产监管、拓宽发展空间、加强政策支持及落实保障措施等方面作出全面部署。这是新中国成立以来第一个经国务院同意、专门针对水产养殖业的指导性文件，是当前和今后一个时期指导我国水产养殖业绿色发展的纲领性文件，对水产养殖业的转型升级、绿色高质量发展都具有重大而深远的意义。

下一步，农业农村部将按照国务院的总体部署，会同有关部门和地方政府认真抓好《意见》的贯彻落实。相信《意见》的贯彻落实、全面实施必将进一步优化水产养殖业绿色发展的空间布局、产业结构和生产方式，推动我国早日由水产养殖业大国向水产养殖业强国转变。既为百姓提供优质、安全、绿色、生态的水产品，又还百姓清水绿岸、鱼翔浅底的秀丽景色。

基本的情况我就介绍到这里。下面，我和我的同事愿意回答大家的提问。谢谢。

袭艳春：

感谢于康震先生的介绍。下面进入答问环节，提问前请通报所在的新闻机构。

中央广播电视总台央视记者：

我们了解到，近年来农业农村部正在大力推进养殖水域滩涂规划编制发布工作。请问，这项规划目前编制情况如何？谢谢。

于康震：

养殖水域滩涂规划是一项非常重要的基础性工作。养殖水域滩涂规划不是产业规划，而是渔业法规定确立的水产养殖业发展的空间规划，是国土空间规划的重要组成部分，是水产养殖业与其他行业协调发展的一个基本依据。

党的十九大报告提出，要构建国土空间开发保护制度，完善主体功能区配套政策的总要求。全国各地正在积极推进主体功能区建设和生态保护红线的划定工作。合理开发和保护国土空间的前提在于科学布局农业、生态和城镇空间，重点在于将空间格局在市县层面能够精准地落地，关键在于合理确定开发强度和管控措施。只有按照“多规合一”的要求，做到养殖水域滩涂规划符合国土空间规划，并与各专项规划有效衔接，依法科学编制发布养殖水域滩涂规划，才能保障未来水产养殖业发展的空间，维护渔民群众的合法权益。

在养殖水域滩涂规划编制发布的基础上依法退出禁养区的养殖，规范限养区、养殖区内的养殖生产，推动水产养殖业绿色高质量发展。为此，这次在《意见》中明确提出，要加快落实养殖水域滩涂规划制度。从2016年起，农业农村部启动了新一轮的养殖水域滩涂规划的编制工作，要求各地合理布局水产养殖生产，依法划定禁止养殖区、限制养殖区和允许养殖区。目前主产县规划编制已经基本完成，77%的主产县政府已经发布了规划。下一步，农业农村部将继续推动养殖水域滩涂规划编制的发布，要实现全覆盖，并严格实施，促进水产养殖业规范有序的发展。

在这里我想强调一点，养殖水域滩涂规划涉及到广大渔民群众的切身利益，空间规划必须要依法依规，不得以产业发展规划替代空间规划，不搞禁养区扩大化，也不搞产业保护主义，该减的要减下来，该留的也要留下来。

中国日报记者：

请问，目前我国养殖水产品的质量安全水平如何？这一次出台的《意见》中有没有一些关于保障我国养殖水产品质量安全的具体措施？谢谢。

于康震：

水产品质量安全问题是非常重要的问题，老百姓格外关注。我想请张显良局长来回答这个问题。

张显良：

应该说农业农村部始终高度重视水产品质量安全问题。从近几年检测结果看，水产品质量安全水平总体稳定向好，连续6年产地监督抽查合格率都在99%以上，市场例行监测合格率也由2013年的94.4%提高到2018年的97.1%，多年未发生区域性重大水产品质量安全事件。可以说，我国水产品总体是安全的，大家完全可以放心食用。

在保障水产品质量安全上，农业农村部一直坚持产管结合、标本兼治，打好“组合拳”。为促进水产养殖业绿色高质量发展，确保水产品质量安全，这次《意见》提出了三个方面的措施：**一是强化投入品管理。**强化水产养殖用饲料、兽药等投入品质量的监管，加强水产养殖用药的指导，严厉打击制售假劣水产养殖用饲料、兽药和违法用药及其他投入品的行为。投入品应该说是一个很关键的环节。**二是加强质量安全监管。**强化水产品质量安全属地监管职责，落实生产经营者质量安全的主体责任，加大产地养殖水产品质量安全风险监测评估和监督抽查的力度，深入排查风险隐患，推动养殖生产经营者建立健全养殖水产品追溯体系，推进行业诚信体系建设，保证水产品安全。**三是加强疫病防控。**健全水生动物疫病防控体系，加强水生动物疫病监测预警、风险评估和应急处置，完善渔业官方兽医队伍，全面实施水产苗种产地检疫和监督执法，优化水产养殖用疫苗审批流程，加快疫苗推广和应用。

我想借此机会为水产品代个言。众所周知，水产品具有高蛋白、低脂肪的优点，含有较多的不饱和脂肪酸，是非常理想的健康食品。根据《中国居民膳食指南》推荐，动物性的食物应优先选择鱼类，我们每日摄入水产品推荐量应该达到40克以上。但事实上，我国目前每日人均摄入量仅为30克左右，为全球人均水平的56%，离推荐摄入量的下限值有很大的差距。中国水产品消费市场还有很大的发展空间，在此我也呼吁大家多吃水产品，多关注、多支持水产养殖业绿色发展事业。吃鱼健脑、吃鱼强身。谢谢。

光明日报记者：

近几年社会有一些声音，提出水产养殖对环境有一些负面影响。请问，农业农村部怎么看待这个问题？谢谢。

于康震：

确实，水产养殖与水生态环境到底是什么关系，近来大家很关心，已经是社会的一个热点问题。我们也确实了解到，有一些地方水产养殖与水生态环境两者之间的关系处理得不是太好，发生了水产养殖污染环境的事情。在个别地方我们发现还比较严重。现在的问题是水产养殖与水环境污染之间是不是一个简单的等号关系？是不是所有水产养殖的品种和养殖方式都会带来水生态环境的污染？水产养殖对环境的影响究竟如何？有多大？我觉得这应该要进行科学分析，才能讲清楚这个问题。在这里，我也想跟大家做个交流。

我们都知道，包括现在养殖水产品在内的水生生物是整个水生态环境的重要组成部分。刚才我说的鱼翔浅底美景，就意味着水生态环境要好，不能没有水生生物，这两者之间不矛盾，是一个生命的共同体，两者要和谐，失调就可能出问题。水产养殖从养殖对象上大致可以分为鱼、虾、蟹、贝、藻这几大类。从养殖方式上可以分为两类，一是投饵型，二是不投饵型，并不是所有水产养殖品种和养殖方式都会对水生态环境带来负面影响，这很重要。事实上，只有高密度、不合理的投饵型养殖方式才会对环境有比较大的影响，科学合理的养殖方式对环境不会造成污染。相反，科学合理的养殖方式对水生态环境还有净化修复的作用。

根据《第一次全国污染源普查公报》，水产养殖排放量以化学需氧量和氨氮来计算，占农业排放量的4%。水产养殖污染物大多为氮磷等有机物，主要是造成水域环境的富营养化，对水体的影响总体不是很大。另外，我国海水养殖中贝藻类以及淡水养殖中的鲢鳙鱼等滤食性鱼类，都是不投饵型的水产养殖品种。其中，贝藻类占海水养殖总量的83%，滤食性的鲢鳙鱼类占淡水养殖总量的25%。这些养殖品种都对环境有着良好的净化修复作用。所以，很多水生态环境富营养化的地方在治理的时候，其中一个选择就是投放鲢鳙鱼进行治理。国际上利用湖泊中的鱼类控制和改善水质的案例很多，在我国鄱阳湖、洞庭湖、太湖、巢湖等重点湖泊生态环境治理过程中，都通过投放鲢鳙鱼这些滤食性的鱼类来达到净化水质的目的。据测算，2016年仅鲢鳙鱼养殖一项就可以消除水体中的氮大约37万吨、磷14万吨。中国工程院的一项咨询研究项目结果显示，海水贝藻类养殖具有高效的“固碳”作用，我国海水养殖的大型海藻每年可以从海水中移出碳30多万吨，养殖的贝类可以移出的碳更多，达到近90万吨。仅仅贝藻养殖这两项，每年就可以移出碳120多万吨。我国海水贝藻养殖对减少大气二氧化碳的贡献可以说是巨大的。打一个比方，相当于每年造林50万公顷，生态效益显著。这方面的情况平常谈的人不多，媒体上报道也不多。所以，在这里我想有必要通过记者朋友让社会更多地知道这方面的情况。

总的来看，水产养殖与水环境污染之间不是一个简单划等号的问题，只有出现了不协调，才会带来水环境污染问题。养殖水域污染有外部的因素，也有内部的因素。严重污染只是个别地方才会出现。前面我介绍了，我们每年养殖水产品的总量是5 000多万吨，总体上水产养殖带来的负面影响并没有像有些媒体炒作得那么吓人、那么严重。在这里我要强调的是，尽管如此，我们也必须对水产养殖带来的负面影响给予高度重视，这一点毫无疑问。事实上，农业农村部高度重视水产养殖生产和环境保护的协调发展。“十二五”期间，我们就提出了“坚持生产发展与生态环境保护并重”，而且还加上了一条“生态优先”，大力发展生态健康的水产养殖业。这次《意见》将改善养殖环境作为水产养殖业绿色发展的重要内容，提出了科学设置网箱网围、开展养殖尾水和废弃物治理等多项举措。同时，还重点强调要发挥水产养殖的生态属性，鼓励发展不投饵的滤食性鱼类和滩涂浅海贝藻类增养殖，开展以渔净水、以渔控水、以渔抑藻，修复水域生态环境。这都是《意见》所提出的具体措施。

下一步，农业农村部将联合有关部委，推动各地抓好上述措施的落实，为生态文明建设作出水产养殖业应有的贡献。谢谢。

香港经济导报记者：

请问，农业农村部在支持水产养殖企业和技术走出去、对接“一带一路”方面有哪些举措？谢谢。

于康震：

请张显良同志回答这个问题。

张显良：

渔业“走出去”是比较早的，也是渔业充分利用两个市场、两种资源较好的行业。我们有一组数据，2018年水产品出口额已经达到233亿美元，出口额、出口量双增，进口额、进口量也双增。2018年进口量和进口额增长的幅度比较大，水产品贸易顺差是75亿美元，比上年度有所降低。我举这个例子的意思就是，渔业作为农业“走出去”的先遣队和生力军，1985年就率先走出国门、走向世界，通过与一些发展中国家开展渔业合作，为当地提供了水产品，提供了就业岗位，也为他们带来了实实在在的收入，也密切了与当地人民的友谊，巩固了与这些国家的双边友好关系。特别是“一带一路”倡议的提出，在世界上产生了较大的影响，也有力地推进了在全球范围内落实联合国可持续发展的目标。对渔业来说，“一带一路”建设既对渔业对外合作提出了新任务，也为渔业对外合作带来了新机遇。“一带一路”区域的市场潜力巨大，特别是海上丝路沿线国家，既有丰富的资源，也有水产品消费的习惯，对我们来说存在着较大的合作空间。所以，我们一定要抓住难得的机遇，立足“一带一路”沿线的远洋渔业入渔国，进一步拓展我们的合作空间和领域，不断提高渔业对外合作的水平，服务外交大局和“一带一路”建设的需要。

下一步，我们将大力开展水产养殖方面的合作，拓展渔业对外合作领域和空间。刚才于部长也介绍了，我们是水产养殖大国，技术、人才都有较好的储备，我们可以充分发挥技术和人才的优势，做好“一带一路”沿线规划，以水产养殖作为突破口，充分发挥我国在技术、品种、人才等方面的优势，结合发展中国家水域的自然条件优势，共同为发展中国家水产养殖业发展提供技术、人才、资金保障。在发展养殖业的同时，也为发展中国家在加工、装备、饲料上提供好的支撑。总之，中国作为渔业负责任的大国，一定树立好的形象，充分利用“一带一路”建设难得的发展机遇，利用好我们的技术和“一带一路”沿线国家共同发展渔业，为渔业可持续发展作出我们应有的贡献。谢谢。

中国新闻社记者：

近两年，出于保护环境等目的，有一些地区叫停了水产养殖，拆除了网箱网围。请问，农业农村部对这一现象怎么看？谢谢。

于康震：

这也是与生态环境问题相关的，大家很关心。前面我介绍情况的时候说到，在“十二五”的时候，我们就提出了在发展水产养殖业的过程中要坚持“生态优先”的方针。刚才我也讲到了养殖水域滩涂规划的编制，其中禁养区要划定，该禁的一定要禁住，像饮用水水源一级保护区不能开展网箱养殖。这些我们农业农村部都是赞同的。所以，在水产养殖业发展的过程中坚持“生态优先”是农业农村部一贯的原则，也是农业农村部义不容辞的责任。

另一方面，我们也发现一些地方在处理水产养殖业发展与环境保护关系的时候出现了偏差。比如搞“一刀切”，一禁了之、一拆了之，一律拆除、一律禁养，这种简单粗暴的做法我们是不赞成的。对这一类问题，在《意见》里也提出了明确要求。一是不该禁的不能禁，要科学划定禁养区。2016年农业农村部印发的《养殖水域滩涂规划编制工作规范》中有明确的规定，坚决防止全区域、全流域、全海域的“一刀切”，盲目扩大禁养范围。二是该禁的要坚决禁，但要给予合理补偿。对于法律法规明确禁养的区域，养殖设施要坚决拆除；对在全民所有水域未依法取得养殖证的，养殖设施也要依法拆除。同时，要考虑养殖户的合法权益，要依法给予合理的经济补偿。三是支持养殖户转型升级，实现绿色发展。现阶段水产养殖造成的环境问题是长期发展过程中产生的，问题的解决同样也需要一定的时间，要给予一定的过渡期，不可能一蹴而就，急功近利是不现实的，也是不可行的。要通过政策引导和资金支持引导养殖户提高健康养殖水平，提升养殖尾水处理能力，实现生产和环境的协调发展。四是落实养殖者权益保护制度。要稳定集体所有养殖水域滩涂承包经营关系，依法确定承包期；完善水产养殖许可制度，依法核发养殖证。核发养殖证要做到应发尽发、限期发放，绝不能把该发的养殖证锁在政府的抽屉里。对因公共利益需要退出的水产养殖，要依法给予补偿，并妥善安置养殖渔民的生产生活。

龚艳春：

继续提问，最后一个提问机会。

农民日报记者：

我们注意到，这次《意见》的出台对加快推进水产养殖业绿色发展有着很强的指导意义。请问农业农村部今后还将具体采取哪些保障措施来促使《意见》得到落实？谢谢。

于康震：

习近平总书记指出，一分部署、九分落实，不抓实，再好的蓝图只能是一纸空文，再近的目标只能是镜花水月。要以踏石留印、抓铁有痕的劲头，切实干出实效，做到言必信、行必果。这是对我们的要求，也是我们必须遵循、必须做到的。

水产养殖业绿色发展目标已经确定，措施已经明确，关键就是在贯彻执行上要下功夫、见行动。这次《意见》对落实各项举措的保障措施做了明确规定。简单地说有几个方面：

一是落实地方人民政府责任。水产养殖业绿色发展重点在地方，当然成绩也在地方。水产养殖业想要实现绿色发展光靠农业农村部肯定不行，光靠农业农村部门也不行，更多的要靠相关部门，特别是地方各级政府来推动落实。实行省负总责、市县抓落实的工作机制，有利于压实地方政府的主体责任，集中资源要素，确保绿色发展的各项任务能够落到实处。

二是加强考核约束。将水产养殖业绿色发展与生态文明建设、乡村振兴战略的目标、评价内容挂钩，以考核来倒逼工作的落实。实施奖优罚劣，对绿色发展成效显著的单位和个人要给予表彰，充分调动地方人民政府和规模经营主体的积极性，同时对违法违规或者工作落实不到位的情况严肃追究相关责任。

三是加强执法监管。按照严格规范公正文明执法的要求，推广“双随机、一公开”执法监管模式，加强事中事后的执法检查。强化普法宣传，增强养殖生产经营主体遵法守法的意识和能力。

四是加强引导示范。开展水产健康养殖示范创建，积极推广生态健康的养殖模式。农业农村部将会同各有关部门和地方政府，细化目标任务、明确时间表、路线图和责任人，高举水产养殖业绿色发展的大旗，把《意见》的各项要求不折不扣地进行贯彻落实，确保各项任务目标能够如期实现。通过调整养殖结构、转变养殖方式、推广清洁生产、防控养殖污染，实现由粗放经营、单一增产向提质增效、绿色生态转变。增加优质、特色、绿色、生态的水产品供给，尽快把《意见》的政策红利转化为水产养殖业绿色发展的生产与生态红利。这就是我们的总体想法。

此外，农业农村部今年上半年还要组织举办水产养殖业绿色发展现场会。我们到实地去看是如何做的，通过典型示范引领来推进水产养殖业的绿色发展。我们还要举办水产养殖业绿色发展高峰论坛。在这里，我想邀请各位媒体朋友，到时候能够参加我们的现场会和论坛活动，给予宣传，报道现场会和论坛的成果。谢谢。

袭艳春：

再次感谢于部长，也谢谢张局长。今天的发布会到此结束，谢谢大家。

张馨/摄

11.《关于加强非洲猪瘟防控工作的意见》政策例行吹风会

《关于加强非洲猪瘟防控工作的意见》政策例行吹风会

一、基本情况

时　间	2019年7月4日（星期四）上午10时	
地　点	国务院新闻办公室新闻发布厅	
主　题	解读《关于加强非洲猪瘟防控工作的意见》	
发布人	农业农村部副部长	于康震
	农业农村部畜牧兽医局局长	杨振海
主持人	国新办新闻局	寿小丽

二、现场实录

寿小丽：

女士们、先生们，大家上午好。欢迎出席国务院政策例行吹风会。近期，国务院办公厅《关于加强非洲猪瘟防控工作的意见》正式对外公布。为了帮助大家更好地了解相关情况，今天，我们请来了农业农村部副部长于康震先生，请他为大家介绍有关情况，并回答大家的提问。出席今天吹风会的还有农业农村部畜牧兽医局局长杨振海先生。下面先请于康震先生作简要介绍。

于康震：

女士们、先生们，媒体朋友们，大家上午好！非洲猪瘟防控，事关生猪产业健康发展，事关人民群众肉食品保障，事关经济平稳运行和社会大局稳定。党中央、国务院对此高度重视。习近平总书记指出，要有效防控处置非洲猪瘟疫情，坚决防止扩散，减少对群众生活的影响。李克强总理强调，要做好非洲猪瘟等疫病防控，消除漏洞盲点，控制疫情蔓延。近日，经国务院同意，国务院办公厅印发《关于加强非洲猪瘟防控工作的意见》，对全面提升动物疫病防控能力，加强非洲猪瘟防控工作，稳定生猪生产都作出部署。下面，我作个简要介绍。

张馨/摄

自2018年8月初我国发生非洲猪瘟疫情以来，在党中央、国务院的坚强领导下，农业农村部会同各地各有关部门通力协作、连续奋战，取得了阶段性成效。截至2019年7月3日，全国共发生非洲猪瘟疫情143起，扑杀生猪116万余头。今年以来，共发生非洲猪瘟疫情44起，除4月外，其他5个月新发生疫情数均保持在个位数。目前，全国25个省区的疫区已经全部解除封锁。总体看，非洲猪瘟疫情发生势头明显减缓，正常的生猪生产和运销秩序正在逐步恢复。

同时，我国非洲猪瘟防控形势依然复杂严峻。从国际上看，非洲猪瘟防控是全球性难题，已发生疫情的68个国家和地区中，目前只有13个国家曾经实现根除。今年以来，共有18个国家和地区报告发生了5 800多起疫情。从国内看，我国是世界第一养猪大国，但兽医工作基础、防疫能力、保障措施等与防控要求还不适应。针对非洲猪瘟防控工作，国务院先后召开多次会议、国务院办公厅先后两次印发明电通知，作出部署。为进一步做好防控工作，构建防控长效机制，打赢防控非洲猪瘟攻坚战、持久战，此次国办印发的《意见》，提出了“八加强一规范一稳定”的防控工作总要求，是指导防控非洲猪瘟、提升防控能力、稳定生猪生产发展的纲领性文件。这个文件概括起来有三个特点：

第一，立足生猪全产业链防控。《意见》对全面加强生猪生产各环节非洲猪瘟防控监管提出了明确要求。《意见》明确的10个方面，涵盖了非洲猪瘟疫情传入、发生、传播的各个风险环节，提出了针对性的防控措施和监管要求。

第二，着眼构建防控长效机制。《意见》从多个方面提出了构建防控长效机制的要求。一是提出要加快实施分区防控，降低疫情跨区域传播风险；鼓励创建非洲猪瘟无疫区和无疫小区，提升区域防控能力。二是强调县级以上地方人民政府要采取有效措施稳定基层机构队伍，建立健全动物卫生监督机构和动物疫病预防控制机构，保障动物防疫工作经费和专项业务经费，补齐动物防疫设施设备短板。三是提出要落实动物疫病防控工作属地管理责任、部门监管责任、从业者主体责任，加强对关键防控措施落实情况的监督检查。

第三，着力稳定生猪生产发展。《意见》对稳定生猪生产发展提出了“含金量”很高的政策措施，强调要落实“菜篮子”市长负责制，地方各级人民政府要承担起生猪市场保供稳价的主体责任。要加大对生猪生产的政策支持力度，实行临时性生产救助，加强信贷支持。要加快推动生猪产业转型升级，合理规划、切实保障规模养猪场发展及其配套设施建设的土地供应。

下一步，农业农村部将继续按照党中央、国务院的总体部署，会同各地各有关部门抓好《意见》的贯彻落实，坚持防疫生产两手抓，标本兼治重治本，着力提升动物疫病防控能力，进一步加强非洲猪瘟防控工作，稳定生猪生产发展，努力做好猪肉市场保供工作，为实施乡村振兴战略、维护经济社会稳定发展大局作出新的更大的贡献！

我先简要介绍这些情况，谢谢大家！

寿小丽：

谢谢于部长，下面进入提问环节。提问前请通报一下所在新闻机构。

中央广播电视总台央视记者：

2018年8月以来，有关部门就非洲猪瘟疫情的防控出台了一系列相关政策，这次出台《意见》主要明确了哪些方面的政策措施？麻烦您简要介绍一下。谢谢。

于康震：

《意见》共分为10个方面、23条，围绕疫情防控和稳产保供，明确了一系列政策措施，有些是前一阶段防控经验的制度化安排，有些是针对存在的问题，提出的新措施。概括起来有以下几个方面：

疫病防控措施方面。《意见》着眼于全产业链监管，要求管控各环节风险，堵塞防控漏洞。在养殖环节，要求养猪场（户）改善防疫条件，做好防疫工作，明确了禁止直接使用餐厨废弃物喂猪，对因使用餐厨废弃物喂猪引发疫情或造成疫情扩散的，不给予扑杀补助并追究责任。同时，明确了餐厨废弃物全链条管理的原则和要求。在运输环节，要求规范产地检疫，严肃查处违规出证等行为，建立完善生猪运输车辆备案管理和指定通道运输制度，落实清洗消毒措施，强化查验监管。在屠宰环节，重点是明确要求落实屠宰厂非洲猪瘟自检和驻场官方兽医两项制度。同时，要求加大生猪屠宰厂资格审核清理力度，明确对不符合条件的，一律吊销生猪定点屠宰证。在加工经营环节，重点明确了加工经营主体的检查检测制度，要求市场监管部门加强监督检查并开展抽检。此外，《意见》还鼓励建设非洲猪瘟无疫区和无疫小区，加快实施分区防控，强化境外疫情防堵。

稳产保供措施方面。一是强调落实好“菜篮子”市长负责制，特别指出，对超范围划定禁养区、随意扩大禁养限养范围等问题，要限期整改，不得层层加码禁运限运、设置行政壁垒。二是加大政策支持力度，地方财政、银保监机构要加大对生猪养殖场（户）和屠宰加工企业的政策扶持力度。三是要求加快产业转型升级，构建标准化生产体系，调整优化产业布局。因环境容量等条件限制，确实无法满足猪肉自给率要求的省份，要主动强化产销衔接，提升保供能力。

《意见》对加强动物防疫体系建设提出了明确要求，县级以上地方人民政府要高度重视基层防疫机构队伍建设，采取有效措施建立健全机构，巩固和加强工作队伍；加强病死畜禽无害化处理场所、动物卫生监督检查站、动物检疫申报点和活畜禽运输指定通道等基础设施设备的建设，及时补齐补强短板；完善强制扑杀和无害化处理补助政策，及时拨付、发放补助资金；确保工作条件和经费，落实动物疫病防控技术人员和官方兽医有关津贴。同时，强调要进一步压实属地管理、部门监管和防疫主体责任，严肃追责问责。谢谢。

经济日报记者：

我在采访中了解到，一些地方，尤其是经济欠发达地区，动物防疫机构体系还不完善，队伍还不健全，基础设施老化陈旧，如果动物防疫体系建设跟不上要求，怎么保障做好非洲猪瘟疫情的防控呢？请问国家对于加强动物防疫体系建设有何考虑？谢谢。

于康震：

这次非洲猪瘟疫情防控确实暴露了我们在动物防疫队伍，特别是基层动物防疫队伍建设方面的短板，你提的问题很准。

近年来，一些地方动物防疫机构队伍弱化，突出表现在机构体系不完善、基层工作队伍不健全、经费保障不足、基础设施老化陈旧，基层防疫体系“网破、线断、人散”的情况还比较普遍，难以满足防疫工作和产业发展需要。

打赢非洲猪瘟防控攻坚战、持久战，关键要扎稳底盘、打牢根基。底盘就是动物防疫措施的及时到位，根基就是兽医机构队伍的良性发展。底盘不稳、根基不牢，防控工作就会出现问题。我们在非洲猪瘟防控工作的督导中发现，非洲猪瘟防控出现问题较多的地方，往往是动物防疫体系缺人、缺钱、缺物严重的地方。因此，去年以来，国务院领导同志多次在全国会议上提出，要稳定基层兽医机构和队伍，提高基层动物防疫能力。国办有关通知也提出，要加大投入力度，加强基层动物防疫能力建设。这次印发的国办《意见》对此作出了全面部署。

《意见》强调，县级以上地方人民政府要采取有效措施稳定基层机构队伍，建立健全动物卫生监督机构和动物疫病预防控制机构，保障动物防疫工作经费和专项业务经费，切实落实动物疫病防控技术人员和官方兽医有关津贴，补齐动物防疫设施设备短板。农业农村部将会同各地区和各有关部门抓好落实，采取有效措施稳定基层机构队伍，确保基层能够有人、有枪、有子弹，打好打赢非洲猪瘟防控这场硬仗。

中国新闻社记者：

目前中国32个省份发生了非洲猪瘟疫情，生猪生产明显受到影响，并且生猪存栏出现较大幅度下滑。请问，农业农村部下一步将采取何种措施恢复生产？谢谢。

于康震：

这个问题请杨振海局长回答。

杨振海：

这个问题确实是存在的。受非洲猪瘟疫情和“猪周期”叠加影响，我国生猪生产持续下滑。据对400个养猪县监测，5月生猪存栏环比下降4.2%，同比下降22.9%；能繁母猪存栏环比下降4.1%，同比下降23.9%。针对生猪生产持续下滑的形势，农业农村部坚决贯彻落实党中央、国务院的决策部署，坚持非洲猪瘟疫情防控和稳定生猪生产两手抓、两手硬。5月16日，召开全国促进生猪生产保障市场供应电视电话会议，明确要求各地加快稳定和

恢复生猪生产。此次国办《意见》出台后，农业农村部将会同有关部门切实抓好稳定生猪生产各项重点工作。

一是加快落实扶持生猪恢复发展的政策。我们将联合有关部门，督促各地落实好《意见》明确的各项政策措施。对调出大县的规模猪场开展临时性生产救助。加强信贷担保支持，抓紧落实种猪场和大型规模养殖场贷款贴息政策。加快非洲猪瘟强制扑杀补助发放进度，尽快将补助资金兑现到养殖场（户）。进一步完善能繁母猪和育肥猪政策性保险。

二是强化信息引导和技术服务。加强生猪生产定点监测和市场价格调度，及时发布动态信息，多渠道宣传解读利好预期，鼓励养猪场（户）补栏增养。我们要针对当前生猪生产中存在的“生得少、死得多、长得慢”等技术问题，组织专家和技术人员深入养殖一线，推广高效实用饲养技术，帮助养殖场解决技术难题。

三是发展标准化规模养殖。以养殖场生物安全和粪污资源化利用为重点，继续创建一批高水平的生猪标准化示范场，引导有条件的中小养殖户发展现代家庭牧场。配合有关部门进一步完善设施农用地政策，合理规划、切实保障规模养殖发展用地需求。

四是加快推进畜禽粪污资源化利用。 督促指导畜牧大县落实好整县推进畜禽粪污资源化利用项目，支持养殖场（户）完善粪污处理设施条件，提升粪污资源化利用的能力和水平，进一步降低生猪养殖成本。指导各地科学划定禁养区，防止超范围划定和随意扩大禁养范围，杜绝“一禁了之”“一关了之”，保持生产有序发展。

五是优化生猪产业布局。 督促地方落实“菜篮子”市长负责制，鼓励和支持生猪自给率低的地区扩大生猪生产，提高生猪生产和供给保障能力。抓好分区防控，加快推进中南区试点，及时发现问题、总结推广经验。支持生猪养殖企业在一定区域内全产业链发展，推动由“运猪”向“运肉”转变。谢谢。

路透社记者：

我想问副部长一个问题。您刚才说，在中国，非洲猪瘟的疫情得到了控制，生猪养殖产业在恢复，但是我们通过自己的调查，通过对中国的农民和专家进行调研，他们给我们的信息显示中国的疫情在不断地增多。我想问的是，政府在控制疫情方面发挥了什么样的作用？第二，考虑到疫情的上报机制，这是否也意味着中国政府对地方政府在疫情上报上的政策转变了呢？昨天文件显示中国的一些大猪场会得到补贴，但是我们发现一些小的养猪户损失非常大，政府会对他们提供什么样的补偿呢？谢谢。

于康震：

非洲猪瘟疫情发生的势头得到了明显减缓，我这么说是有依据的。2019年上半年，总共发生了44起非洲猪瘟疫情，除了4月疫情数达到两位数之外，其余5个月都保持在个位数，大家可以跟2018年疫情发生的情况相比较，2018年疫情最高月一个月发生了20多起，到现在我们总共发生了143起疫情。2018年8月到12月，5个月的时间发生了99起，我想这充分说明中国目前非洲猪瘟的疫情发生势头趋缓，这是不争的事实。我们也可以和周边国家相比较，2019年上半年，其他国家发生了5 800多起非洲猪瘟疫情，我们的邻国越南2019年6个月已经发生了3 000多起非洲猪瘟疫情。中国养猪量是全球其他国家加起来的总和，但我国只发生了44起疫情，所以我们说现在非洲猪瘟发生的势头有所减缓，是有事实依据的。

你提到疫情报告的问题，我可以简单说一下。对疫情报告的要求，疫情报告的机制，我们没有变，如果说有变化，那就是要求更高、更严了，这一点，你可以放心。我们也监测到网上的一些舆情，说我们疫情报告的渠道不通畅。有些人了解到的、看到的或者怀疑的疫情没有得到证实。我们对于网上有关舆情信息逐一核查。我们的态度非常明确，在疫情报告或者是在疫情瞒报的问题上，我们坚决做到零容忍。疫情瞒报，发现一起、查处一起，依法依规，严惩不贷。同时，对于一些符合实际的举报，不管是不是非洲猪瘟，只要发生了生猪的异常死亡，大家可以举报给我们。对于这些有事实依据、符合实际的举报，我们都认真对待，而且欢迎、鼓励大家向我们举报。有一些传闻实际上是谣言，我们核查与事实不符，对于故意造谣、干扰防控大局的人，我们要依法依规采取措施。总之，我再次强调，欢迎媒体朋友们发挥监督作用，向我们积极举报有关问题。

另外，你提到关于补贴的问题，国家对于因非洲猪瘟疫情防控而扑杀的生猪给予补贴，不论大猪场、小猪场，也不论猪场的所有制性质，在补贴政策上是一视同仁的，没有任何区别。在补贴操作层面，2018年我们补贴结算是1年1次，2019年我们进行了改变，缩短了结算的周期，现在是每6个月结算1次，大小猪场一视同仁。

中央广播电视总台国广记者：

我的问题提给杨局长，我们了解到，农业农村部近期开展了屠宰环节的非洲猪瘟自检制度和驻场官方兽医制度两项制度的百日行动。能否介绍一下这些行动的进展情况，以及农业农村部下一步在生猪屠宰监管方面的工作打算？谢谢。

杨振海：

屠宰环节是连接生猪产销的关键环节，实施屠宰环节非洲猪瘟自检制度和驻场官方兽医制度对切断病毒传播链条，打好非洲猪瘟攻坚战至关重要。为贯彻落实党中央、国务院的决策部署，推动“两项制度”百分之百落实到位，农业农村部于4月中旬开展落实“两项制度”百日行动。用100天左右时间，卡住关键时间节点，采取按周调度、制表挂图、督促提醒，按月总结、对账销账等方式，做到“三清四明两解决”。“三清”指的是：屠宰企业基本情况清楚、非洲猪瘟自检情况清楚、官方兽医派驻数量清楚；“四明”指的是：专项行动任务明、“两项制度”进展明、政府和企业责任明、生猪来源和生猪产品去向明；“两解决”指的是：基本解决落后屠宰企业淘汰问题，基本解决官方兽医配备问题。

专项行动开展以来，农业农村部指导各地全面落实专项行动目标任务，始终保持高压态势，每周调度进展情况，通报排名。6月中旬，对进展慢的5个省份，由国办督查室发函专门督促落实。截至7月1日，共向生猪屠宰企业派出官方兽医32 931人，全国在产的6 625家屠宰企业全部实现非洲猪瘟自检，“两项制度”百日行动工作目标任务按期完成。

下一步，农业农村部将认真贯彻落实国办意见精神，进一步强化屠宰行业监管。一是加快《生猪屠宰管理条例》修订进度，加大对私屠滥宰的处罚力度；二是指导各省制定行业发展规划，对不达标、不符合相关要求的屠宰企业予以关停；三是落实生猪屠宰厂主体责任，督促各项动物疫病防控措施和品质检验制度落实，确保生猪产品质量安全；四是加大对私屠滥宰、注水注药、屠宰病死猪等违法行为的打击力度，实行严格的处罚，让老百姓吃上“放心肉”。

香港无线电视记者：

越南有报道说，他们的疫苗研发已经有进展了。我们想知道，政府在有关非洲猪瘟疫苗研发方面的进展，有没有最新消息可以公布？《意见》提出对供港澳生猪加强动态监控，我想知道，动态监控是针对什么的措施？谢谢。

于康震：

这个问题我来回答。大家都很关注非洲猪瘟疫苗研发的情况。在非洲猪瘟疫情发生之前，中国内地有关科研单位已经开展了非洲猪瘟疫苗的有关研究，主要是在理论和技术资料的准备上，有了一定的人才和技术储备。非洲猪瘟发生以后，农业农村部积极推动非洲猪瘟疫苗的研发工作，鼓励支持有条件的单位开展非洲猪瘟疫苗的研发。总体看，我国非洲猪瘟疫苗的研发工作取得了积极进展。但是，非洲猪瘟疫苗研发是一个世界性难题，到目前为止，国际上也没有任何一种非洲猪瘟的疫苗被批准上市。疫苗研发是一个非常复杂的系统工程，特别是对疫苗的生物安全性要求非常高，尽管我们有了好的起步，但成功研发出安全、有效、质量可控的非洲猪瘟疫苗任重道远。

从目前的进展看，一是形成了产学研一体化的疫苗研发模式，加强产学研对接，有关科研单位与国内大型兽用疫苗生产企业签订了研发协议。二是明确了疫苗研发的主要技术路线。三是疫苗的实验室研究取得了积极进展。研究机构已经初步完成了自主构建的基因缺失疫苗候选毒株实验室阶段的研究工作，并取得了阶段性成果。

我还要强调，非洲猪瘟疫苗的研发还面临很多困难和挑战，一些技术瓶颈还没有得到很好的解决。下一步，我们面临的挑战还很多，研制出安全有效、质量可控的非洲猪瘟疫苗还要走很长的路。

你还提到生猪动态监管，内地供港生猪是一项非常重要的工作，我们对这项工作非常重视。农业农村部会积极配合海关，加强供港生猪的安全性保障。主要有以下几点措施：

一是压实供港企业防疫的主体责任。监督供港生猪的养殖企业要严把“六关”，即严把饲料关、入场关、生产关、出场关、运输关、人员关。

二是强化监管措施。海关总署联合农业农村部，及时发布受疫情影响暂停供港注册企业的名单，要求各海关单位及时调整相应的监管方案，并严格落实监装、签封、凭证运输等现行有效的措施。

三是加大检疫监管力度。加大巡查力度，完善追溯管理制度，批批核查原料来源，对供港猪肉在离岸前，严格核查检疫证书和非洲猪瘟检测报告，没有检测报告的一律不予放行。

从2018年8月内地发生非洲猪瘟疫情以来，到目前为止，内地供港生猪一直没有检出非洲猪瘟。这也说明我们现行的监管体系和监管措施是有效的。谢谢。

彭博社记者：

第一个问题，有人认为，今年的猪肉产量可能会出现下降，如果发生这样的情况，中国会不会考虑从美国进口猪肉？第二，问一下关于疫苗的问题。您刚才也谈到一些实验室在研究中已经取得了一些进展，什么时候才会投入到实际使用？多久才能研制出有效安全的疫苗？第三，中国在研究非洲猪瘟疫苗方面投入了多少物力、人力和财力？谢谢。

于康震：

我先回答你后面两个问题。这是科学研究，目前还没法给出下一步非洲猪瘟疫苗研发的时间表。科学研究有其自身规律，不是到时间就能完成的，所以我无法给出时间表。至于投入方面，目前中国的非洲猪瘟疫苗研发才是起步阶段，总共没几个月的时间。现在国家非常重视非洲猪瘟疫苗的研发，在经费上可以足量保证研发工作的需要。

你讲到的第一个问题，中国猪肉可能会出现供给紧张，是否会考虑从美国进口猪肉。由于非洲猪瘟的影响，在猪肉供给方面，现在处于紧平衡的情况。在平常年份，我们每年都从境外进口一些猪肉，现在也不例外，肯定会从国际市场进口一些猪肉，来调剂供需关系，这就是我们说的利用“两个市场、两种资源”。当然，国际市场很大，美国也是其中之一。谢谢。

中国日报记者：

我在基层采访中发现有很多生猪养殖场（户），特别是一些散养户，他们的养殖环境不是很清洁，一些清洗消毒措施的落实还存在问题，作为非洲猪瘟防控工作的关键一环，请问对养猪场（户）提出了哪些具体措施？谢谢。

于康震：

你提出的这个问题很关键。我们提出了那么多的防控措施，但是归根结底是要落实在养猪场（户）到底怎么做。我们强调，养殖场（户）是防疫的主体，落实防疫主体责任，做好防疫工作，对于打好非洲猪瘟防控这场硬仗，至关重要。当前，非洲猪瘟病毒已在全国形成一定污染面，我国养猪场（户）防疫水平普遍不高，这是由我们的养殖方式所决定的，大部分都是比较小的、散养式的形式。清洗消毒措施尚未完全落实到位，车辆人员带毒传播疫情问题仍然存在，使用餐厨废弃物喂猪行为禁而不绝，养殖环节防控任务十分艰巨。《意见》对养殖场（户）做好防控工作提出了明确要求，主要有以下几方面。一是“强设施”，要改善动物防疫条件，完善清洗消毒、出猪间、出猪台等设施设备，不断提升防疫能力和水平；二是“勤排查”，加大临床排查力度，不走过场、不自欺欺人。鼓励养猪场（户）自行开展非洲猪瘟检测，及时发现、消除隐患并报告有关信息；三是“看好门”，落实封闭饲养、全进全出等饲养管理制度，严禁无关人员和车辆进入场区；四是“管好猪”，严格落实补栏隔离措施和空栏管理制度，避免交叉污染；五是“严消毒”，配齐配足消毒药品和配套物资，做好出入人员车辆、圈舍、场地、用具等消毒和废弃物无害化处理；六是“禁泔水”，这里“泔水”指的是餐厨废弃物。在这里我呼吁，广大养猪场（户），特别是广大的小散养殖户，要主动放弃使用餐厨废弃物喂猪的习惯，防止疫病传播。

寿小丽：

1个小时的时间，于康震副部长和杨局长回答了8位记者的11个问题，介绍了大量信息。因为时间关系，今天的吹风会就到这里，谢谢两位发布人，谢谢各位记者朋友，大家再见。

张馨／摄

12.《关于稳定生猪生产促进转型升级的意见》新闻发布会

《关于稳定生猪生产促进转型升级的意见》新闻发布会

一、基本情况

时　间	2019年9月11日（星期三）下午4时	
地　点	国务院新闻办公室新闻发布厅	
主　题	解读《关于稳定生猪生产促进转型升级的意见》	
发布人	农业农村部副部长	于康震
	国家发展改革委价格司副司长	彭绍宗
	财政部农业农村司副司长	姜大峪
	自然资源部耕地保护监督司副司长	高　永
	生态环境部土壤生态环境司司长	苏克敬
	市场监管总局价监竞争局副局长	陈志江
主持人	国新办新闻局副局长、新闻发言人	袭艳春

二、现场实录

袭艳春：

女士们、先生们，下午好。欢迎大家出席国务院新闻办新闻发布会。近日，国务院办公厅印发了《关于稳定生猪生产促进转型升级的意见》。为了帮助大家更好地了解相关情况，今天，我们请来了农业农村部副部长于康震先生和其他几个相关部门的负责同志，他们分别是国家发展改革委价格司负责人彭绍宗先生，生态环境部土壤生态环境司司长苏克敬先生，财政部农业农村司负责人姜大峪先生，自然资源部耕地保护监督司负责人高永先生，市场监管总局价监竞争局负责人陈志江先生。请这些部门的负责同志一起为大家介绍有关情况，并回答记者朋友们的提问。首先，请于康震先生作介绍。

于康震：

女士们、先生们，媒体朋友们，大家下午好。感谢各位多年来对我国养猪业发展的关心和支持。昨天，国务院办公厅印发了《关于稳定生猪生产促进转型升级的意见》，下面我简要介绍一下有关情况。

2018年4月以来，受“猪周期”下行、非洲猪瘟疫情冲击和一些地方不当行政干预的影响，我国生猪产能持续下滑，今年猪肉供应相对偏紧，价格上涨较快，党中央、国务院高度重视生猪生产和猪肉供应的保障。8月21日，国务院常务会议研究确定了稳定生猪生产和猪肉保供稳价五项措施。8月30日，全国稳定生猪生产保障市场供应电视电话会议对生猪稳产保供作出全面部署。近期，相关部门和部分省份出台了多项扶持政策措施。按照党中央、国务院决策部署，农业农村部会同国家发展改革委、财政部、自然资源部、生态环境部、交通运输部、市场监管总局和银保监会等部门，在广泛听取各方面意见建议的基础上，组织起草了《意见》，提出了当前和今后一个时期稳定生猪生产促进转型升级的思路、目标和政策措施。

《意见》以保障猪肉基本自给为目标，强化责任落实，加大政策扶持，加强科技支撑，推动构建生产高效、资源节约、环境友好、布局合理、产销协调的生猪产业高质量发展新格局，为今后一个时期我国生猪产业发展提供了基本遵循。

《意见》提出了猪肉自给率、养殖规模化率和规模养殖场（户）粪污综合利用率三方面量化目标。第一次提出省负总责的总要求，强调各省（自治区、直辖市）人民政府对本地区稳定生猪生产、保障市场供应工作负总责，主要负责人是第一责任人。

《意见》既立足当前，围绕稳定恢复生猪生产，着力保障市场供应，提出了六方面具体政策措施；又着眼长远，围绕加快生猪产业转型升级，提高综合生产能力，提出了加快构建现代养殖体系、完善疫病防控体系和健全现代生猪流通体系三大体系，从加大金融政策支持、保障生猪养殖用地、强化法治保障三个方面提供政策保障。

养殖业是关乎国计民生的重要产业，猪肉是我国大多数居民最主要的肉食品。稳定生猪生产，保障猪肉供应，事关“三农”发展、群众生活和经济社会发展大局。《意见》的出台，为生猪稳产保供提供了有力保障，为现代生猪产业加快转型升级指明了方向和路径，对于推动生猪产业高质量发展、全面提升猪肉供应保障能力具有重大的现实意义和深远的历史意义。

下一步，农业农村部将会同国家发展改革委、财政部、自然资源部、生态环境部、交通运输部、市场监管总局和银保监会等部门，按照党中央、国务院的部署，明确职责分工，密切部门协作，进一步加强对地方工作的指导，将《意见》明确的各项政策措施推动尽快实施，尽早落地见效，促进生猪生产加快恢复发展，保障猪肉市场供给。

下面我和我的同事们愿意回答大家的提问。谢谢大家。

袭艳春：

感谢于康震先生的介绍，下面进入答问环节，提问前请通报一下所在的新闻机构。请提问。

中央广播电视总台央视记者：

据了解，本次猪肉价格的大幅上涨和非洲猪瘟疫情还有“猪周期”等多种因素有关系，这份《意见》的出台，对于尽快平复猪肉价格将会起到什么作用？另外，我们也很关注，从长期来看，对于我国的生猪产业发展将会有什么样的意义？谢谢。

于康震：

所谓“猪粮安天下”，我国是生猪生产和消费大国，生猪的饲养量约占全球一半，猪肉在居民肉类消费结构中的占比高达62.7%，所以稳定生猪生产发展，对保障人民群众的生活、稳定物价、保持经济平稳运行和社会大局稳定都具有重要的意义。

针对今年以来我国生猪产能明显下滑，猪肉供应相对偏紧的问题，《意见》从促进生产、加快恢复、规范禁养区划定和管理，保障种猪、仔猪及生猪产品有序调运，持续加强非洲猪瘟防控，加强生猪产销监测，完善市场调控机制等方面提出了具体的措施要求，相关部门都出台了有针对性的扶持政策。这些政策措施的落地，将对调动养殖场（户）的积极性、促进增养补栏和保障猪肉市场的供给起到有力的推动作用。等这些政策见效以后，平复猪肉价格就是必然的结果了。

从长远发展来看，保障好老百姓的“菜篮子”和养殖场（户）的“钱袋子”，关键是加快推动生猪产业的转型升级，实现高质量发展。在这方面，《意见》既明确了发展思路和目标，也提出了针对性的举措，可以概括为三个方面：

一是明确提出了自给率目标。《意见》提出，猪肉自给率的目标保持在95%左右，这是从全国而言的。2018年，我国猪肉产量是5 403万吨，全球猪肉总出口量约800万吨，也就是说可供国际市场交易的量约800万吨，这个量与国内的5 400多万吨的猪肉总产量相比，还不到国内猪肉产量的15%。这几年我国猪肉进口总体是保持一个增长的势头，即使是最高年份的进口猪肉量占国内猪肉产量的比重也就是2%左右。所以从数据中大家可以看出来，解决中国老百姓吃肉的问题，必须坚持立足国内基本自给的方针。这就是为什么我们提出了95%的自给率目标。这是《意见》里第一个重要的亮点。

二是建立了约束与激励机制。《意见》明确发展生猪生产，保障市场供应，实行省负总责，要求主产省份要细化猪肉稳产增产的目标，主销省份要保持一定的自给率的目标。这是对地方提出的要求。鼓励生猪主销省份支持主产省份发展生猪生产，通过资源环境补偿、跨区合作建立养殖基地等方式，推动形成销区补偿产区的长效机制。对于生猪调出大县增加奖励资金规模，发挥生猪调出大县的支撑保障作用。这是《意见》在机制上的一个亮点。

三是进一步完善政策支持体系。生猪生产发展长期受到贷款难、用地难和粪污治理难多种因素的制约，《意见》明确要求，探索将土地经营权、养殖圈舍、大型养殖机械等纳入抵质押物范围，保障养殖用地需求，规范禁养区划定和管理等。《意见》还进一步明确了具体的项目支持，比如实施良种补贴项目，将符合条件的非畜牧大县纳入粪污资源化利用项目的实施范围，提高育肥猪和能繁母猪保险的保额等。这些政策项目抓住了生猪转型升级的关键薄弱环节，必将进一步助推生猪生产向高质量发展迈进。谢谢。

凤凰卫视记者：

我们看到，今年以来生猪的产能明显减少，并且生猪和猪肉价格明显上涨，老百姓的生活也受到了一定影响。想请问一下国家发改委对此采取了哪些保供稳价的措施？另外，大家还担心个别商户的囤积居奇、串通涨价，请问市场监管部门在加强猪肉市场价格监管方面主要采取了哪些措施？谢谢。

彭绍宗：

非常感谢记者朋友的提问。自2018年非洲猪瘟发生以来，国家发改委高度重视、密切关注疫情对生猪的生产供应和价格的影响，主动担当、积极作为、及时谋划，提出和采取了一系列生猪保供稳价的政策措施。这些措施有几个方面：

一是牵头制定出台了一些综合性的方案和措施。经国务院同意，发改委于2019年3月初向各个地区和各有关部门印发了《应对非洲猪瘟疫情影响做好生猪市场保供稳价工作的方案》，围绕稳定生猪生产、促进市场流通、加强储备调节等方面提出了具体的措施要求。3月中旬，发改委又牵头组成了8个调研组，到全国16个疫情省份开展生猪产销形势的大调研，调研以后，果断提出了有关政策建议，制定了更加有力的生猪市场保供稳价“十条措施”，印发文件实施，及时推动有关部门和各地开展生猪市场保供稳价工作。

二是大力支持生猪养殖能力建设。2019年以来，发改委已安排中央预算内投资37亿元，主要是支持畜牧大县开展对畜禽粪污资源化利用，降低规模养殖企业环保成本；新增中央预算内投资11个亿，重点支持长江流域中西部省份开展畜禽粪污面源污染治理。近日，发改委又会同农业农村部印发了《关于做好稳定生猪生产中央预算内投资安排工作的通知》，在继续推进畜牧大县粪污资源化利用的基础上，拟选择100个生猪存栏量10万头以上的非畜牧大县开展畜禽粪污资源化利用整县推进工作，每县最多补助3 000万元；并启动实施生猪规模化养殖场建设补助项目，对2020年年底前新建、改扩建种猪场、规模猪场、禁养区内规模养猪场异地重建给予一次性补助。

三是着力增强储备调控能力。储备调节是保供稳价的重要抓手。经国务院同意，2019年3月发改委大力推动开展中央冻猪肉储备收储工作，同时还印发通知指导地方开展冻猪肉收储工作，督促各地将储备任务落实到位。目前，中央和地方层面冻猪肉收储量已经达到了一定规模。近期，我们还牵头制定重要时间节点的冻猪肉投放计划，在即将到来的中秋、国庆和2020年的元旦、春节等重要节假日，能够为猪肉市场供应提供有力保障。

四是切实做好困难群众基本生活保障。在食品价格特别是猪肉价格有一定幅度上涨的情况下，为了保障困难群众基本生活不受影响，发改委及时指导地方严格执行社会救助和保障标准与物价上涨挂钩的联动机制。2019年4月以来，全国有不少地方食品价格上涨达到了联动机制的启动条件，发改委迅速向各地发出提示函，督促有关地方及时启动联动机制，按照时限要求，将价格临时补贴发放到困难群众手中。同时还指导有条件的地方结合当地实际提高补贴标准。截至目前，各地累计发放价格临时补贴32.3亿元，惠及困难群众达到1.29亿人次。

下一步，国家发改委将认真贯彻落实党中央、国务院决策部署，密切监测、预警、分析生猪和猪肉市场价格形势，加大综合协调力度，积极稳定生猪生产，精准开展市场价格调控，全力抓好有关政策的落实。总之，我们有充足的物资资源、有效的政策工具、丰富的调控经验，有信心有能力应对挑战、化解风险，做好生猪市场的保供稳价工作。谢谢。

陈志江：

谢谢记者朋友的提问，也感谢你对价格监管工作的关注。对于生猪及猪肉保供稳价工作，市场监管部门高度重视，持续加大对生猪和猪肉市场的价格监管。从“12315”举报投诉平台和各个地方市场监管部门反映情况来看，虽然近一段时间以来，生猪和猪肉价格有较大幅度上涨，但是市场价格秩序总体上还是比较稳定的。到目前为止，我们尚未发现囤积居奇、串通涨价等情况，但是也不排除可能存在记者朋友所担心的一些潜在性问题。目前，我们市场监管部门已经开展了三个方面的工作：

第一，2019年7月，市场监管总局印发了《关于认真做好重点领域价格监管工作的通知》，要求各地市场监管部门密切关注粮、油、肉、禽、蛋、菜、奶、盐等生活必需品市场价格变动情况。同时，强调要切实加强对生猪及猪肉等农副产品的价格监管，依法查处不执行明码标价、价格欺诈、串通涨价、囤积居奇等价格违法行为。

第二，8月30日，国务院召开全国稳定生猪生产保障市场供应电视电话会议以后，为贯彻落实会议精神，市场监管总局于9月6日召开了强化市场监管维护国庆期间市场秩序电视电话会，印发《关于做好2019年国庆期间有关工作的通知》，要求各级市场监管部门高度重视中秋、国庆等节假日期间市场价格监管工作，特别要加强对生猪和猪肉等农副产品的市场价格监管，并结合当地实际情况，制定应对价格异常波动的预案。

第三，针对近期生猪和猪肉价格上涨的情况，市场监管总局要求各级市场监管部门密切关注市场供应及市场价格运行情况，充分发挥“12315”价格举报投诉平台作用，完善快速应急处置机制，及时受理群众的投诉和举报，依法查处有关价格违法行为。

下一步，我们市场监管部门将从三个方面采取措施，继续加大生猪及猪肉市场价格监管，始终保持执法高压态势。

第一，要求各地市场监管部门针对当前生猪和猪肉价格波动情况，及时组织对生产、流通等各个环节的市场价格检查。对散布涨价信息、串通涨价、囤积居奇等价格违法行为，我们发现一起，查处一起，曝光一起，绝不姑息。

第二，密切关注生猪及猪肉价格投诉举报情况及相关价格舆情。针对中秋、国庆等节日消费旺季临近，价格波动敏感性增强等情况，要求各级市场监管部门制定节日期间价格应急监管预案和相关工作机制，加强价格监管平台电话的值班和值守，确保消费者投诉举报能够得到及时有效的处理。同时，我们将加大对举报投诉平台数据的分析研判，对群众反映比较集中的问题，及时组织有针对性的重点检查，回应社会关切。

第三，继续加大对有关价格法律法规和相关政策的宣传力度，对大型生猪及猪肉生产流通企业开展提醒告诫，敦促有关市场主体严格依法经营、加强价格自律，切实保护消费者合法权益。谢谢。

NHK电视台记者：

生猪最新的数量同比减少多少？具体的数量是多少？有没有最新的数据？

于康震：

现在生猪生产明显下滑，猪肉市场的供应偏紧，直接原因就是生猪产能下降了，猪少了，导致供应偏紧、价格上涨。少了多少呢？我这里有一个农业农村部对400个县定点监测的数字。7月生猪存栏环比下降9.4%，同比下降了32.2%。其中，能繁母猪是决定生猪生产能力的一个关键指标，能繁母猪存栏环比下降了8.9%，同比下降了31.9%。谢谢。

路透社记者：

我有两个问题。第一，上个月有一个电视电话会议，当时非洲猪瘟的情况还是非常严峻，但是在您刚才的介绍中似乎说现在非洲猪瘟的情况没有那么严重了，您是如何得出这一结论的？第二个问题，现在很多的部委出台了很多的政策来支持一些大的养猪农场，但是这些农场需要花费几年的时间才能开始提供生猪，但在此期间，猪肉价格上涨各省也会采取措施。我的问题是，各个省会提供多少补贴？这些补贴的资金来源于哪里？谢谢。

于康震：

谢谢你的提问。我说过现在非洲猪瘟疫情不严重了吗？好像我没说过。我们一直提倡或者说一直要求生猪生产和非洲猪瘟防控两手抓，现在非洲猪瘟疫情的形势还是很严峻的。虽然疫情的数量比去年同期要明显减少，但是疫情发生的隐患、风险还非常高。这个疫情是2018年从国外传入的，到现在为止，据我们了解有关国家发生了9 600多起非洲猪瘟疫情。国际上的疫情非常严峻，中国不可能独善其身，也面临着严峻的疫情防控形势。我们从来没有忽视、没有放松对非洲猪瘟的防控。相反，在抓好生猪生产恢复发展的同时，我们更加注重非洲猪瘟的防控。

其他情况，一会儿请财政部的同志补充一下。

姜大峪：

感谢您的提问。猪肉作为我国大多数城乡居民的最主要肉类食品，其保障供应问题直接关系到大家的日常生活，事关民生、事关大局。本轮生猪产能下降、猪肉价格上涨，受多重因素影响，其中非洲猪瘟疫情是很重要的因素。我这里简要介绍一下中央财政支持非洲猪瘟疫情防控、生猪生产有关情况。

一是积极支持非洲猪瘟疫情防控。2018年8月疫情发生后，为确保非洲猪瘟防控工作顺利开展，中央财政及时将非洲猪瘟纳入强制扑杀补助范围，并将补助标准暂由800元/头提高到1 200元/头。同时，安排非洲猪瘟疫情防控工作专项经费，支持地方开展生猪产地检疫、屠宰检疫和运输车辆监管等非洲猪瘟防控相关工作。同时，我们还完善了强制扑杀补助经费发放方式，把过去按年度结算发放调整为半年度结算发放1次，并明确要求中央和省级财政资金下达后，县市要在3个月内将补助资金给付到位，加快资金拨付进度，切实减轻养殖场（户）垫资压力。

二是大力支持恢复生猪生产。针对非洲猪瘟对生猪生产造成的影响，中央财政积极主动作为、及时采取措施，陆续出台了一些有针对性的财政支持政策，并第一时间印发通知，明确政策要求，进一步稳定市场预期、提振市场信心，支持加快恢复生猪生产。

第一，出台临时贷款贴息政策。中央财政按不超过2个百分点，对种猪场、规模猪场的流动资金和建设资金贷款给予贴息，支持养猪企业扩大规模和缓解资金压力，稳定生猪产能。

第二，增加生猪调出大县奖励资金规模。2019年中央财政增加生猪调出大县奖励资金规模，充分发挥调出大县的支撑保障作用，调动地方尽快将增产潜力转化成实际生产能力，促进调出大县生猪生产恢复扩大。

第三，提高生猪保险保额。暂时提高能繁母猪、育肥猪保险保额，扩大育肥猪保险规模，进一步增强生猪养殖风险抵御能力，调动生猪养殖场（户）恢复生猪生产的积极性。

第四，支持实施生猪良种补贴，并要求各地立足现有资金渠道，支持畜牧大县生猪运输车辆洗消中心建设等，进一步夯实生猪生产发展基础。

第五，强化省级财政统筹力度，明确要求各省级财政部门要进一步强化统筹职能，切实加大生猪稳产保供支持力度，支持做好非洲猪瘟疫情防控、生猪生产和市场供应等相关工作，确保中央和地方相关政策落地生根。

下一步，财政部将按照党中央、国务院决策部署，继续狠抓政策落实，密切关注跟踪生猪市场动态，积极配合农业农村部等部门做好相关工作，加快促进生猪生产，努力保障市场供给。谢谢。

中国日报记者：

我们了解到，现在有些地方以改善生态环境为由，扩大禁养区的范围或者对养殖场“一关了之”，这些都对生猪的产能造成一定影响。请问生态环境部将采取哪些措施规范畜禽的养殖禁养区的划定工作，促进生猪的生产发展？另外一个问题请问自然资源部，在保障生猪养殖用地方面出台了哪些政策？谢谢。

苏克敬：

有关畜禽养殖禁养区的划定情况，我来回答这个问题。依法严格规范畜禽养殖禁养区划定和管理，有利于促进畜禽养殖污染防治和产业平稳健康绿色发展。因此，早在2001年5月，为防范畜禽养殖污染、推进生态环境保护和畜禽养殖生产的协调发展，原国家环保总局制定出台了《畜禽养殖污染防治管理办法》，对畜禽养殖禁养区的范围作出了明确规定。2013年，国务院颁布的《畜禽规模养殖污染防治条例》以及2015年修订的《中华人民共和国畜牧法》，均对畜禽养殖禁养区的划定提出了明确的要求。2015年，国务院颁布的《水污染防治行动计划》也提出要科学划定畜禽养殖禁养区。2016年，环境保护部和农业部联合印发了《畜禽养殖禁养区划定技术指南》，明确禁养区不限制散养户，在饮用水水源二级保护区和风景名胜区的非核心区，允许建设通过畜禽粪污资源化利用实现无污染物排放的养殖场。主要考虑，就是为了避免禁养区成为没有一头猪、没有一只鸡的“无猪区”“无鸡区”“无畜禽区”，也是为了尽可能减少畜禽养殖禁养区的划定对生猪生产和猪肉市场供应的影响。

总的来看，多年以来，畜禽养殖禁养区的划定和管理工作推进还是有序的。截至2017年年底，全国各地禁养区划定工作已基本完成。但是，据生态环境部调研了解，也确实有一些地方以改善生态环境质量为由，超过法律法规规定，随意扩大禁养区范围，给生猪生产发展带来了一定影响。因此，按照党中央、国务院决策部署，为落实好国务院办公厅《关于稳定生猪生产促进转型升级的意见》，近日生态环境部和农业农村部联合召开了视频会，印发了《关于进一步规范畜禽养殖禁养区划定和管理 促进生猪生产发展的通知》。对规范畜禽养殖禁养区的划定和管理工作作出了全面部署，明确提出了四方面措施：一是依法科学划定禁养区。除法律法规规定的禁止养殖区域之外，不得超范围划定禁养区。绝不能打着环保的旗号，借改善环境质量之名，随意扩大禁养区的范围。二是开展禁养区划定情况排查。针对随意扩大禁养区范围和限制散养户等违法违规的问题进行排查，全面核实禁养区划定和管理情况。三是立即整改违反法律法规规定超划禁养区的情形，坚决、迅速取消超出法律法规的禁养规定和超划的禁养区。对违反法律法规限制养猪业发展和压减生猪产能的情况，要立即进行整改。四是加强禁养区整改调整政策的支持。对禁养区内关停需搬迁的规模化养殖场（户），优先支持异地重建，对符合环保要求的畜禽养殖建设项目加快环评审批。对于确需关闭和搬迁的养殖场（户），要给予合理的过渡期，避免清理代替治理，严禁“一律关停”等简单做法。

下一步，生态环境部、农业农村部将成立专项工作组指导地方开展规范畜禽养殖禁养区划定和管理工作，同时将违反法律法规超划禁养区的问题纳入中央生态环境保护督察和强化监督的范畴。对于排查工作推进不力，或存在虚假整改、敷衍整改以及群众反映比较强烈的地方，我们将视情况开展专项督察。谢谢。

高永：

我来回答第二个问题。自然资源部门高度重视保障生猪养殖用地，会同相关部门先后出台过多项生猪等畜禽养殖用地支持政策，本次国办印发《意见》，就保障生猪养殖用地进一步加大了支持力度。一是强调在编制国土空间规划时，要合理安排新增的生猪养殖用地。二是完善设施农用地政策。有针对性地提出合理增加生猪养殖附属设施用地规模，取消15亩上限，保障废弃物处理等设施用地的需求。三是鼓励利用农村集体建设用地和“四荒地”

（荒山、荒沟、荒丘、荒滩）发展生猪生产，同时提出各地可以根据实际情况，进一步制定支持政策。为了配合《意见》的实施，自然资源部日前专门印发了明电《关于保障生猪养殖用地有关问题的通知》，要求各地切实落实好现行的支持政策，比如生猪养殖用地作为设施农用地，按农用地管理，不需办理建设用地审批手续。作为养殖用途也不需实施耕地占补平衡。应该说，概括起来，在用地上就是要切实保障生猪生产的用地需求，做到应保尽保。谢谢。

光明日报记者：

最近，各部委出台了一系列措施保障生猪生产，请问作为畜牧业的主管部门，农业农村部将出台哪些措施，促进生猪生产的恢复，促进产业的转型升级？谢谢。

于康震：

2018年8月，非洲猪瘟疫情发生以来，农业农村部坚决贯彻落实党中央、国务院的决策部署，坚持疫情防控和稳定生猪生产保障市场供应两手抓。2018年12月和2019年3月，农业农村部分别下发了指导性文件，指导各地稳定生猪生产，优化调整生猪调运措施，畅通种猪、仔猪的调运，督促各地落实非洲猪瘟强制扑杀补助等政策措施，支持种猪场和规模猪场尽快恢复生产。国务院常务会议和全国稳定生猪生产保障市场供应电视电话会议之后，特别是昨天国办《意见》发布以后，下一步，农业农村部重点在以下几方面发力，做好工作。

一是加快恢复生猪生产，这是当务之急。农业农村部将会同相关部门督促地方加快落实中央出台的各项支持政策措施，以种猪场和规模养殖场为重点，支持新建、改扩建规模养猪场改善基础设施条件，加快增养补栏。支持符合条件的非畜牧大县生猪规模养殖场开展粪污资源化利用。督促地方落实仔猪、种猪及冷鲜、冷冻猪肉运输享受“绿色通道”政策。同时大力发展禽肉和水产品等动物蛋白替代品的生产。

二是持续抓好非洲猪瘟防控。督促地方逐级压实责任，落实好疫情监测排查报告、突发疫情应急处置、生猪运输和餐厨废弃物的监管等行之有效的防控措施。督促地方及时兑现非洲猪瘟强制扑杀补助资金，严格执行生猪屠宰环节非洲猪瘟自检和驻场官方兽医制度，对不符合规定的屠宰场限期整改，整改不到位的坚决关停。开展全国秋季“大清洗、大消毒”专项行动，针对高风险场所开展清洗消毒，降低病原污染面。统筹抓好其他重大疫病，比如口蹄疫、高致病性猪蓝耳病等重大动物疫病的防控。

三是规范禁养区划定和管理。刚才，生态环境部负责人专门讲了这个问题。农业农村部下一步配合生态环境部指导地方依法依规划定禁养区，坚决纠正超出法律法规的生猪禁养限养，防止一些地方借环保和防疫为由“甩包袱”和不作为，搞“一刀切”。联合印发通知，进一步明确规范禁养区划定和管理的要求，加强禁养区划定情况的备核，对禁养区内易地搬迁的规模养殖场，要求地方落实养殖用地，优先支持异地重建，避免“一关了之”。

四是加强监测调度和市场预警。农业农村部专门设立生猪生产调度办公室，每月对各省生猪存栏和能繁母猪存栏的情况进行监测调度，并对全国年出栏5 000头以上的规模猪场进行月度跟踪调查，督促各省及时调度本省生猪规模养殖场的生产情况，加强生猪生产形势的分析研判，及时发布市场动态信息，科学指导生猪养殖生产。

五是加强技术指导与服务。继续创建一批生猪养殖标准化示范场，发挥示范带动作用。组织召开大型生猪养殖企业稳定生猪生产研讨会或经验交流会，交流恢复生产的典型经验，让企业相互学习、增强信心。举办“全国防疫和复养技术大讲堂”和非洲猪瘟防控专题巡回讲座，提高生猪养殖户非洲猪瘟防控和复养技术水平。制定无非洲猪瘟区的标准、非洲猪瘟无疫小区评估管理办法和技术规范。非洲猪瘟无疫区是比较大的，通常以省为单位来建设，非洲猪瘟无疫小区通常以企业为单位建设。我们印发这方面的规范和标准，指导各地强化动物疫病区域化管理。组织专家和技术人员深入养殖一线，推广杂交改良、分段饲养等标准化规范化饲养技术，帮助企业解决技术难题。农业农村部作为畜牧业的主管部门，要承担起这方面的职责，做好我们的工作。谢谢大家。

袭艳春：

大家还有感兴趣的问题，欢迎和农业农村部等相关部门的新闻办公室联系。再次感谢几位发布人，也谢谢大家，今天的发布会到此结束。

焦非/摄

13. 首次开展“菜篮子”市长负责制考核情况新闻发布会

首次开展“菜篮子”市长负责制考核情况新闻发布会

一、基本情况

时　间	2019年12月30日（星期一）上午10时	
地　点	国务院新闻办公室新闻发布厅	
主　题	首次开展“菜篮子”市长负责制考核情况	
发布人	农业农村部副部长	于康震
	农业农村部市场与信息化司司长	唐　珂
	厦门市人民政府副市长	韩景义
	广州市人民政府副市长	黎　明
	成都市人民政府副市长	牛清报
主持人	国新办新闻局副局长、新闻发言人	袭艳春

二、现场实录

袭艳春：

女士们、先生们，上午好！欢迎大家出席国务院新闻办新闻发布会。今天，我们非常高兴地邀请到农业农村部副部长于康震先生，请他为大家介绍首次开展“菜篮子”市长负责制考核的有关情况，并回答大家的提问。出席今天发布会的还有农业农村部市场与信息化司司长唐珂先生、厦门市人民政府副市长韩景义先生、广州市人民政府副市长黎明女士、成都市人民政府副市长牛清报先生。下面先请于康震先生作介绍。

于康震：

女士们、先生们，媒体朋友们，大家上午好！每逢年关，肉蛋奶、鱼果菜等“菜篮子”产品供应就会成为老百姓关心关注的事情。近日，中共中央办公厅、国务院办公厅印发了《关于做好2020年元旦春节期间有关工作的通知》，强调要保障“菜篮子”产品市场供应。

2019年，我国农产品市场供给总体充足、运行基本平稳，部分“菜篮子”产品价格波动幅度较大。受猪周期、非洲猪瘟疫情和不当禁限养等因素的影响，生猪产能下滑导致猪肉供应偏紧、价格持续上涨，带动牛羊肉、禽肉、鸡蛋等出现了一定程度涨价。随着促进生猪生产恢复政策密集出台、落地，11月以来，猪肉供需矛盾有所缓解，上周五（12月27日）全国猪肉批发市场均价42.89元/公斤，比11月1日价格高峰52.40元/公斤下降18.15%。鸡肉、牛羊肉、鸡蛋等价格稳中走弱，水果、蔬菜市场供给保持总体充裕。

小小“菜篮子”，事关大民生，党中央、国务院始终高度重视。2017年，国务院办公厅印发《“菜篮子”市长负责制考核办法》，农业农村部等13个部门印发了《“菜篮子”市长负责制考核办法实施细则》。2019年，由农业农村部牵头，会同国家发展改革委、财政部等10家“菜篮子”食品管理部际联席会议成员单位对直辖市、计划单列市、省会城市等36个城市“菜篮子”市长负责制落实情况进行了首次考核（考核期为2017—2018年度）。前不久，召开了全国大中城市“菜篮子”产品保供座谈会，强调要全力做好以猪肉为重点的“菜篮子”产品保供稳价工作。

总体上看，“菜篮子”市长负责制考核实施以来，36个城市的市长将“菜篮子”工程作为重要的民生工程，完善体制机制，加大资金投入，强化设施建设，在保障城市供应、稳定市场价格、提高生活质量等方面发挥了重要作用。“菜篮子”产品供给有保障，36个城市大力支持农业产业发展，2018年，蔬菜种植总面积、总产量比2015—2017年3年均值分别增长3.2%、2.5%。各城市加强肉类产品调运和投放，保证了肉类市场供应。“菜篮子”产品流通更高效。36个城市合理布局批发市场和零售网点，形成了以重点农产品批发市场为中心，区县批发市场为枝干，生鲜超市、社区菜店等零售网点为基础的农产品市场流通体系。“菜篮子”产品质量安全建设更有力。36个城市切实落实属地管理职责，建立了市、区（县）、镇（乡）、村四级农产品质量安全监管体系，监测显示“菜篮子”产品质量抽检总体合格率达到97%以上。“菜篮子”管理机制更健全。36个城市制定了生产扶持、市场流通、消费补贴、应急储备等调控政策，2018年“菜篮子”产品总体价格涨幅在5%以内。第三方调查评估显示，市民对“菜篮子”产品供给数量、品类及购买便利性等方面都较为满意。

但一些城市也存在“菜篮子”产品自给能力下降，产地市场体系建设滞后，冷链物流短板问题明显，质量安全监管能力有待提升，存在弱化甚至忽视“菜篮子”产品生产保供的倾向。大中城市是“菜篮子”产品的重要消费市场，是全国市场的风向标。下一步，我们将紧盯元旦春节和两会等重要节点，发挥好考核指挥棒的作用，督促推动各大中城市把“菜篮子”工作抓紧抓好，增加猪肉等“菜篮子”产品供应，不折不扣把“菜篮子”市长负责制落到实处。

下面我和我的同事愿意回答大家的提问。谢谢。

袭艳春：

感谢于康震先生的介绍，下面我们就进入答问环节，提问前请通报一下所在的新闻机构。请提问。

中央广播电视总台央视记者：

我的问题是，猪肉是重要的“菜篮子”产品，今年猪肉供应偏紧，大家都很关心生猪生产恢复情况。请问农业农村部在加快恢复生猪生产、增加市场供应方面有哪些具体的举措？谢谢。

于康震：

2019年9月以来，中央和地方出台了一系列加快恢复生猪生产的政策措施，效果已经逐步显现，加上市场行情的带动，养猪场户补栏信心进一步增强，全国生猪生产开始探底回升。据监测，11月全国生猪存栏环比增长2%，能繁母猪存栏环比增长4%。从2018年4月以来，这是首次出现“双增”的好势头。现在看来，在“菜篮子”里面，猪肉是分量最重的一个部分，对此农业农村部高度重视。下一步，农业农村部将着力抓好六个方面的工作，进一步巩固当前生猪生产恢复的好势头，确保明年元旦春节和全国两会期间猪肉市场供应基本稳定。

一是牵头抓总推动生猪生产加快恢复。我们要求各级农业农村部门参照农业农村部的做法，抓紧成立恢复生猪生产协调办公室，加强部门协同配合，形成促生产、保供给的合力。督促地方分解落实生猪生产恢复三年目标任务，对前期生猪产能降幅大、至今存栏仍未止降回升的省份，我们将加强指导，尽快扭转下降趋势。

二是力促各项扶持政策落实落地。加强调度和督导，确保先期出台的17项扶持政策落地见效。会同相关部门抓紧落实养猪用地纳入农用地管理，不需建设用地审批的政策，允许建设多层养殖设施和林地养猪政策，对年出栏5 000头以上的大型猪场项目实行环评告知承诺制、小规模猪场实行备案制，推动扩大抵押贷款试点范围。

三是强化技术指导与服务。大力发展生猪标准化规模养殖，推动在建项目尽快形成产能。把恢复生产和脱贫攻坚结合起来，帮助企业与贫困地区对接。大家可能注意到，上周我们刚刚与国务院扶贫办联合推动大型龙头企业与贫困地区，搞了一个养猪方面的产业扶贫对接活动。通过“公司+农户”等“以大带小”的方式，带动中小养殖场户补栏增养。

四是坚决清理不合理的禁养限养。联合有关部门对凡是超越法律法规范围划定的禁养区，特别是打着环保等名义搞“无猪县”“无猪乡”的，坚决彻底整改。

五是坚持不懈抓好非洲猪瘟疫情防控。进一步压实政府、部门和生猪产业各环节从业者责任，切实落实监测排查、应急处置、运输监管等现行有效防控措施。坚持日报告制度，对瞒报、迟报疫情的，严肃追责问责。特别是在冬春季节和生猪存栏快速增长的情况下，这时候疫情风险往往会进一步加大，所以要坚决堵住疫情传播的漏洞，确保非洲猪瘟疫情不反弹。

六是加强屠宰企业监管。部署开展打击生猪私屠滥宰违法行为的专项行动，开展联合执法，严厉打击屠宰病死猪、注水注药、私屠滥宰等违法违规行为，保障猪肉产品的质量安全。谢谢。

中国新闻社记者：

我们了解到，厦门在落实市长负责制的工作方面做得比较好，请问这方面有没有比较好的经验和做法可以分享？谢谢。

韩景义：

厦门市委市政府高度重视“菜篮子”建设，认真贯彻落实“菜篮子”市长负责制的各项考核要求。市人民政府主要领导亲自抓，将“菜篮子”的工作列入为民办实事项目，将“菜篮子”列入政府部门的绩效考核。同时，不断完善长效保障机制，取得了比较显著的效果。我们归纳厦门的做法，主要是体现在四个“化”。

一是“现代化生产”提高生产供给能力。厦门地方比较小，耕地相对比较少，所以我们向科技要供给，在整个供应体系上，打造“本埠基地+外埠基地+合作基地”的供应体系。在本埠基地建设方面，主要是大力提升现代化和规模化，提高科学含量。在外埠基地建设方面，我们与其他兄弟省市建立了紧密合作关系，有效补充了我们本地的供给。比如我们在本地生猪养殖上主要采用集约化、规模化养殖方式，同时建立了外埠基地，外埠基地和厦门享受同等的补贴政策，合作得非常好。

二是“多元化布局”提升市场流通能力。我们现在构建的是“一级批发市场+二级批发市场+超市和农贸市场”三级流通网络。在区域性批发中心方面，厦门的区域性批发中心可以辐射周边地方，不单单是保障厦门，还充分发挥了“蓄水池”的集聚效应。在合理布局“菜篮子”零售网点方面，现在各个社区的网点平均达到20个以上。同时配套建设冷藏设施，扩大冷链覆盖面和冷藏库容，以确保食品的品质。在发挥国有企业保障主渠道作用方面，我们把批发市场和农贸市场的建设管理纳入到突出的公益性考核，通过以国企为核心，把农产品供应链做得比较完整。

三是“全程化监管”强化安全管控能力。我们重点加强重要产品的追溯体系建设，率先打造从田间到餐桌全链条可追溯的食品安全追溯平台，平台已经涵盖厦门6.73万家经营主体，这些经营主体的产品都纳入平台管理。同时，逐步构建全过程管理和风险防控。下一步，我们想在防控上多做文章，加大重点供厦食品标准体系建设。

四是“精准化调控”增强市场保障能力。我们完善“菜篮子”的价量监测、储备和应急响应机制，猪肉储备量是国家下达任务的2.1倍。应对非洲猪瘟时，我们采取提高生猪调运的补贴标准、鼓励跨省冷鲜肉的调运、增加替代品的调运补贴等措施，保障市民需求。同时将社会救助和保障标准、物价联动挂钩，落实平价商店制度和困难群众补贴，确保能吃上肉。

下一步，我们将压实“菜篮子”市长负责制，加强市场监测，畅通流通保障，严把食品安全，适时精准调控，落实好稳定生猪生产的各项政策，促进增养补养，保障猪肉供应，确保“两节”两会期间“菜篮子”供应的量足、价稳和质优。谢谢。

经济日报记者：

广州作为超大城市，人口众多，耕地面积少，“菜篮子”保供任务很重，请问将采取哪些措施继续加强“菜篮子”产品的自给能力建设？谢谢。

黎明：

广州是一座消费人口超过2 000万的超大城市，保障全市人民吃得好和“舌尖上的安全”，压力确实不小。广州市委、市政府的主要领导始终坚持以人民为中心的思想，围绕实现老城市新活力，高度重视，亲自部署，具体推动“菜篮子”工程的建设，切实落实好“菜篮子”市长负责制。

一是抓扩大生产，努力提高自给水平。我们从财政上加强保障，安排专项资金扶持生产基地的建设。规划建设了6家省级“菜篮子”现代产业园。建有26家省级“菜篮子”基地，9家农业农村部畜禽养殖标准化示范场，24家农业农村部水产健康养殖示范场。“菜篮子”主要产品均维持了较高的自给率，比如蔬菜自给率达到了100%，水产品自给率达到77%，家禽、水果的自给率达到60%。下一步，我们还将继续大力推进“菜篮子”产品的增量提质工作，计划到2020年全市蔬菜播种面积要达到230万亩，产量390万吨，自给率保持在100%以上；水果种植面积要达到96万亩，产量63万吨，自给率要维持在60%以上；水产品的产量达到50万吨，自给率达到85%以上。加紧恢复本地生猪生产，推进落实新建8家以上，扩建5家大型生猪养殖项目，加大粪污处理设施的扶持力度，抓好疫情防控，2020年生猪年出栏产能要达到80万头，自给率要达到12%。

二是在自身扩大生产的同时，鼓励流通，增强调控能力。全市建有35个“菜篮子”产品批发市场，年总交易量达到880多万吨。其中江南果蔬批发市场是全国最大的水果蔬菜批发市场之一。黄沙水产交易市场是全国最大的水产品进出口批发市场之一。我们还建立了127个“菜篮子”产品的产业链不同环节监测点，加强价格监测，适时投放市级储备猪肉，增加市场供应，稳定市场价格。我们除了自己不断养殖、种植，还建了大量的批发市场，来保证蔬菜、水果等各方面农产品的供应。

三是大力推进大湾区的“菜篮子”工程建设。根据广东省委、省政府的部署，广州把牵头开展粤港澳大湾区“菜篮子”工程建设作为贯彻《粤港澳大湾区发展规划纲要》的重要举措，订立标准，打造平台，丰富市场供应，吸引了港澳地区和内地22个省区、80个以上地级市到平台进行合作，认定了生产基地517个。要说明一下，这517个基地里面的12%是来自于扶贫开发的重点县。现在开业的销售点已经超过1 000个。下一步，广州还将坚持把人民对美好生活的向往作为我们的奋斗目标，深化改革，扩大开放，进一步加强合作，全面落实“菜篮子”市长负责制，不断提升市民的获得感、幸福感和安全感。谢谢！

中国日报记者：

刚才于部长介绍今年首次开展的“菜篮子”市长负责制考核情况发现了一些问题，针对这些问题农业农村部将采取哪些措施？考核工作还有哪些打算？谢谢。

唐珂：

“菜篮子”市长负责制考核，主要考核“菜篮子”产品的生产能力、市场流通能力、质量安全监管能力、调控保障能力和市民满意度这五个方面。

目前，首次考核已基本完成。通过考核，各地进一步提高了抓紧抓实“菜篮子”工程建设的责任意识，完善了相关工作的体制机制，也发现了工作中存在的一些不足和问题。下一步，我们将从考核结果的运用、完善指标体系、加强考核检查着手，督促地方压实“菜篮子”市长负责制，加强“菜篮子”工程建设，发挥好保供、稳价、促民生的作用。

一是我们将及时向各省区市人民政府通报考核结果，对发现的问题进行一对一反馈，要求各城市结合考核意见，认真对照检查，明确整改责任、时限和措施，加强督查督办，及时反馈问题整改落实情况，切实加强“菜篮子”工程建设，进一步推动“菜篮子”市长负责制的落实。二是我们将根据当前和今后一个时期“菜篮子”工程建设的重点工作与目标要求，结合各地的发展实际，围绕加强生猪等“菜篮子”产品的保供能力建设，重点考核各大中城市猪肉、蔬菜等产品自给能力、产地市场体系建设水平、质量安全监管能力、应急储备和市场调控落实情况等指标，发挥好考核指挥棒的作用，推动“菜篮子”涉及产业的高质量发展。三是充分发挥“菜篮子”食品管理部际联席会议制度机制的作用，聚焦突出问题，加强沟通协调，加大工作力度，强化督促指导，适时赴各地开展调查研究，掌握相关情况，提出意见建议。推动各省区结合自身实际，针对当前和今后一个时期“菜篮子”产品保供重点工作，健全完善体制机制，加大政策支持力度，切实抓好本区域内其他地级城市“菜篮子”市长负责制的落实。谢谢。

农视网记者：

刚才介绍说，中央高度重视“菜篮子”考核工作，压实地方责任，实施“菜篮子”市长负责制考核。我想问的是这个考核由谁来组织实施？这个考核的评估都有哪些方式？谢谢。

唐珂：

根据国办文件要求，由11个部委组成的“菜篮子”食品管理部际联席会议，对全国36个大中城市实施考核，两年一考。刚才我说了5个方面的考核内容，每一方面都有详细的指标。比如“市民满意度”就设置了19项指标，由联席会议委托权威的第三方机构，通过入户调查、座谈访谈等方式，合计采集有效样本超过3万个，通过科学的建模计算得出各个城市市民满意度得分。考核结果分为四个等级，90分以上是优秀，75～90分是良好，60～75分是合格，60分以下是不合格。各个省的农业农村部门会同有关部门，对本行政区的其他地级城市进行相应的市长负责制考核。最终我们会将36个大中城市的考核结果上报国务院，并同时报中组部备案。谢谢。

光明日报记者：

我们知道成都是猪肉的消费大市，请问在恢复生猪生产方面有什么具体措施？特别是在元旦、春节期间，将采取哪些措施保证生猪等“菜篮子”产品的供应？谢谢。

牛清报：

首先感谢这位记者对成都的关注。成都确实是一个猪肉消费的大市，我们有1 633万的常住人口，服务人口超过2 100万，猪肉又是川菜里头的主料，所以在生猪生产和保供受到非洲猪瘟影响的情况下，成都市政府将促进生猪生产、保障市场供应作为重要的民生工程，也是作为切实履行“菜篮子”市长负责制的一个优先事项来保障。我们采取了很多措施，概括而言，建立完善了“三大机制”，推出落实了“十条措施”。

“三大机制”：一是在成都市政府层面，我们建立了一套“日监测、周调度、月考核”的机制，每天监测猪肉的生产和价格，每周对各个市县进行调度，每月进行考核，考核好的要表扬，进度滞后的市县要作检讨性的发言。二是在有生猪养殖任务的县市，实行县市“一把手”任指挥长机制，可以集中资源，促进生猪养殖。三是成都市人民政府和周边的市州建立了区域生猪生产合作机制，通过这种方式，提升成都市猪肉供应保障能力。

“十条措施”：2019年9月，成都市政府制定了促进生猪生产保障市场供应的十条措施。一是进一步夯实生猪发展的任务；二是推动全产业链融合；三是建设现代良繁体系；四是推进产业绿色发展；五是提升生物安全水平；六是加强动物防疫；七是优化产业发展用地；八是强化金融支持；九是完善保障机制；十是加强组织保障。

这“三大机制”和“十条措施”，为成都养猪业排除了障碍，提供了要素支撑。养猪业主信心增强，积极性提高。所以我在这儿很高兴地向大家报告，成都的生猪养殖在10月中旬已经止跌回升，现在是第3个月连续增长。12月，成都生猪存栏环比增长了2.83%，猪肉零售价环比回落4.96%，预计今年全年成都地产生猪出栏可以超过400万头。

为了保障元旦和春节期间生猪等“菜篮子”产品的市场供应，成都将切实发挥国有“菜篮子”公司、大型批发市场等主体作用，保障肉类和蔬菜的多元化供应。这方面我们主要做了三项工作：一是建立猪肉储备。现在成都市和县市两级已经完成了猪肉储备计划，并且建立了先进后出的常态化轮储投放机制，现有储备总量达到27 000吨，确保猪肉“储得实、管得好、用得上”。二是适时启动价格临时补贴联动机制，按时足额发放低收入群体的价格临时补贴，使他们少受价格影响。三是密切监测“菜篮子”产品的价格走势，加强质量安全监管，打击违法违规行为，规范市场秩序。我们有信心，也有能力，保障“两节”期间生猪等“菜篮子”主要农产品供给不脱销、不断档，价格不大涨。谢谢。

中央广播电视总台央广记者：

猪肉价格上涨之后，牛羊肉、鸡蛋、鸡肉和水产品这些替代品的价格也相应发生了变化。我们想具体了解一下，这些“菜篮子”产品近期价格的变化情况？谢谢。

于康震：

你刚才提到的禽肉、鸡蛋、牛羊肉等畜禽产品，还有水产品，与猪肉都有不同程度的替代性。比如说猪肉价格涨多了，其他肉类就相对便宜，老百姓就选择少买一些猪肉，多吃一些鸡肉、禽蛋和鱼肉等，这是正常的消费结构调整，符合市场供求规律。受今年猪肉价格上涨的带动，鸡肉等畜禽产品价格前期逐渐走强，但由于生产稳定增长，市场供应充足，这些替代品种的价格涨幅远远低于猪肉的涨幅，甚至水产品的价格前期不仅没有上涨，还降了一点。

据国家统计局的数据，前三季度禽肉、牛肉和羊肉的产量分别达到1 539万吨、458万吨、330万吨，同比分别增长了10.2%、3.2%、2.3%。另外，据农业农村部的监测，2019年1月至10月，全国累计肉鸡出栏同比增长15.5%，产能达到历史高点。10月，鸡蛋产量连续6个月环比增长，同比增长6.1%。从价格来看，11月，鸡肉、牛羊肉、鸡蛋的批发价同比涨了20～30%。水产品价格没有上涨而且还下降了2.6%。近期随着猪价企稳回落，鸡肉、牛羊肉、鸡蛋等价格稳中走弱。12月16日到22日这一周，白条鸡批发均价每公斤19.32元，环比下降了1.5%；牛肉每公斤70.16元，环比跌了0.4%；羊肉每公斤68.16元，环比跌了0.2%；鸡蛋每公斤9.67元，环比跌了3.6%。所以，前面说的价格走弱就是这个意思。

说到这里，我还想再多说两句。刚才我回答第一个问题时提到，目前生猪和能繁母猪的存栏是双双止降回升，这是非常好的势头。我想说明的是，现在出栏生猪的活重平均提高了15%～20%，就是说现在出栏的猪比以前大了，养到140、150公斤才卖，卖的是大猪，这就意味着现在出栏5头猪，相当于以往出栏6头猪。虽然出栏量差不多，但出栏的肉多了，因为体重大了。为春节猪肉的保供稳价，中央和地方各级政府都做了充分准备，社会上储备的肉数量可能会更大。这些储备肉在春节期间都会陆续有序地投放市场。所以，猪肉投放市场的量会明显增加。再加上近期从国外进口的猪肉量大增，会进一步增加市场的猪肉供给量。猪肉的替代品，牛羊肉、禽肉、禽蛋和水产品，量足价稳。“两节”期间不管是猪肉还是它的替代品，市场供应总体充足，价格也会总体稳定。谢谢。

香港紫荆杂志记者：

我们注意到近两年来水果、猪肉价格出现了轮番上涨的情况，请问农业农村部下一步会采取哪些措施来保障主要农产品的价格平稳，尽量防止这种价格异常波动的情况出现？

唐珂：

大家知道，农业生产本身具有周期性和季节性，也容易受到灾害性天气和动植物疫病等突发因素的影响，生产供给波动风险还是比较大的。加上我国农业小生产与大市场的衔接效率偏低，导致农产品价格往往比工业品价格波动幅度大。近年来，我国粮食连年丰收，多数“菜篮子”产品供给充足，市场体系不断完善，应该说农产品价格总体是平稳的，但仍有一些品种阶段性波动幅度较大。刚才你提到的水果价格上涨，主要是苹果、梨这些水果的主产区在去年春季遭受“倒春寒”等恶劣天气影响，减产幅度较大造成的。今年的猪价上涨，主要是受“猪周期”、非洲猪瘟疫情、个别地区不合理禁限养的叠加因素影响，生猪产能下降明显，市场供给偏紧。保持农产品市场价格相对平稳，关键还是要保障生产供应的基本稳定和促进产销的有效衔接。这些“菜篮子”产品保供稳价关系到人民群众的生活质量，农业农村部将重点从以下几个方面持续构建农产品市场的长效稳定机制。

一是抓好粮棉油糖和重要“菜篮子”产品的生产，2020年重点是稳定粮食生产，恢复生猪产能，夯实市场稳定基础。

二是做好重大动植物疫情防控和灾害性天气的预防应对，完善补贴、保险等政策，避免突发因素对农产品生产供应产生重大冲击。

三是推进农产品仓储保鲜冷链物流设施建设，实施“互联网+”农产品出村进城工程，提升农产品产销衔接效率。

四是加强农产品市场监测预警和信息发布，前置引导市场供需平衡。

五是推动完善储备、进出口等市场调控制度，保持农产品价格波动在合理范围内。谢谢。

袭艳春：

今天的发布会到此结束，再次感谢几位发布人，也谢谢大家。

Part4 | 第四部分

农业农村部新闻办公室新闻发布会

14. 一季度农业农村经济运行情况新闻发布会

一季度农业农村经济运行情况新闻发布会

一、基本情况

时　间	2019年4月23日（星期二）上午10时	
地　点	农业农村部新闻发布厅	
主　题	一季度农业农村经济运行情况	
发布人	农业农村部发展规划司司长	魏百刚
	农业农村部政策与改革司副司长	赵长保
	农业农村部畜牧兽医局副局长	王俊勋
主持人	农业农村部办公厅副主任、巡视员	陈邦勋

二、现场实录

陈邦勋：

女士们、先生们，媒体界的朋友们，大家上午好！欢迎参加农业农村部新闻办公室举行的新闻发布会。今天发布会的主题是介绍一季度农业农村经济运行情况。今天，很高兴邀请到农业农村部发展规划司司长魏百刚先生、政策与改革司副司长赵长保先生、畜牧兽医局副局长王俊勋先生为大家介绍情况。首先，请魏百刚先生为大家通报有关情况。

魏百刚：

女士们、先生们，媒体朋友们，大家上午好！谷雨刚过，农谚讲“谷雨时节种谷天”，农业生产进入春耕大忙时节。大家对粮食生产、农民增收、农村发展等问题比较关注，在此，我就一季度农业农村经济运行情况作简要介绍。

今年以来，各级农业农村部门认真贯彻落实党中央、国务院决策部署，统筹实施乡村振兴战略，扎实做好农业农村各项工作，农业农村经济总体平稳、开局良好。一季度第一产业增加值达到8 769亿元，同比增长2.7%；农村居民人均可支配收入达到4 600元，实际增长6.9%，延续了“双增长”的好势头。

一是种养业稳定发展。今年冬小麦面积基本稳定，长势总体好于去年，现在多处于孕穗抽穗期，再有1个月左右就陆续开镰收获，夏粮丰收基础较好。春耕生产有序推进，化肥农药柴油等农资供应保障充足，预计累计投入农机具2 200多万台（套），供应玉米水稻大豆种子70亿斤。当前，南方早稻栽插近七成，东北地区已陆续开始整地播种，全国已播农作物3.5亿亩，完成意向面积的25%。非洲猪瘟疫情发生势头趋缓，23个省份整省解除疫情封锁，生猪生产和调运秩序加快恢复。一季度生猪出栏1.88亿头，同比减少5.1%；猪肉产量1 463万吨，同比减少5.2%。奶业振兴行动深入实施，一季度牛奶产量625万吨，同比增加2%。水产品总产量1 263万吨，同比增加1.2%。

二是农业结构持续优化。今年，继续实施玉米大豆生产者补贴政策，启动实施大豆振兴计划，耕地轮作休耕制度试点面积3 000万亩，粮改饲面积

1 200万亩以上。在这些政策的引导下，意向调查表明，“镰刀弯”等非优势区玉米结构调整成果将继续巩固，市场紧缺的优质稻谷、专用小麦、优质饲草等面积有所增加，大豆、油菜等作物面积增加。草食畜牧业加快发展，牛羊肉产量达到271万吨，同比增长1.5%。渔业绿色发展积极推进，实现内陆七大重点流域禁渔期制度全覆盖，捕捞产量同比下降10.25%。农产品质量安全稳定向好，例行监测总体合格率继续保持较高水平，绿色、有机、地理标志农产品总量接近4万个。

三是农村一、二、三产业融合加快发展。各地把现代农业产业园作为重要抓手，大力推进乡村产业振兴、农业高质量发展和城乡融合发展。目前，全国已批准创建国家级现代农业产业园62个、认定20个，带动各地创建1 000多个省级和一大批市县级产业园。前两天，农业农村部在广东江门市新会区召开了全国现代农业产业园推进会议，把这项工作作为乡村振兴的重要抓手和突破点来推进。一季度农产品加工业稳定发展，预计规模以上农产品加工企业营业收入3.4万亿元，同比增长3.6%。休闲农业和乡村旅游提质升级，在节假日期间，到农家体验农耕乐趣、品味民俗情调、感知田园风光，成为居民出游的重要选项。农产品网上交易额较快增长，据淘宝大数据平台显示，一季度食品类产品销售额同比增长16.8%。乡村创新创业深入推

进，返乡“双创”人员超过780万人。

四是乡村消费增长较快。随着农村居民收入不断提高，乡村消费潜力进一步释放。一季度农村居民人均消费支出达到3 525元，同比增长8.7%，扣除价格因素实际增长6.8%，快于城镇居民消费支出增速2.7个百分点。乡村消费品零售额达到14 388亿元，同比增长9.2%，增速超过城镇1个百分点，农村市场已成为扩大内需的亮点。农产品进出口规模增加，1—2月进出口总额达到343.2亿美元，同比增长2.7%；其中进口235.2亿美元，同比增长10.2%；出口108亿美元，同比减少10.5%，高端水果、牛羊肉等进口量明显增加，丰富了国内市场，有效满足了多元化、个性化消费需求。

五是农村人居环境整治向面上推开。今年以来，国家持续加大农村人居环境整治投入力度，安排70亿中央财政奖补资金用于农村“厕所革命”整村推进，安排30亿中央预算内投资用于中西部地区农村人居环境整治整县推进，并对一批整治成效明显的县给予奖励。各地认真学习浙江“千万工程”经验，迅速行动、主动作为，扎实推进农村“厕所革命”、生活垃圾和污水治理，农村人居环境整治正在由点向面有序推开。特别是全面开展村庄清洁行动，春节期间，组织村村户户搞清洁、干干净净迎春节，引导农民主动清理生活垃圾、村内塘沟和农业生产废弃物，改变不良习惯，取得了明显成效。

六是农民收入较快增长。今年以来，我国农产品市场运行总体稳定，价格季节性上涨，带动家庭经营性收入名义增长5.9%。外出务工总量和工资水平实现双增长，3月末，外出务工农村劳动力达到17 651万人，同比增长1.2%；月均收入达到3 996元，同比增长7%，带动工资性收入名义增长9%。一季度农村居民人均可支配收入达到4 600元，名义增长8.8%，扣除价格因素实际增长6.9%，高于GDP增速0.5个百分点，高于城镇居民收入增速1个百分点，城乡居民人均可支配收入比值为2.53，同比下降0.02。各地认真贯彻落实产业扶贫三年攻坚行动意见，普遍建立了产业发展指导员制度，组织开展了形式多样的产销对接活动，强化产业发展科技支撑，产业扶贫成效不断显现，贫困地区农村居民人均可支配收入较快增长。

总的来看，一季度农业农村经济的好形势，为稳定经济社会发展大局奠定了坚实基础。但也要看到，受国际市场变化和国内宏观经济走势影响，农业农村经济发展也存在一些苗头性、倾向性问题，需要采取有力措施加以解决。下一步，农业农村部将坚决贯彻落实党中央、国务院决策部署，坚持稳中求进工作总基调，以实施乡村振兴战略为总抓手，扎实推进春耕生产、农业高质量发展、农村人居环境整治、产业扶贫、人才队伍建设等工作，努力保持住农业农村经济发展的好势头，确保全年目标能够顺利完成。

我先介绍到这里，谢谢大家。下面，我和我的同事愿意一起回答大家的提问。谢谢。

陈邦勋：

感谢魏百刚司长的情况介绍。下面，请记者们就今天发布会的主题提问，提问时请通报所代表的新闻机构。

新华社记者：

魏百刚司长刚才提到，当前农业农村经济发展存在一些苗头性、趋势性问题。请介绍一下这些问题主要包括哪些？下一步农业农村部采取什么措施来解决这些问题？

魏百刚：

当前，我们既要看到一季度农业农村经济形势取得的成绩，总体平稳、开局良好的形势，确实也要分析面临的不确定、苗头性问题。我们分析主要有三个方面：

一是稳定粮食生产难度加大。今年气象局预计，我国农业气象年景中等偏差，可能出现南涝北旱的局面。大家也能感受到，去年冬天以来东北降雪量比往年少。粮食价格有所走弱，3月稻谷、小麦、玉米三大主粮集贸市场均价同比下跌3.5%。同时，生产资料价格、人工费在上涨，比如，3月以来化肥价格连续5周上涨，累计涨幅3.3%。2月以来柴油连续2个月上涨，累计涨幅3.8%。自然灾害、价格下跌、成本上涨可能会出现“三碰头”，这样稳定粮食生产的任务就非常艰巨。近期，农业农村部印发通知，要求各地要稳面积、稳政策、稳产量，全力以赴抓好今年粮食生产。最近，冬麦区要防范春旱，打好夏粮基础，东北粮食主产区要及早抗旱保春播，搞好农资供应，应种尽种、种足种好，保持全年粮食播种面积达到16.5亿亩以上，粮食产量稳定在2018年的水平。

二是生猪产能持续下滑。受非洲猪瘟影响，现在规模猪场补栏比较慎重，一些小散户加速退出，生猪和能繁母猪存栏数持续减少，连续3个月同比下降超过10%，按照6个月生猪生产周期推算，预计下半年猪肉供应可能趋紧，价格可能出现明显上涨。特别是，猪肉是CPI当中占比最大的食品消费品种，猪价上涨对CPI走高会起到一定的推动作用，所以要保证生猪产能。近期，农业农村部也要求各地加强生猪生产和市场监测预警，强化一系列的政策措施，以保障我们生猪生产平稳运行。

三是第一产业固定资产投资增速放缓。一季度全国第一产业固定资产投资2 408亿元，同比增长3%，增速明显放缓，首次低于第二产业4.2%、第三产业7.5%的水平。这个问题要特别重视，特别是在乡村振兴的大背景下，农业农村投资短板还是比较突出的，包括高标准农田建设、农村人居环境整治、基础设施建设管护，这些都存在很大的资金缺口，迫切需要通过增加资金投入拉动各方面投资，更多地聚焦农业农村，来解决好农业农村的投资问题。谢谢。

中央广播电视总台央广记者：

刚才魏司长提到，今年一季度农民收入较快增长，但也存在种粮不挣钱以及就业难度大的问题。请问，农业农村部将采取什么措施来保持农民收入的持续增长？

魏百刚：

这个问题请政策与改革司赵长保副司长回答。

赵长保：

刚才魏司长在情况介绍中提到，今年一季度农村居民人均可支配收入实际增速达到6.9%，增速继续保持两个“高于”：高于GDP增速、高于城镇居民收入增速。从这个速度来看，仍然处于中高速发展区间，仍然保持持续稳定增长的态势，所以农民增收形势总体上是稳定的。党的十八大提出，到2020年农民收入要在2010年基础上实现翻番的目标。去年农民人均可支配收入是14 617元，按照翻番目标测算，未来两年我们只需要增长3.4%就可以实现农民收入倍增目标。目前看，基本可以提前实现这个目标。但是也需

要未雨绸缪，农民增收始终跟宏观经济形势和农业农村经济走势密切相关。当前宏观经济形势面临一系列下行压力，在国内外形势错综复杂的背景下，对农民的就业增收还是带来了一定的不确定性，所以还要做好各方面工作。

总体上预计，随着农业供给侧结构性改革的深入推进，随着国家产业结构的优化升级，随着各项农村改革的全面深化，随着农村各类新产业、新业态蓬勃发展，农民持续增收态势在可预见的将来是可以保持的。确保农民持续增收要夯实基础、综合施策。近期来看，要着力做好四个方面的工作：

第一，稳定农民家庭经营收入。从一季度来看，农民家庭性经营净收入上一年是1 449元，今年一季度是1 535元。所以做好农业的节本增效文章对农民家庭经营净收入增长非常有作用。下一步，继续推动加大对农业基础设施的投入、加强高标准农田建设、调整优化农业结构，促进小农户和现代农业发展有机衔接，发展适度规模经营，促进农业生产经营收入持续增长。

第二，着力增加农民工资性收入。从1997年以后，工资性收入一直是农民收入的主要来源，它事关农民增收大局。工资性收入去年一季度是1 843元，到今年是2 009元。下一步，我们既要继续发挥传统就业渠道“稳定器”的作用，又要积极培育发展新动能。要推动农村一、二、三产业融合发展，支持发展农产品的粗加工、精深加工、休闲农业和乡村旅游，积极推广新业态新模式，加快建设国家农村创业创新园区等发展平台，抓好现代农业产业园等平台载体建设，为乡村就业提供更多机会。

第三，促进农民财产性收入增长。去年一季度农民财产性收入118元，今年是130元，财产性收入在农民收入中占比不大，但是潜力很大。下一步，我们将着力深化农村集体产权制度改革，不断深化农村土地制度改革，盘活农村集体资源资产，创新农业经营体制机制，发展壮大农村集体经济，进一步拓宽农民财产性收入来源。

第四，逐步提高农民转移性收入。一季度农民转移性收入从上一年同期的816元，增长到今年的925元。下一步，我们要进一步完善农业支持保护政策，推动农业保险增品扩面提标，加快构建新型农业补贴体系，保障农民转移性收入稳定增长。

与此同时，完善农村社会保障制度，补齐农业农村基础设施和公共服务短板，改善农村生活环境、消费环境，同样有助于稳定农民预期，增强农民的获得感，对农民增收工作而言，这些是同样重要的。所以这是一篇综合性的大文章，我们将努力把这篇文章写好。谢谢。

人民日报记者：

去年8月非洲猪瘟传入我国，最近我们看到市场上猪肉价格涨幅较大。请问，目前我国猪瘟疫情防控形势如何？对今后一个阶段生猪市场以及走势将怎么判断？

魏百刚：

这个问题请畜牧兽医局副局长王俊勋回答。

王俊勋：

首先非常感谢你对畜牧业发展的关心。去年8月，我国发生非洲猪瘟疫情以来，截至今年4月22日，共发生非洲猪瘟疫情129起。目前，疫情累计扑杀生猪达到102万头。今年将近4个月的时间里，发生疫情30起，有23个省份疫情已经解除。总的来讲，疫情形势还是比较严峻的，但全国上下畜牧兽医系统正在努力把疫情防控工作抓实。非洲猪瘟发生后，各省、各地全力

做好疫病防控工作，加强部门协作，共同抗击非洲猪瘟疫情。

一是强化了疫情排查工作。在已经发生的疫情中有80起疫情是主动排查发现的。各省加快了疫情确诊实验室建设，做到了疫情及时确诊。同时完成了首批11个快速检测试剂的筛选，为快速诊断提供了条件。

二是果断处置疫情，防止第二次扩散。疫情处置是做好疫病防控的关键措施，每一起疫情的发生省份都组建了省部联合工作组和疫情流行病调查队，现在已有119起家猪疫情查明了传播途径，同时在扑杀的过程中，中央财政已经安排了6.3亿元补助经费。

三是加强重点环节管控，努力阻断疫情传播途径。对生猪及其产品调运进行严格监管，防止疫病猪从高风险区域向低风险区域流动，禁止使用餐厨剩余物喂猪，切断风险最大的传播链条。在屠宰环节开展了非洲猪瘟检测，避免病毒污染猪肉流入市场。

四是加强宣传，科学引导社会舆论。通过主流媒体渠道及时公布疫情发生情况，介绍防控工作进展，多次组织专家针对热点问题进行解读，面向广大养殖场户开展在线视频培训，提振养殖户和社会公众的信心。

尽管我们在非洲猪瘟防控上做了许多的工作和努力，但是疫情对整个生猪产业的冲击还是非常严重的。在刚才的开场白中，魏司长作了简要说明。从现在的情况看，根据农业农村部监测的数据，3月生猪存栏和母猪存栏出现了“双下降”。其中，生猪存栏环比下降1.2%，同比下降18.8%；母猪存栏环比下降2.3%，同比下降21%。下降的幅度、速度之快，也是近10年来出现的最大值。从消费情况看，正常年份春节过后猪价都是下跌回落的，但今年出现了相反行情，主要原因是前期出现疫情后，养殖户的正常补栏没跟上，可以提供上市的肥猪数量不足，导致价格快速上涨。我们对最近两个月的情况作了对比，3月第1周全国活猪平均价格12.91元/公斤，同比上涨2.1%，这也是近两年首次超过上年同期水平；4月第1周，活猪价格15.15元/公斤，短短1个月时间里上涨了17.4%，同比上涨幅度达到了36%。这里还有“受猪周期”等因素的影响，去年同期猪价处于下降通道，同比上涨幅度大，是双重因素叠加影响的结果。总的情况来看，猪价已经提前进入了上涨周期，我们预判全年猪肉产量会下降，后期生猪供应会趋紧，四季度活猪价格将会突破2016年的历史高点。

谢谢。

中央广播电视总台央视记者：

近日，习近平总书记在重庆调研时对脱贫攻坚工作提出了进一步要求。请问，农业农村部将采取什么样的举措抓好产业扶贫？

魏百刚：

习近平总书记对扶贫工作高度关注、高度关心。习近平总书记曾指出，产业扶贫是稳定脱贫的根本之策。4月16日在重庆考察期间召开了解决“两不愁、三保障”突出问题座谈会，习近平总书记再次强调，要探索建立稳定脱贫长效机制，强化产业扶贫。农业农村部高度重视产业扶贫工作，韩长赋部长在部署今年农业农村工作时，特别强调要把脱贫攻坚作为重中之重、急中之急的硬任务摆在各项工作的首位。去年10月，中央巡视组对农业农村部党组开展了脱贫攻坚专项巡视，提出了反馈意见。农业农村部按照巡视反馈意见，逐项研究、逐条落实，专门制定了专项巡视的整改方案，确定了7个方面78项具体整改措施。同时制定了2019年的产业扶贫实施方案。

今年，农业农村部在产业扶贫方面以专项巡视整改为抓手，认真落实中央打赢脱贫攻坚战三年行动的指导意见，深入实施农业农村部会同国务院扶贫办等8部门制定的产业扶贫三年攻坚行动意见，强化四个方面的工作，狠抓贯彻落实。

第一，强化资金项目倾斜。农业农村部明确规定高标准农田建设、农业生产发展的一些资金都要向贫困地区倾斜，特别是优先支持“三区三州”等深度贫困地区。对于下达地方的涉农整合资金加强调度和监管，推动地方更多地用于产业扶贫。

第二，强化农产品产销对接。今年农业农村部专门制定了贫困地区农产品产销对接实施方案，准备全年举办10场以上产销对接活动，覆盖到所有的集中连片和深度贫困地区。现在产得好还要卖得好。今年4月已经在北京举办了首场对接活动，效果非常好，现场签约45亿元。同时，农业农村部还将加快实施“互联网+农产品”出村进城工程，进一步完善全国初级农产品产销对接服务平台，帮助贫困地区带贫的新型经营主体所生产的农产品能够卖得出去、卖出好价钱，带动贫困户增收。

第三，强化科技服务。好产品要有科技含量，就要有很好的科技支撑。我们组织产业技术专家组，服务覆盖“三区三州”所有贫困县，其中对“三区三州”现在没有脱贫的县，中国农科院分别安排了一个产业技术专家团，直接对接开展产业技术服务。今年，农业农村部门组织实施的新型职业农民培训，进一步加大对“三区三州”等深度贫困地区的支持力度，增加培训任务，提高培训比重。农村实用人才带头人和大学生村官培训，全部面向贫困地区实施。整个工作部署都把贫困地区作为重中之重、坚中之坚的硬任务来安排。

第四，强化新型经营主体培育。今年，农业农村部还将开展第六批国家重点龙头企业，也明确要将贫困县数量作为各省名额评审的重要依据，优先支持考虑贫困地区推荐的企业。农民合作社质量提升整县推进也要向贫困县倾斜，还将举办5期农民合作社带头人的培训班，全部面向贫困地区。

这四个方面是78条整改措施的主要方面，我们还做了很多工作，近期将把这78条整改措施发布。结合这次专项巡视整改，我们将以更高标准、更严要求、更扎实的工作，来提高提升产业扶贫工作的质量和水平。

中国农村杂志社记者：

请问，当前农村集体产权制度改革取得了哪些进展？下一步有什么考虑？

魏百刚：

请政策与改革司赵长保副司长回答。

赵长保：

农村集体产权制度改革是农村改革中的一件大事。深入推进农村集体产权制度改革，是实现农民共同富裕的重要举措，是巩固党在农村执政基础的重要保障，也是实施乡村振兴战略的重要任务。党的十八大以来，我们围绕构建归属清晰、权能完整、流转顺畅、保护严格的中国特色社会主义农村集体产权制度，不断推动改革，取得了一系列历史性突破。

一是推动出台纲领性文件。2014年，我们推动出台党的十八大以来第一个涉农重大改革试点方案，就是《积极发展农民股份合作赋予农民对集体资产股份权能改革试点方案》。2016年，推动中共中央、国务院印发了《关于稳步推进农村集体产权制度改革的意见》，对改革作出了顶层设计。近年来，我们多措并举贯彻落实《意见》精神，推动各地把改革工作做实做深做好。

二是积极开展改革试点。2015年以来，先后开展了三批农村集体产权制度改革试点，共确定3个省、50个地市、279个县（市、区）为中央试点单位，前两批129个县的试点任务目前已经完成，为面上的改革积累了经验。

三是开展清产核资工作。国务院为此专门召开会议部署清产核资工作，9个部门制定有关政策文件。目前已有184.2万个集体经济组织完成了清产核资数据在线报送。

四是建立农村集体经济组织注册登记制度。农业农村部等3个部门出台集体经济组织登记赋码文件，去年首次为10个新成立的集体经济组织颁发登记证书，集体经济组织有了全国统一的“身份证”。截至目前，全国已经有超过15万个村完成了经营性资产股份合作制改革，确认集体成员3亿多人，累计向农民股金分红3 251亿元，农民群众的获得感、幸福感显著增强。

下一步，我们将聚焦清产核资、股份合作制改革这两项硬任务，扩面深化、碰硬抓实，做好四个方面的工作：

第一，按期完成清产核资。指导各省及时上报数据，上报总结报告。农业农村部将形成全国清产核资总报告，上报党中央、国务院。

第二，加快推进产权制度改革试点。再选择10个左右的省份、部分地市和县整建制开展试点，同时鼓励地方自主扩大试点，力争试点范围覆盖到80%左右的县级单位。

第三，发展壮大集体经济。配合中央组织部、财政部落实好扶持壮大村级集体经济的政策，扶持2万个左右村开展试点示范，制定实施贫困地区集体经济薄弱村发展提升计划。

第四，积极推动集体经济组织立法进程。组织开展集体经济组织立法研究，就相关重大问题形成专题报告，为正式启动立法做好前期准备。

农民日报记者：

今年中央1号文件提出全面完成粮食生产功能区和重要农产品生产保护区的划定任务。请问，目前这项工作进展情况如何？下一步有什么打算？

魏百刚：

谢谢关心粮食生产和重要农产品保障问题。国务院专门印发了《关于建立粮食生产功能区和重要农产品保护区的指导意见》，选择了水稻、小麦、玉米三大粮食作物，划定9亿亩粮食生产功能区。选择大豆、棉花、油菜籽、糖料蔗、天然橡胶5类重要农产品，划定2.38亿亩重要农产品生产保护区。扣除粮食与大豆、油菜籽这些重要农产品的复种面积，共需划定10.58亿亩粮食生产功能区和重要农产品保护区。建设“两区”是新时期落实国家粮食安全战略和实施重要农产品保障战略的一个重大举措。我们测算过，把“两区”建成后，可保障我们国家口粮的95%，谷物能够保障90%，大豆能够保障14%，棉花能够保障60%，油菜籽能够保障45%，糖料蔗能够保障60%，天然橡胶能保障12%消费量。抓住“两区”就稳住了粮食生产和重要农产品保障的基本盘。

“两区”划定工作是由农业农村部、国家发改委、自然资源部等几个部委共同推进实施的。在各地的配合下，去年农业农村部大力推进，6亿亩水稻、小麦生产功能区和1亿亩大豆生产保护区，在去年年底已基本完成。今年的安排是，一季度加快划定，近期还要召开会议推动这项工作，争取上半年基本上划完。现在，已经完成10.16亿亩，基本上达到96%。划完以后，还要建设好、利用好。

首先，实行“两区”精准监测，实现数字化地图，建立数据库，借助遥感等农业信息技术定期对“两区”范围内的农作物种植进行动态监测、精细化管理。其次，就是加快建设。大家都知道，到2020年要完成8亿亩高标准农田建设，2022年完成10亿亩高标准农田建设，这与10.58亿亩粮食生产功能区和重要农产品保护区的重叠程度极高。要是把“两区”都建成高标准农田，按粮食算高标准农田能达到“一季千斤，两季吨粮”、旱涝保收。“两区”是高标准农田建设的主要范围，现在农业农村部在安排高标准农田建设投资时，也主要以“两区”为主，加强建设，夯实“两区”的产能基础。第三，研究“两区”支持政策。“两区”建好以后，地里种什么，还要靠政策引导，所以要抓紧研究，要推出“两区”的差异化支持政策，调动农民种植“两区”目标作物的积极性。这块地原来划定的是水稻，就要想办法引导农民种水稻、种好水稻，不能种别的。我们想通过政策引导，让农民种植目标作物，稳定目标作物面积，稳步提高我们粮食以及重要农产品的保障水平。

陈邦勋：

今天发布会到此结束，谢谢各位的参与支持。

15. 上半年农业农村经济运行情况新闻发布会

上半年农业农村经济运行情况新闻发布会

一、基本情况

时　间	2019年7月19日（星期五）上午10时	
地　点	农业农村部新闻发布厅	
主　题	上半年农业农村经济运行情况	
发布人	农业农村部发展规划司司长	魏百刚
	农业农村部农产品质量安全监管司一级巡视员	程金根
	农业农村部国际合作司副司长	马洪涛
主持人	农业农村部办公厅副主任	宁启文

二、现场实录

宁启文：

女士们、先生们，媒体朋友们，大家上午好。欢迎大家参加农业农村部新闻办公室举行的新闻发布会。今天发布会的主题是介绍上半年农业农村的经济形势，我们今天很高兴给大家邀请到了农业农村部发展规划司司长魏百刚先生、农产品质量安全监管司一级巡视员程金根先生、国际合作司副司长马洪涛女士，为我们介绍有关情况，并回答记者提问。下面首先请魏百刚司长向大家通报有关情况。

魏百刚：

女士们、先生们，新闻界的朋友们，大家上午好。非常高兴和大家见面，今年以来，农业农村经济运行总体平稳、稳中向好，也出现了一些新情况，社会各界都很关注。今天借这个机会我就上半年农业农村经济运行情况向大家作个简要介绍。

上半年，面对错综复杂的国内外形势，各级农业农村部门认真贯彻落实党中央、国务院决策部署，全力防控草地贪夜蛾和非洲猪瘟，突出抓好乡村产业提升和农村人居环境整治，统筹推进农村改革和乡村治理，农业农村经济发展总体平稳、结构优化、质量提升，为国民经济延续总体平稳、稳中有进的发展态势提供了重要支撑。

一是夏粮再获丰收，农业生产形势稳定。夏粮产量2 835亿斤，较上年增加58.6亿斤，增长2.1%，和历史最高产的2017年持平。目前早稻已收获过半，秋粮作物长势正常，草地贪夜蛾虫害扩散速度减缓，全年粮食丰收基础较好。非洲猪瘟疫情得到有效控制，今年以来共发生48起，月均发生数明显减少，24个省（自治区）已经解除疫区封锁，生猪产销秩序正逐步恢复。除生猪外畜禽养殖等方面加快发展，牛羊禽肉产量为1 442万吨，同比增长4.3%；牛奶产量为1 326万吨，同比增长1.7%；水产品产量2 770万吨，同比增长1.1%。

二是农产品价格以稳为主，质量安全保持较高水平。粮食供应充足、价格平稳，6月小麦集贸市场价为每斤1.17元，同比下降2.5%；稻谷集贸市场价为每斤1.4元，同比下降4.1%；玉米集贸市场价为每斤1.02元，同比上涨0.9%。受去年苹果、梨主产区低温冻害等影响，部分水果价格今年以来涨幅较大，近期，随着西瓜等夏季时令水果上市，价格已经开始回落。受非洲猪瘟疫情与“猪周期”叠加影响，6月猪肉集贸市场价为每公斤25.62元，同比上涨29.2%。绿色优质农产品供给明显增加，绿色、有机和地理标志农产品超过4万个，农产品质量安全例行监测抽检总体合格率稳定在97%以上。

三是农业结构持续优化，乡村产业提质增效。小麦品质明显好于上年，优质专用小麦面积占比达到33%，比去年提高3个百分点。启动大豆振兴计划，预计面积增加1 000万亩以上。农产品加工业继续保持良好态势，预计上半年规模以上农产品加工业实现营业收入6.8万亿元，同比增长4%左右。休闲旅游业、农产品电子商务蓬勃发展。以现代农业产业园建设为龙头，推进乡村产业振兴，已在全国创建114个国家级现代农业产业园，示范带动创建1 000多个省级和一大批市县级产业园。建设552个农业产业强镇，成为农村产业融合、产城融合的示范样板。

四是农产品贸易平稳增长，农业对外合作不断拓展。今年1—5月，农产品进出口总额6 239.6亿元，同比增长10.6%。其中，我国农产品进口4 163.7亿元，同比增长14.1%，进口来源明显变化，来自巴西、东盟、欧盟、澳大利亚的农产品进口保持较快增长。我国农产品出口2 075.9亿元，同比增长4.1%，茶叶出口量额双增，同比分别增长5.9%和24.8%，水产品、蔬菜等优势农产品出口总体平稳，但对美国出口明显下降。欧盟、东盟等农产品出口市场保持良好增长势头，出口额同比分别增长11.3%和4.5%。

五是农村人居环境持续改善，农业农村绿色发展稳步推进。在全国广泛开展“三清一改”村庄清洁行动，累计清理各类农村生活垃圾4 000多万吨、清理村沟村塘淤泥3 000多万吨，清理村内残垣断壁近400万处。村容村貌得到进一步改善，全国80%以上的行政村农村生活垃圾得到处理，近30%的农户生活污水得到处理，上半年新开工农村厕所改造1 000多万户。持续推进农业绿色发展先行先试，在175个县开展果菜茶有机肥替代化肥试点，在586个畜牧大县整县推进畜禽粪污资源化利用。

六是农民增收保持“两个高于”，农村消费保持较快增长。上半年农村居民人均可支配收入为7 778元，实际增长6.6%，高于GDP增速0.3个百分点，高于城镇居民增速0.9个百分点，城乡居民人均可支配收入比值为2.74，比上年同期缩小0.03。产业扶贫成效明显，贫困地区优质农产品出村进城，带动贫困户收入增速继续高于全国平均水平。农民收入较快增长有效带动农村消费，全国乡村消费品零售额同比增长9.1%，高于城镇增幅0.8个百分点；农村居民人均消费支出6 310元，实际增长6.4%，高于城镇居民增速2.3个百分点，乡村消费潜力不断释放。

总的来看，上半年农业农村经济形势总体平稳、稳中向好，为保供给、稳物价、增信心发挥了重要支撑作用，为有效应对风险挑战增添了底气。但我们也面临着草地贪夜蛾的侵害、非洲猪瘟疫情、农业投资增速回落等新情况、新问题，需要采取有力措施加以解决。下一步，农业农村部将坚决贯彻落实党中央、国务院决策部署，以实施乡村振兴战略为总抓手，以农业供给侧结构性改革为主线，聚焦全面建成小康社会“三农”工作必须完成的硬任务，毫不放松抓好粮食生产，着力稳定“菜篮子”产品供应，全面推开农村人居环境整治，增强乡村产业发展动能，加快农村改革步伐，统筹做好“三农”各项工作，努力完成全年目标任务，以优异成绩庆祝新中国成立70周年。

下面我和我的同事愿意回答大家的提问。谢谢。

宁启文：

感谢魏百刚司长的详细介绍，下面进入答问环节，请记者朋友就今天发布会的主题提问，提问时请通报一下所代表的新闻机构。

中央广播电视总台央视记者：

刚才您介绍了，今年上半年农业农村经济运行总体平稳、稳中向好，但是也出现了一些新问题，针对这些问题，农业农村部将采取什么措施进行应对？

魏百刚：

谢谢你的提问。刚才我向大家介绍了，当前农业农村经济发展面临着草地贪夜蛾虫害、非洲猪瘟疫情、旱涝灾害偏重发生、农业投资增速回落等一些新情况，为了有效应对，农业农村部已经作了全面部署安排。

一是毫不放松抓好秋粮生产。全年粮食生产大头在秋粮，占比达到75%左右。目前正值秋粮作物田间管理的关键时节，重点是防控好草地贪夜蛾和防范旱涝灾害。草地贪夜蛾发生以来，中央财政紧急下拨5亿元专项资金，各级农业农村部门着力加强虫情监测，一日一报，组织开展统防统治，指导各地加强技术指导，遴选了25种应急防治用药进行全面防治，应该说效果还是比较好的，现在防治面积达到1 283万亩，虫情扩散蔓延势头明显减缓。农业农村部还将全力指导各地抓好秋粮的田间管理，严防严控草地贪夜蛾。目前重点是加强黄淮海等夏玉米主产区以及西南重点发生区虫情监测和防控，努力实现“虫口夺粮”。在旱涝灾害上，今年南涝北旱偏重发生。6月以来，南方农作物因洪涝受灾3 300多万亩，山东、河北、山西、内蒙古自治区等地农作物受害面积600多万亩，农业农村部将会同有关部门密切关注旱涝灾情变化，及时启动应急预案，狠抓抗灾救灾措施落实，综合施策，全力确保今年粮食再获丰收。

二是坚持不懈抓好生猪等“菜篮子”产品供应。非洲猪瘟疫情发生以来，各地各部门有力有效防控，疫情得到控制。近期国务院办公厅印发了《关于加强非洲猪瘟防控的意见》，农业农村部印发了《关于稳定生猪生产保障市场供给的意见》，各地认真落实，生猪产销秩序逐步恢复，养猪户信心逐步增强。下一步，我们要坚持非洲猪瘟防控和恢复生猪生产两手抓，不折不扣落实好国务院以及农业农村部出台的一系列关于非洲猪瘟防控和恢复生猪生产的各项措施，特别是要落实好临时生产救助、贷款贴息、政策性保险、用地保障这些措施，重点支持种猪场和规模猪场发展生产，同步抓好牛羊肉、禽肉等替代肉品的生产，强化“菜篮子”市长负责制考核，督促各地抓好各类鲜活农产品生产，确保供应充足、价格稳定。

三是千方百计促进农民增收。今年上半年，农民收入增速达到6.6%，这个成绩还是比较好的，但是比去年同期回落了0.2个百分点，还需要加大力度促进农民持续增收。下半年重点做好三个方面工作：促进农民工就地就近就业。认真落实好《国务院关于促进乡村产业振兴的指导意见》，在努力做强现代种养业基础上要用好农村的特色农产品、农市景观、人文景观等乡村特色资源，大力发展农产品加工、休闲农业、乡村旅游、农村电商等，培育壮大一批家庭工场、手工作坊，把产业增值更多地留在农村、留给农民。扩大投资促进就业。提高土地出让收入用于农业农村的比例，推动各地发行一批乡村振兴专项债，强化新型经营主体等小微普惠领域的金融服务，研究制定乡村产业用地的保障政策，实施农村人居环境整治、村庄基础设施建设等一批重大工程，引导金融和社会资本投入，带动农民就业增收。扎实推进产业扶贫，着力提升贫困地区特色产业的效益，巩固脱贫成果，防止返贫。

四是深入推进农村人居环境整治。组织实施好农村“厕所革命”整村推进财政奖补政策，指导各地切实提高改厕质量，确保全年完成1 200万户以上改厕任务，持续开展“三清一改”村庄清洁行动，打好夏季战役，进一步推进农村生活垃圾处理、生活污水治理等重点任务，以干净整洁的村庄环境迎接新中国成立70周年。谢谢。

中央广播电视总台央广记者：

刚才魏司长提到我国农产品质量安全例行监测的总体合格率在97%以上，据我们了解，农业农村部今年调整完善了国家农产品质量安全例行监测计划，请问计划都有哪些变化？监测结果如何？

魏百刚：

这个问题请程司长来回答。

程金根：

非常感谢您关注农产品质量安全问题。例行监测是一种风险监测，目的主要是发现问题隐患、强化监管防控，最终为市场提供安全放心的农产品。这项制度自2001年在京津沪深4个城市试点启动以来，经过5次调整，形成了一套比较完善成熟的监测制度。目前，每年按季度对全国31个省份，153个大中城市的蔬菜、水果、茶叶、畜禽产品和水产品5大类108个日常消费的大宗鲜活农产品，130个参数进行监测。

今年，再次调整了监测计划，进一步完善这项制度。一是完善随机抽样，增强监测的代表性和科学性。按照“放管服”的要求，扩大随机抽样，每季度每省随机确定两个地级市和抽样监测的生产基地。二是加大“三前”（食用农产品从种植养殖环节到进入批发、零售市场或生产加工企业前）抽样比例，提高农业农村部门的履职能力。对生产基地、暂养池、屠宰场等农业农村部门负责的“三前”的抽样比例由去年的27%提高到今年的50%。三是增加禁用药物参数，回应社会关切。重点是增加畜禽产品和水产品禁用兽药、抗生素参数，监测参数增至130项。

上半年，监测结果显示，抽检总体合格率是97.2%（按2018年同口径总体合格率为97.6%），同比上升0.1个百分点。108个监测品种中，有64个品种的合格率在99%以上。蔬菜的合格率达到历史最好水平，农产品质量安全水平继续稳定向好。

监测也发现一些问题，主要是常规农药残留超标和检出少量兽药。针对这些问题，农业农村部采取了一系列措施：一是将监测结果通报各地，要求地方主管部门有针对性地跟进开展监督抽查，打击违法违规行为，持续开展禽蛋禁用兽药、水产品兽药残留等专项整治；二是加强农药和兽药等投入品的监管力度，加强安全用药指导，严格落实安全间隔期和休药期规定；三是总结推进农产品合格证制度和追溯制度，完善生产和市场衔接机制，进一步扎紧“监管篱笆”，为消费者提供安全农产品。

中国日报记者：

“一带一路”倡议提出以来，得到了全球范围内的响应和参与，取得了重大进展。农业也是“一带一路”倡议的重要组成部分，请问农业农村部在推动“一带一路”农业合作方面做了哪些工作，取得了哪些进展？

魏百刚：

这个问题请马洪涛副司长来回答。

马洪涛：

谢谢您对农业国际合作交流工作的关心和关注。“一带一路”倡议提出以来，农业农村部与有关单位、社会组织和市场主体一道，不断地创新方式、拓展领域，推动“一带一路”农业合作的发展。我们这几年做的主要工作包括：

一是基本完成“一带一路”农业合作机制的设计。发布了《共同推进“一带一路”建设农业合作的愿景与行动》，制定了支持农业对外合作的意见和系列规划，与80多个“一带一路”沿线国家签署了农渔业合作的文件，凝聚了农业合作的共识。

二是积极促进农产品贸易往来。参与自贸磋商谈判，促进农业贸易的便利化，配合举办首届中国国际进口博览会，举办中国国际农产品交易会、国际茶叶博览会等系列展览展会活动，组织国家农业展团赴外参展。

三是服务农业投资合作。不断完善信息、人才、法律服务的保障体系，启动了与参与国的农药标准共建工作，在参与国认定建设了10个农业合作示范区，打造一批产业集聚和投资合作的平台。

四是推动农业科技合作。我们在参与国建设联合实验室，围绕品种选育、药肥施用、农机具的应用、加工储藏等技术开展实验示范推广。5年来，我们派遣了农业专家和技术员400多人赴有关发展中国家提供技术援助。

在各方的共同努力下，“一带一路”的农业合作取得了明显的成效，包括农产品贸易得到了进一步增长。2018年我国与“一带一路”参与国的农产品贸易总额超过了770亿美元，较5年前增长了17.8%。农业投资合作领域也得到了大幅拓展。我国在“一带一路”参与国开展农业投资合作的项目已经超过了650个，投资存量达到94.4亿美元，较5年前增长了70%。同时也带动了当地粮食、经作、畜牧、农产品加工等产业的发展，服务了各国经济社会的发展。中资农业企业在当地积极履行社会责任，兴建公益设施，累计雇佣参与国的员工超过了10万余人，为当地贡献了大量的税收和外汇。同时，我们的农业技术合作、高级专家派出、农技培训推广等项目普遍受到当

地欢迎，增进了相互间的民心相通和政治互信。谢谢。

中国财经报记者：

近期农业农村部和财政部公布了2019年国家现代农业产业园创建名单，现代农业产业园建设工作已经引起越来越多人的关注，请问魏司长能否介绍一下当前国家现代农业产业园工作和下一步的工作打算？谢谢。

魏百刚：

感谢你对现代农业产业园方面工作的关注。这是我们部里一项推动现代农业发展、推动乡村振兴的重要工作。中央1号文件连续3年对建设现代农业产业园这项工作作出了系列的部署。按照中央要求，农业农村部和财政部一起推动这项工作，3年投入了近70亿元，现在已经创建了114个国家级现代农业产业园。去年年底，在全国农业农村厅局长会议上，农业农村部和财政部首批认定了20个国家现代农业产业园。各地都把这项工作作为推进乡村产业振兴、推进农业高质量发展、推进城乡融合发展的重要抓手来推动。在国家现代农业产业园的带动下，各省已经创建了1 000多个省级现代农业产业园和一大批市县级产业园。我们也对产业园工作做了一些分析，比如说2017年、2018年我们创建了62个国家级产业园，每个产业园平均产值60多亿元，四川东坡泡菜产业园达到200多亿元，河北鹿泉产业园达到140多亿元，我们4月在广东江门新会区召开了全国产业园工作推进会，新会区产业园产值达到了70多亿。我们对62个产业园进行了统计，通过产业园建设，吸引返乡下乡的创业人员达到14.2万人，撬动社会资本1 800多亿元，园区农民人均可支配收入比所在县高34%。

实践证明，产业园工作抓到了点上。4月在广东召开的全国现代农业产业园工作推进会上，韩部长作了重要讲话，对产业园工作作了全面部署，特别提出抓住了现代农业产业园就牵住了乡村产业振兴的“牛鼻子”。近期刚刚发布的《国务院关于促进乡村产业振兴的指导意见》和近期召开的乡村产业振兴推进会，都明确要建设一批现代农业产业园，作为推动县域产业融合发展、振兴县域农业农村经济、引领农业高质量发展、促进城乡融合发展的一个重要平台载体。所以我们部对这项工作是有专门布局的，在县一级层面以国家现代农业产业园、省级现代农业产业园和市县级现代农业产业园为抓手，推动产业振兴、产村融合、园村一体。在乡镇一级抓农业产业强镇，在村一级抓一村一品，这样的话就可以发挥不同层级的作用，形成体系，推动乡村产业发展和乡村振兴。

下一步，就产业园工作来讲，要从三个方面进一步强化：第一，要加强高质量建设。要坚持产业园“姓农、务农、为农、兴农”的宗旨，在园区内通过主导产业全产业链建设，强化科技支持，提高科技含量，突出优质安全特色的农产品生产，促进产村融合、园村一体，高标准、高水平打造一批乡村产业振兴、城乡融合的样板。第二，要创新联农带农机制。从产业园创建之初就要探索这样的机制，要通过入园企业与农户建立契约型、分红型、股权型等多种合作方式，积极推广“订单收购＋分红”“农民入股＋保底收益＋按股分红”等模式，让农民更多分享二、三产业增值收益。第三，要抓好典型示范。中国地域很大，农业农村方方面面的情况很多，需要通过这样的产业园建设来进行不断的摸索，探索一些好的经验做法，提炼可复制可推广的建设模式，加强宣传推广，促进互学互鉴，发挥好典型示范作用，通过国家级产业园、省级产业园、市县级产业园的体系建设，来推动乡村产业振兴，推动城乡融合发展，把乡村振兴这项工作在产业方面做实、做出成效。

中国农业电影电视中心记者：

刚才魏司长提到了我国绿色食品、有机农产品和地理标志农产品总数已超过4万个，今年是实施地理标志农产品保护工程的第一年，请问是如何推进这项工作的，有哪些具体的安排和举措？

程金根：

谢谢你的提问，提得很好、很具体，一眼就瞄上了优质农产品。刚才魏司长谈到今年绿色食品、有机农产品、地理标志农产品发展情况，总体保持稳中向好势头，我简单介绍一下地理标志农产品保护工程的推进情况。

地理标志农产品保护是一项对产自独特地区、用独特方式生产、具有独特品质和独特历史文化的农产品实施保护的制度。参照欧盟做法，农业农村部早在2008年就建立了这项登记制度。今年《政府工作报告》和中央1号文件都提出要实施地理标志农产品保护工程。在7月12日刚刚结束的全国乡村产业振兴推进会上，再次强调要全面实施地理标志农产品保护工程。我们将依托各地自然资源禀赋，培养一批地理标志农产品，建设一批保护基地，唱响一批“土字号”“乡字号”特色产品品牌，传承弘扬农耕文化，增加绿色优质农产品供给，壮大特色产业，助力乡村振兴和脱贫攻坚。

农业农村部非常重视这项工作，进行了专门研究和部署。一是统筹制定了实施方案。明确实施地理标志农产品保护工程的指导思想、基本原则、建设内容、建设条件和保障措施，为各地提供指导和服务。二是在全国启动这项工程。6月底，我们在四川眉山举办了“地理标志农产品保护在行动”活动，正式启动这项工程。刚才魏司长提到的四川泡菜，就是地理标志农产品。三是建立财政支持政策。经与财政部协商，已确定将地理标志农产品保护工程纳入中央财政转移支付进行重点扶持。

今年是这项工程实施的第一年，我们将重点抓好以下工作：一是抓好地理标志农产品培育。聚焦果茶、蔬菜、畜禽、水产等6大类产品，在全国选定200个地域特色鲜明、发展潜力大、品质好，已登记获证的地理标志农产品，进行重点培育、保护和提升。二是开展地理标志农产品推介。我们准备参加第十七届中国国际农产品交易会，在这个会上举办地理标志农产品专展，开展地理标志农产品品牌价值评价活动，提高社会认知度，支持和鼓励各地因地制宜地开展形式多样的宣传推介活动。三是强化地理标志农产品市场保护，开展获证产品专项检查和产品监测，依法打击冒用、滥用地理标志行为，为发展地理标志农产品营造良好的市场环境。

最后，向各位记者通报一下。去年中央电视台四频道专门拍摄了第一季7期农产品地理标志纪录片《源味中国》，推介了50个地理标志农产品，在国内外引起强烈反响。目前，我们正在策划拍摄第二季，拟再推介50个地理标志农产品。在此，我们欢迎各个媒体和记者朋友多宣传地理标志农产品，讲好中国农耕文化故事，助力农业高质量发展，助力乡村振兴。谢谢大家。

宁启文：

感谢媒体朋友的大力支持，今天发布会到此结束。

16. 前三季度农业农村经济运行情况新闻发布会

前三季度农业农村经济运行情况新闻发布会

一、基本情况

时　间	2019年10月25日（星期五）上午10时	
地　点	农业农村部新闻发布厅	
主　题	前三季度农业农村经济运行情况	
发布人	农业农村部发展规划司司长	魏百刚
	农业农村部农村合作经济指导司一级巡视员	赵铁桥
	农业农村部种植业管理司副司长	刘莉华
主持人	农业农村部办公厅副主任	宁启文

二、现场实录

宁启文：

女士们、先生们，新闻界的朋友们，大家上午好！欢迎大家参加农业农村部新闻办公室举行的新闻发布会，今天发布会的主题是介绍2019年前三季度农业农村经济形势。今天很高兴邀请到了农业农村部发展规划司司长魏百刚先生、农村合作经济指导司一级巡视员赵铁桥先生、种植业管理司副司长刘莉华女士，请他们给我们介绍有关情况并回答记者提问。首先请魏百刚司长介绍有关情况。

魏百刚：

女士们、先生们，媒体朋友们，大家好！目前正值“三秋”大忙时节，农谚讲“霜降见霜，谷米满仓”。今天，我就2019年前三季度农业农村经济形势向大家作一简要介绍。

今年以来，面对错综复杂的国内外环境，各级农业农村部门克服草地贪夜蛾和非洲猪瘟疫情影响，着力稳定粮食、生猪等重要农产品生产，突出抓好产业扶贫，全面推开农村人居环境整治，统筹做好农村改革、乡村治理、农民增收等各项工作，农业农村经济继续保持总体平稳、稳中有进的发展态势，前三季度第一产业增加值4.3万亿元，同比增长2.9%，农村居民人均可支配收入11 622元，实际增长6.4%，有力支撑了国民经济和社会发展，“三农”“压舱石”作用进一步显现。

一是全年粮食生产再获丰收，种植结构进一步优化。秋粮收获已接近尾声，预计全年粮食实现增产，总产量继续保持在1.3万亿斤以上。种植结构进一步优化，优质专用小麦比例达到33%，比上年提高3个百分点；大豆、油菜籽、花生等油料作物面积增加，其中大豆面积增加1 000万亩；棉花继续向新疆维吾尔自治区等西北内陆优势棉区集中，糖料生产保持稳定。

二是生猪生产呈现恢复态势，牛羊禽肉增加较快。党中央、国务院高度重视恢复生猪生产工作，国务院有关部门出台了17条针对性强、含金量高的政策措施。各地也都积极行动，据我们调度，现在已经有24个省份相继发布了促进生猪生产的措施，目前政策效果逐步显现。9月，全国年出栏5 000头以上的规模猪场生猪存栏环比增长0.6%、能繁母猪存栏环比增长3.7%，后备母猪销量继续大幅增长，猪饲料产量和销量都有回升。吉林、辽宁、山东等12个省份生猪存栏环比增加或持平，生产恢复向好的因素明显增多，生猪生产整体上进入了止降回升的转折期。按照这一趋势，年底前生猪产能有望探底回升，明年有望基本恢复到正常水平。禽肉、牛肉、羊肉产量增加较快，前三季度分别达到1 539万吨、458万吨和330万吨，分别比去年同期增长10.2%、3.2%和2.3%。同时，我们也看到，非洲猪瘟疫情防控形势依然复杂严峻，生猪产能恢复周期长、制约多，一些地方生猪生产恢复政策仍未完全落实到位。比如，养猪用地有的地方还按建设用地管理，未落实设施农用地政策，还有一些地方人为限制猪源外流，搞市场分割，干扰了正常的市场供应秩序，相关问题需要引起关注，我们也在陆续推动解决。

三是农村一、二、三产业融合加快，乡村产业发展提质增效。农产品加工业平稳发展，前三季度农副食品加工业和食品制造业增加值同比分别增长3%和5.6%。现代农业产业园、农业产业强镇和“一村一品”成为乡村产业振兴的重要抓手，在县一级层面主要抓现代农业产业园，累计创建114个国家级现代农业产业园，平均产值达到75亿元，带动各地创建1 821个省级产业园和一大批市县级产业园。4月18日在广东召开了现代农业产业园推进会，韩长赋部长在会上讲，抓住了现代农业产业园就抓住了乡村产业振兴的“牛鼻子”。在乡镇一级主要抓农业产业强镇，已建成552个，培育了一批乡村特色产业，在村一级主要抓“一村一品”，累计认定9批共计2 851个示范村镇，形成了“以村促企、以企带村”的良性互动格局。农村新产业新业态较快发展，美丽休闲乡村达到710个，成为节假日市民融入自然、放松心情的好去处。

四是农民收入和消费稳定增长，产业扶贫成效明显。前三季度农村居民人均可支配收入达到11 622元，实际增长6.4%，高于GDP增速0.2个百分点，高于城镇居民收入增速1个百分点，城乡收入比为2.75，较上年同期缩小0.03。产业扶贫成效明显，累计建成各类扶贫产业基地10万个以上，92%的贫困户参与到乡村产业发展，带动贫困农户收入增速继续高于全国农村居民平均水平。乡村消费保持较快增长，前三季度全国乡村消费品零售额达到43 150亿元，同比增长9%，高于城镇1个百分点，对全社会消费增长贡献率达到16%。

五是农产品贸易保持稳定，“一带一路”农业合作不断深化。农产品贸易额稳步增加，1—8月农产品进出口总额达到10 462.4亿元，同比增长5.1%。其中，进口额6 944.2亿元，同比增长7.7%，出口额3 518.2亿元，同比增长0.3%。贸易结构进一步优化，肉类、食用植物油等进口明显增加，前三季度猪肉进口132.6万吨，同比增长43.6%。优势农产品出口保持稳定，1—8月蔬菜、茶叶、水产品出口量同比分别增长3.1%、5.6%和0.7%。与“一带一路”沿线国家的农产品贸易快速增长，1—8月进口额1 473.2亿元，增长31.1%，出口额1 093.1亿元，增长8.3%，增速均高于我国农产品贸易整体增速。

六是农村人居环境整治全面铺开，农业农村绿色发展持续推进。农村人居环境持续改善，全国80%以上行政村的生活垃圾得到有效处理；近30%的农户生活污水得到处理，污水乱排乱放现象明显减少；组织开展村庄清洁行动系列战役，覆盖了90%左右的村，累计清理各类生活垃圾4 200多万吨，农村面貌得到较大改善。大力推进农业绿色发展，在175个县开展果菜茶有机肥替代化肥试点，实现585个畜牧大县推进畜禽粪污资源化利用全覆盖，在长江流域水生生物保护区实施全面禁捕，绿色发展已成为乡村振兴战略的重要引领。

总的看，前三季度农业农村经济总体平稳、稳中有进，“三农”向好对保供给、稳预期、强信心发挥了重要作用。现在到年底还有2个多月时间，各级农业农村部门将毫不放松抓好秋收、秋冬种，坚持不懈抓好非洲猪瘟防控，千方百计恢复生猪生产，多措并举促进农民增收，全力做好四季度农业农村经济各项工作，确保高质量完成全年目标任务。

我先介绍到这里。下面，我和我的同事愿意回答大家的提问。

宁启文：

感谢魏百刚司长的介绍，下面进入答问环节，请记者们就今天发布会的主题进行提问。

光明日报记者：

当前我们消费者对农产品的质量要求越来越高，不仅要吃得饱还要吃得好、吃得健康，请问魏司长，今年农业农村部在这方面做了哪些工作？未来还有何打算？

魏百刚：

你的提问代表了消费者的心声。这两年农业农村部大力推进农业高质量发展，质量兴农、绿色兴农成为农业发展的主旋律。过去我们追求吃饱，现在要求吃好、吃得营养健康。为了增加更多的绿色优质农产品，满足人民对美好生活的需要，农业农村部坚持质量和绿色一起抓，统筹推进。在质量兴农方面，农业农村部联合6个部门在今年2月印发了《国家质量兴农战略规划（2018—2022年）》，对实施质量兴农战略作出了具体安排。突出抓好标准化生产。现在我们已建立了一系列农业生产技术规范和操作规程，发布食品中农药最大残留限量国家标准7 000多项。农业生产经营主体按照这些技术规范和操作规程去操作，农产品的质量就能得到保证。持续开展农产品质量安全县创建活动，全面建立国家省地县4级农产品质量安全追溯体系，已经有3.7万个企业在国家农产品质量安全追溯平台注册，纳入管理的农产品都有了“身份证”，消费者或者是经营者“扫一扫”就知道这个产品来自哪里，是谁产的，经过什么样的生产过程。着力增加绿色优质农产品供应，今年1—9月新认证绿色食品产品11 998个，有机产品3 197个，农产品地理标志产品255个，总数超过4万个。农产品质量安全例行监测总体合格率保持在97%以上。

在绿色兴农方面，持续推进农业绿色发展五大行动，大力推进生产方式绿色化，有机肥替代化肥试点县增加到175个。畜禽粪污资源化利用整县推进项目实现585个畜牧大县全覆盖，利用率超过70%，推进耕地轮作休耕试点规模保持3 000万亩以上。我们又认定了第二批农业绿色发展先行区，浙江、海南都是整省推进。下一步农业农村部将继续把农业绿色转型和高质量发展摆在更加突出的位置，加快推进农业由增产导向转向提质导向。一是转变农业发展方式，持续实施绿色发展五大行动，大力推进农业绿色化、优质化、特色化、品牌化，大力增加绿色优质农产品供给。二是推进农业全程标准化，严格农业生产过程管控，加快健全覆盖全环节农业质量标准体系，让农业经营主体有章可循、有标可依。三是加强质量监管，深入开展国家农产品质量安全县创建活动，加快构建从产地到市场到餐桌的全程可追溯体系，确保人民群众“舌尖上的安全”。四是加快绿色科技创新，以国家农业绿色发展先行区为载体，着力推进以绿色科技创新为核心的支撑体系建设，建立农业绿色发展观察试验站，集成推广绿色发展模式。通过以上努力，让人民群众从绿色发展和高质量发展当中更多获益。

农视网记者：

据了解，全国农民合作社超过220万家，但是在采访之中我们发现，部分合作社存在不大、不强等问题，能否介绍一下合作社发展的具体情况？谢谢。

魏百刚：

这个问题请农村合作经济指导司一级巡视员赵铁桥同志回答。

赵铁桥：

谢谢记者朋友对农民合作社的关心和关注。党中央、国务院高度重视农民合作社发展。习近平总书记多次作出重要指示，指出“要突出抓好农民合

作社和家庭农场两类农业经营主体发展，赋予双层经营体制新的内涵，不断提高农业经营效率”。今年中央1号文件对农民合作社规范提升提出了明确要求。为贯彻落实党中央、国务院关于突出抓好农民合作社、促进农民合作社规范提升的部署要求，今年中央农办、农业农村部等11个部门联合制定了《关于开展农民合作社规范提升行动的若干意见》，这个《意见》上个月刚刚发布。按照“清理整顿一批、规范提升一批、发展壮大一批”的思路，开展“空壳社”专项清理，持续扩大农民合作社质量提升整县推进试点范围，推介了首批24家农民合作社发展的典型案例，组织社会力量支持农民合作社发展，进一步建立健全法律制度，强化政策扶持，加强指导服务，促进了农民合作社持续健康发展。

一是数量持续增长。截至2019年8月底，依法登记的农民合作社达到220.7万家，成立了联合社1万多家，辐射带动了全国近一半的农户。通过国家、省、市、县级示范社四级联创，县级以上示范社18万家，国家示范社近8 500家。

二是产业逐步拓展。农民合作社产业涵盖粮棉油、肉蛋奶、果蔬茶等主要产品生产，并且正在由种养业向农产品加工、休闲农业、观光旅游、民间工艺品制作和服务业延伸，其中种养业占70%以上。

三是服务能力不断增强。农民合作社为成员提供农资供应、农机作业、技术信息等统一服务，提供产加销一体化服务的农民合作社占比达到53%。一些地方在专业合作的基础上，开展信用合作、互助保险、土地股份等合作，由单一要素联合向资金、技术、土地、闲置农房等多要素合作转变。实践证明，农民合作社在服务带动小农户、激活乡村资源要素、引领乡村产业发展、提升农产品质量安全水平、维护农民权益等方面都发挥了重要的作用，已成为实施乡村振兴战略、助力脱贫攻坚、把小农户引入现代农业发展轨道的重要力量。我们将继续在各方面采取相关措施来支持农民合作社做大做强。谢谢。

中国日报记者：

刚才魏司长提到，今年粮食再获丰收，产量稳定在1.3万亿斤以上。请问除了丰收，今年粮食生产还有哪些特点？当前秋冬种生产进展情况怎样？

刘莉华：

谢谢您对粮食生产的关注。今年粮食生产连续第5年稳定在1.3万亿斤。目前，秋粮收获过了8成半，北方收获基本扫尾，南方双季晚稻收获过了两成半。今年粮食除了丰收，还有三个特点：一是种植结构持续调优。非优势区水稻、玉米面积继续调减，大豆面积比去年增加1 000万亩。二是生产方式持续调绿。今年继续实施耕地轮作休耕试点3 000万亩，继续调优农业投入品结构，有机肥施用量增加，化肥、农药使用量有望继续减少。三是发展质量持续提高。全国优质专用小麦的比例达到33%，比去年提高3个百分点，优质稻谷和大豆面积增加。江西、湖北、湖南等省份大力发展优质稻，取得很好的成效。

目前，秋冬种生产进入高峰，冬小麦播种过七成，冬油菜播种过六成，总体来说进展比较顺利。从各地反映和农情调度的情况看，今年秋冬种生产有两个特点，一是农民的种植意向比较稳定，冬小麦意向种植面积保持稳定，二是土壤墒情比较好，冬麦区墒情是近5年同期最好的，为秋冬种创造了很好的条件。今年秋冬种工作的重点是稳产能、优结构、提质量、转方式。

一是着力稳定播种面积。落实好小麦最低收购价、产粮（油）大县奖

励、耕地轮作休耕制度试点等政策，引导农民扩种夏收粮油作物，鼓励开发冬闲田种植油菜，力争把农民的种植意向真正落实到田，冬小麦面积稳定在3.3亿亩以上，冬油菜面积稳定在1亿亩以上。

二是着力优化种植结构。小麦大力发展优质强筋、弱筋品种，力争优质专用小麦比例比今年提高2个百分点，冬油菜重点发展低芥酸、低硫苷“双低”品种以及高产、高油、高油酸的“三高”新品种。

三是着力提高播种质量。指导农民落实好精量播种、播后镇压等关键技术措施，提高播种质量，实现一播全苗。

四是转变秋冬种生产方式。继续深入开展化肥、农药使用量零增长行动，推进化肥、农药减量增效，提高投入品使用效率。同时要大力发展专业化社会服务，集约高效推进秋冬种生产。谢谢。

中央广播电视总台央视记者：

明年是全面建成小康社会的目标实现之年，农民收入是一个硬指标。当前经济下行压力较大，农民收入增速趋缓，农业农村部有什么考虑？年底前会采取哪些措施确保农民增收？

魏百刚：

习近平总书记讲过，小康不小康，关键看老乡。这两年农村居民可支配收入总体上是稳定增长的，但是增速有所放缓，2018年增速为6.6%，比2017年下降了0.7个百分点。今年前三季度增速为6.4%，比上半年回落0.2个百分点，比去年同期低0.4个百分点。当前受经济下行以及其他因素影响，保持农民持续增收难度越来越大，各方面对这个问题都比较关注，农业农村部也高度重视。为了稳住农民增收的势头，近期将采取以下工作措施：

一是确保丰收又增收。当前，正值玉米、中晚稻、大豆集中收获的季节，农业农村部将统筹做好秋粮收获防灾减灾、农机跨区作业，确保颗粒归仓。配合有关部门落实好稻谷最低收购价政策，做好粮食收购工作，切实保障好粮农的收益。近期，国家公布了2020年小麦最低收购价，每斤1.12元，保持去年的水平，释放了稳粮的积极信号。我们将指导各地做好秋冬种工作，稳定小麦种植面积，进一步调优品种结构。同时，着力抓好农产品产销衔接，实施“互联网+”农产品出村进城工程。让更多优质农产品产得好、卖得出、卖得上好价钱。

二是切实保障农民工工资性收入。工资性收入是农民收入的第一大来源。岁末年尾，农民工辛苦干了一年，绝不能让他们既流汗又流泪，我们将配合人社部门扎实做好农民工工资支付保障工作，确保年底前农民工及时足额领到工资，保护好农民工正当合法权益。

三是增加农民就近就地就业机会。加大农业农村基础设施建设力度，开展高标准农田和农田水利等设施建设，加快各级现代农业产业园、农业产业强镇等建设，大力发展农产品加工业。积极发展休闲农业、乡村旅游新产业新业态，撬动更多的社会资本加大对农业农村的投入，创造更多的就业机会，让农民在家门口也能有收入。

四是推动各项惠农政策落实落地。督促各地按时足额将玉米大豆生产者补贴、生猪良种补贴、非洲猪瘟强制扑杀补助等资金发放到农户手中，持续深化各项改革，让农民分享更多的改革红利。

新华社记者：

农村人口老龄化比较突出，一家一户办不了办不好生产当中的事情很多，中央提出要实现小农户和现代农业发展有机衔接，农业农村部有什么举措？效果怎么样？

魏百刚：

这个问题请赵铁桥同志回答。

赵铁桥：

感谢记者朋友们对小农户问题的关心和关注。刚才这位记者提到的问题是一个非常重大的现实问题。小农户为主的家庭经营是我国农业的基本面，在相当长时间内将长期存在，也是发展现代农业不容忽视的重要经营主体。习近平总书记多次作出重要的指示批示，中央对此也高度重视。党的十九大提出，要健全农业社会化服务体系，实现小农户和现代农业发展有机衔接。为贯彻落实好中央决策部署，农业农村部重点开展了三方面的工作。

一是加强政策创设。除了我刚才介绍的指导扶持农民合作社规范健康发展之外，还围绕健全面向小农户的社会化服务体系，推动出台了中办、国办

《关于促进小农户和现代农业发展有机衔接的意见》，着力从提升小农户发展能力、提高小农户组织化程度、拓展小农户增收空间、健全面向小农户的社会化服务体系、完善小农户扶持政策等5个方面作出了系统部署。特别是在社会化服务方面，强调当前要大力发展农业生产性服务业，加快推进农业生产托管服务。

二是强化项目的推动。在财政部的支持下，2017年推动设立农业生产托管财政专项，3年累计投入资金110亿元。

三是发挥典型引领作用。今年9月，我们召开了全国农业社会化服务工作现场推进会，进行了现场观摩交流，发布了山东省丰信农业等第一批20个全国农业社会化服务典型案例，用典型服务模式引领社会化服务发展。

各地高度重视发展农业生产性服务业，积极探索服务规模经营，取得了显著成效。

一是服务规模扩大了。截至2018年年底，农业生产托管面积为13.84亿亩次，比去年增加52.7%，提供农业生产托管服务的服务组织数量达37万个，农业生产托管服务的服务对象数达到4 630.17万个，其中小农户数为4 194.37万户，占服务对象总数的91%。

二是生产方式转变了。通过发展农业生产性服务业，一家一户小规模分散农户的粗放型生产经营方式开始向专业化、标准化、规模化、绿色化和集约化生产方式转变。

三是节本增收成效显著。比如，黑龙江省兰西县对小农户“自己种”“流转种”“托管种”3种不同种植方式的亩均收益进行了比较，托管比自种增加了180元，比“流转种”增加了270元。

四是涌现了多种服务模式。有的依托农资农机资源优势开展服务，有的依托技术和信息优势提供服务，有的注重构建线上线下服务平台，有的通过结成联盟等方式提高服务能力，有的着力创新利益联接机制，实现集体经济、服务主体和农民多方共赢。我们相信随着国家相关政策支持力度进一步加大，把小农户引入现代农业发展轨道的这条路会越走越顺、越走越宽。

农民日报记者：

今年农业农村部启动实施了大豆振兴计划，请问这个计划的有关情况，以及目前的进展成效如何？

魏百刚：

这个问题请种植业管理司刘莉华副司长回答。

刘莉华：

谢谢您对大豆作物的关注，大豆也是社会各界关注比较多的作物。大豆是一个重要的食用植物油和饲料蛋白来源，在农业生产中占有很重要的地位。随着我国居民消费结构的升级，对大豆的需求量越来越大，产需缺口也不断扩大。中央非常重视，今年中央1号文件明确实施大豆振兴计划，按照中央的部署和要求，农业农村部年初制定印发了《大豆振兴计划实施方案》，从今年起开始实施大豆振兴计划。

通过各方面的研究，提出了以下的思路和目标，在发展定位上，要立足我国的资源禀赋和生产实际，充分发挥国产优质高蛋白大豆的优势，保持国产大豆一定的自给水平，推动形成国产大豆与进口大豆错位竞争和相互补充的格局。同时，大豆具有养地肥田的作用，实行玉米大豆轮作倒茬种植，着力构建绿色的种植模式和种植制度。

在大豆振兴的目标上，主要是提出了“一扩两提”。扩就是扩面积，力争在2020年大豆的种植面积达到1.4亿亩。两提，一是提单产，就是到2020年全国的大豆平均亩产达到135公斤；另一个是提品质，就是食用大豆蛋白质含量、榨油大豆脂肪含量均提高1个百分点。

在实现路径上，一靠政策，二靠科技，三靠提能力。靠政策，主要是调整优化支持政策，引导农民扩大种植面积；靠科技，主要是挖掘品种的增产潜力；提能力，主要是改善生产条件，建设旱涝保收的高标准农田，提高稳产高产的能力。还要发展订单种植，促进产销衔接和优质优价。

今年中央对大豆振兴计划高度重视，为了推动计划的实施，中央财政安排东北地区大豆生产者补贴资金170多亿元，比上年增加近40亿元，调动了农民种豆的积极性，耕地轮作试点面积达到2 500万亩，支持主产区玉米和大豆等作物合理轮作。加大大豆制种大县奖励力度，资金规模达到8 000万元。

今年大豆振兴计划各项工作有力有序推进，从农业农村部农情调度情况看，大豆面积有望超过1.3亿亩，比上年增加1 000万亩，连续第4年恢复性增加，提升了我国国产大豆的供给水平，为有效应对国际复杂环境和风险挑战增添了底气。谢谢大家。

宁启文：

还有没有问题？没有问题的话，发布会到此结束。再次感谢记者朋友们。

17. 2018年主要农产品市场运行情况新闻发布会

2018年主要农产品市场运行情况新闻发布会

一、基本情况

时　间	2019年1月16日（星期三）上午10时	
地　点	农业农村部新闻发布厅	
主　题	2018年主要农产品市场运行情况	
发布人	农业农村部市场与信息化司司长	唐　珂
主持人	农业农村部办公厅副主任、巡视员	陈邦勋

二、现场实录

陈邦勋：

女士们、先生们，媒体的朋友们，大家上午好。欢迎大家参加农业农村部新闻办公室举行的新闻发布会。今天的发布会是农业农村部2019年第一场发布会，也是第一场例行发布会，感谢各位一直以来对农业农村部新闻宣传工作的支持。今天发布会的主题是通报2018年重点农产品市场运行情况和2019年市场展望，发布人是农业农村部市场与信息化司司长唐珂先生。下面首先请唐珂先生向大家通报有关情况。

唐珂：

女士们、先生们，媒体朋友们，大家上午好，大家新年好。自2017年1月，农业农村部启动重点农产品市场信息发布工作以来，已有整整两年时间。两年来，我们围绕农产品市场热点问题，不断完善信息监测预警机制，并借助媒体平台进行了广泛的信息发布，在引导农产品市场运行和服务农业生产、推进农业供给侧结构性改革等方面发挥了积极作用。2019年农业农村部将继续做好每季度的重点农产品市场信息发布工作，并进一步聚焦农民关心、社会关注的重点品种，加强市场动态跟踪和形势研判，以更加准确、及时的市场信息服务，助力乡村振兴和农业高质量发展，也欢迎媒体朋友们多提宝贵意见，一起做好市场信息引导工作。下面，我向大家通报2018年重点农产品市场运行情况和2019年市场展望。

2018年，我国农产品市场供应总体较为充裕，市场运行保持基本平稳，价格水平在上年下跌后温和恢复。收储制度改革的效应开始显现，中美经贸摩擦、非洲猪瘟疫情等影响有限。据农业农村部监测，2018年我国农产品批发价格200指数全年均值为104.4，比2017年高4.2个点；其中“菜篮子”产品批发价格200指数均价为104.8，比2017年高4.9个点。从主要品种看：

稻谷、小麦收储制度改革效应开始显现，市场影响总体可控。2018年小麦最低收购价首次小幅下调、稻谷最低收购价较大幅度下调，政策调整效果开始显现，呈现出一些积极变化。小麦、早籼稻和稻谷播种面积分别下降1.0%、6.8%和1.8%，一定程度上缓解了资源环境压力，推进了结构调整，也有利于粮食库存消化。主产区小麦、早籼稻开秤价低于2017年，后逐步涨至最低收购价水平之上，集中收购期市场均价同比分别降约2%和8%。市场化购销趋于活跃，成为农民卖粮的主渠道。新麦上市后优质麦价格持续上涨，不少地区都在每斤1.3元以上，优质优价特征进一步显现。

玉米库存消化进度超出预期，市场价格稳中有涨。受下游需求快速增长和种植面积调减影响，2018年我国玉米产需缺口扩大，库存消化进度加快，临储拍卖累计成交突破1亿吨。全年玉米价格稳中有升，新玉米上市后收购价普遍走高，山东、河北部分地区企业挂牌价超过了每斤1元。但由于库存依然处于较高水平，市场各方预期相对理性，玉米价格没有出现暴涨，年底随着玉米上市量增加，市场价格逐步趋稳。12月，国内产区和销区平均批发价分别为每吨1 880元、2 060元，同比上涨11.9%、9.6%。

大豆及豆油、豆粕市场运行基本平稳。2018年美国大豆进口关税提高、进口量大幅减少，政府、企业等各方积极应对，市场主体大量采购巴西等国大豆，有效缓解了供应压力，并通过主动推广低蛋白饲料配方、拓宽蛋白粕来源，降低了下游豆粕需求。国内大豆市场运行基本平稳，没有出现大幅波动。进口大豆价格由1月每斤1.67元升至11月每斤1.77元，涨幅约6%，12月又回落至每斤1.71元。

猪肉价格总体波动不大，非洲猪瘟对市场影响有限。猪肉价格总体呈现“上半年下跌、下半年季节性回升、非洲猪瘟发生后产销区有所分化”的特征。据农业农村部监测，全年猪肉批发市场均价为每公斤18.7元，同比跌12.1%。8月非洲猪瘟发生后，受活猪跨省禁运政策影响，区域间供需出现不平衡现象，产区跌、销区涨；随着各地改“调猪”为“调肉”，流通渠道逐渐通畅，产销区猪价分化趋缓。

此外，蔬菜价格在春、秋两季出现部分区域和品种价格下跌及滞销现象，但总体仍符合常年季节性规律。受产能调整等因素影响，牛肉、羊肉、鸡肉、鸡蛋价格普遍上涨。棉花市场基本平稳，9月以后受中美经贸摩擦影响，消费趋弱、价格走低。受国际市场下跌带动，食糖价格持续下跌。

春节前“菜篮子”产品供应总体有保障，部分品种价格可能波动上行。蔬菜在田面积基本稳定，供应量同比变化不大，价格可能季节性上涨；生猪出栏量、屠宰量依然较为充足，元旦前后猪价还出现了下跌，预计短期内不会大幅上涨；牛羊肉产能持续偏紧，部分地区存在价格阶段性上涨压力。

从2019年全年形势看，我国农产品供给总量仍较为充足，国内农产品价格有平稳运行的基础，但农业内部的结构性矛盾依然存在，不同品种供需形势分化更加明显，加之贸易保护主义、能源价格波动等外部因素叠加，部分品种市场波动风险可能加大，口粮、玉米、大豆、生猪、蔬菜等走势仍将是市场关注重点。

下面，我愿意回答大家的提问。

陈邦勋：

谢谢唐司长的介绍。下面请记者提问，提问前请通报下所代表的媒体机构。

人民日报记者：

近年来，我国稻谷、小麦最低收购价连续下调，请问2019年政策将怎样变化？目前我国口粮的市场形势如何？谢谢。

唐珂：

最低收购价政策是农民种粮的“定心丸”。2019年我国将继续完善稻谷和小麦最低收购价政策。小麦最低收购价2018年11月已经公布了，每斤小幅下调3分钱，每斤1.12元。稻谷最低收购价也将于春节前后公布，预计将以稳为主。在政策支持下，口粮生产和市场有望继续保持基本稳定，稻谷、小麦走势可能有所差异，稻谷库存水平依然比较高，供需关系阶段性宽松，市场价格存在一定的下行压力，小麦在经历上年的产量、质量下降之后，供需趋于基本平衡，预计2019年库存消化进度加快，市场价格有望弱中趋稳。近年来，随着最低收购价政策的完善及各地政府加大优质粮种植、加工和营销等全产业链的支持，我国口粮市场出现了积极变化，产业链的上下游矛盾有所缓解，市场化收购比例不断提高，优质优价的特征日益显现。

我们要提醒广大农民朋友，主动适应形势的变化，以市场需求为导向，调整优化种植结构，“种好粮”“卖好粮”，因地制宜发展优质稻和专用麦，从粮食质量提升中获得更高的种粮收益，逐步树立中国优质粮品牌形象。谢谢。

新华网记者：

请问唐珂司长，您刚才提到2018年我国玉米库存消化超出预期，请问2019年是否会继续这一趋势？是否会出现玉米供给偏紧、价格大幅上涨的情况？谢谢。

唐珂：

玉米市场的运行也是大家持续关注的热点。据我们组织专家分析预测，随着东北地区玉米深加工产能陆续投产，2018/19年度我国玉米需求将继续增加，产需存在一定的缺口。临储玉米将继续保持较快的消化节奏，因此2019年很可能是我国这一轮玉米去库存的尾声，期末库存有望恢复到正常水平。在供需关系趋紧、价格上涨的预期之下，2019年也可能是近年来我国玉米生产由降转增的转折之年，玉米种植面积将在市场机制的作用下有所恢复，在一定程度上增加玉米市场供给。综合来看，虽然临储玉米消化偏快，但当前玉米库存依然处于较高水平，市场粮源供给充足，全年玉米价格缺乏大幅上涨的基础，预计将以稳中有升的走势为主。谢谢。

经济日报记者：

我关心的是大豆，去年12月以来中美经贸摩擦放缓，市场预期我国将恢复从美采购大豆，请唐司长为我们分析一下，就今年大豆国内市场形势做一下展望。谢谢。

唐珂：

我国大豆进口依存度比较高，要从全球的视角来看国内大豆市场形势。目前，新一年度的南美大豆播种进展顺利，阿根廷大豆生产恢复，预计比上年度增产约1 700万吨。美国大豆库存大幅增加，预计全球大豆供需关系保持宽松。在这样的国际背景下，今年我国进口大豆在总量上是有保障的，市场有稳定运行的基础。当然，也不排除3月南美大豆大量上市之前，市场有炒作南美天气变化导致国际大豆价格大幅波动的风险。对国产大豆来说，随着国家对大豆生产支持力度的加大，2019年播种面积有望继续增加，国产大豆供给能力稳步提升，与进口大豆价格的联动性有可能增强。未来几个月是东北大豆主产区春耕备种的关键期，我们将密切跟踪国内外生产和市场变化，及时发布供需价格信息，推动尽早出台有关支持政策，引导好生产和市场预期。谢谢。

人民网记者：

您介绍时提到了猪肉价格，说到在非洲猪瘟发生之后区域间出现了不平衡的现象，产区跌、销区涨，但是预计短期内不会大幅上涨，短期到底是多长时间？对于2019年全年猪肉价格走向您有怎样的预测？现在一些养殖户对于补栏还是有比较强的想法，对于他们您有什么建议？

唐珂：

猪肉市场行情也是大家特别关心的一件事，感谢各位媒体朋友们。去年8月非洲猪瘟疫情发生以来，农业农村部坚决落实国务院的决策部署，严格落实疫情的防控措施，同时加强生猪市场运行监测预警。正如你刚才讲到的，2018年生猪市场受非洲猪瘟的影响总体有限，猪价波动不大。预计在春节前，生猪价格将保持稳中略降，市场供应充足，这一点请社会放心。据农业农村部监测，1月第2周全国活猪平均价格每公斤13.65元，比前一周下降1.6%，连续4周下跌，同比下降11.2%；猪肉价格每公斤23.55元，比前一周下降0.9%，同比下降7.7%。2018年12月，全国肥猪平均出栏体重124.27公斤，处于历史较高水平，表明主产区仍存在压栏的现象；生猪出栏比上月增长9.5%，养猪场户集中出栏较多；定点监测集贸市场猪肉交易量同比下降14.4%，消费需求偏弱。总的来看，市场供需相对宽松，春节前价格保持总体稳定，不会出现大的波动。因为非洲猪瘟疫情防控需要，部分地区仍然需要严格控制生猪及其产品的流动，不排除部分销区价格有所上涨的可能性。

关于2019年的生猪市场形势，总体来说，今年下半年猪价将被看好，所以养殖场户应适时补栏。据农业农村部监测，2018年12月全国生猪存栏同比下降4.8%；能繁母猪存栏同比下降8.3%，连续3个月跌幅超过5%的预警线，意味着今年下半年生猪上市量偏少，猪价上涨的可能性较大。1月第2周全国仔猪平均价格每公斤22.22元，同比下跌27.4%，处于价格波动周期的底部。所以我们建议广大养殖场户在做好非洲猪瘟疫情防控的基础上，适时调整养殖结构，增加补栏。农业农村部也将督促各地进一步落实保障生产供给、畅通种猪和仔猪调运的相关政策，尽量保证肥猪正常出栏，补得了、卖得出，解决广大养殖场户增养补栏的后顾之忧。谢谢。

农民日报记者：

2018年蔬菜价格波动比较大，社会关注程度也比较高，您怎么看待这一现象？另外如何有效防范“菜贵伤民”“菜贱伤农”？谢谢。

唐珂：

2018年蔬菜价格确实是近年来波动比较大的一年，春秋两季都出现了部分区域和品种价格大跌以及滞销的现象，但总体看仍然符合季节性的波动规律，春节后菜价快速下跌，3月农业农村部监测的28种蔬菜全国平均批发价每公斤4.12元，环比跌15.7%，是5年来同期跌幅最大的月，去年3月是近5年跌幅最大的一个月。入夏以来，全国多地持续高温多雨，给蔬菜生长、采摘、运输带来较大的影响，5月蔬菜批发均价每公斤3.54元，是10年来同期较高的价位。8月山东潍坊等蔬菜主产区遭受了台风灾害、水灾，三季度菜价高位上涨，秋后菜价又大幅下跌；11月蔬菜批发均价每公斤3.52元，环比跌13.5%，比近10年均价低6个百分点以上；12月每公斤3.72元，环比涨4.8%，同期涨3.3%，开始季节性回升。2018年菜价的大幅波动主要是不利天气导致蔬菜茬口叠加集中上市的结果。但也暴露了生产和市场对接效率低的老问题，有效对接产销、破解“菜贵伤民、菜贱伤农”的问题，是一项艰巨的长期任务。目前，我们正在与有关部门一起，围绕小农户进入大市场的需要，从产地市场建设、产销信息服务、对接平台搭建、产品品牌提升等多方面入手，建立健全从田头到餐桌的高效供给体系。谢谢。

工人日报记者：

近期，牛肉、羊肉、鸡肉价格普遍上涨，除了受产能的影响外，有没有可能受到猪肉的影响呢？

唐珂：

这些品种是互相关联的，牛羊肉、鸡肉和猪肉消费有联动关系，也互为替代品，一种销售少了，另一种就销售多了。牛羊肉价格上涨的原因，一方面是季节性因素和成本上涨的叠加，随着天气转凉，牛羊肉季节性消费同时在增加。还有养殖成本，尤其是人工、基建、防疫、水电的费用不断上升，助推价格水平的上涨。另一方面，产业处于恢复阶段，供给持续偏紧，所以近5年来我国的牛羊产业散户加快退出，规模化养殖比重提升，产能处于振荡恢复期，产量增长相对缓慢，所以有些地区价格出现阶段性较大涨幅。多种因素叠加起来，导致价格在某一个时间段有一些波动，这也是正常的市场反应。谢谢。

中央广播电视总台央广记者：

2018年非洲猪瘟发生以来，我国生猪市场受到了一定影响，但目前来看价格总体没有太多波动。在春节之前生猪价格走势会怎么样？市场供需有没有什么变化？谢谢。

唐珂：

刚才我也给大家介绍了一些情况，非洲猪瘟疫情对生猪产业格局有一定影响。春节前生猪价格不会有大幅变化，供应有保障。但从全年来看，因为当前存栏和能繁母猪下降比较快，下半年猪肉价格上涨的可能性较大。建议养殖场户做好非洲猪瘟疫情防控的同时，应该根据实际情况适时补栏。谢谢。

华尔街日报记者：

请问对于非洲猪瘟控制，今年还会采取什么新的措施？农业农村部昨天发布了一起甘肃发现的新疫情，今年在这方面会做哪些努力？

唐珂：

我们会同有关部门再加紧这方面政策的研究。比如目前推动从“调猪”到“调肉”的转变，生猪及其产品的调运都要经过严格的检疫和检测。还有要增加猪肉的储备和投放，平抑猪价的波动，在产区跟销区之间，刚才说的是产区跌、销区涨，要平抑这个波动，增加储备和投放。

关于疫情的防控，我们部里有专门的非洲猪瘟防控指挥部和畜牧兽医局，他们有一支专业的队伍在做这方面的工作，也在加强科技的研发，目前还没有针对非洲猪瘟的疫苗，这是科技工作者很重要的一个任务。从国际上几十个国家发生非洲猪瘟的情况来说，这是一个持久战，农业农村部有信心在各方面的支持下打赢这场非洲猪瘟疫情的防控战。谢谢。

陈邦勋：

关于非洲猪瘟疫情的防控问题，我补充一点。关于这方面的信息、动态，农业农村部新闻办一直在及时发布，欢迎大家关注我们的网站，与我们的新闻办及时联系。今天的发布会到此结束，谢谢各位。

18. 一季度主要农产品市场运行情况新闻发布会

一季度主要农产品市场运行情况新闻发布会

一、基本情况

时　间	2019年4月17日（星期三）上午10时	
地　点	农业农村部新闻发布厅	
主　题	一季度主要农产品市场运行情况	
发布人	农业农村部市场与信息化司司长	唐　珂
主持人	农业农村部办公厅副主任	宁启文

二、现场实录

宁启文：

女士们、先生们，新闻界的朋友们，大家上午好。欢迎大家参加农业农村部新闻办公室举行的例行新闻发布会。今天发布会的主题是介绍2019年第一季度主要农产品市场运行情况，我们很高兴地为大家邀请到了农业农村部市场与信息化司司长唐珂先生。下面，首先请唐珂司长介绍有关情况。

唐珂：

女士们、先生们，媒体朋友们，大家上午好！欢迎大家参加一个季度举行一次的例行发布会。下面，我向大家通报一季度主要农产品市场运行情况。

今年以来，我国农产品市场运行总体稳定，价格呈季节性上涨走势。据农业农村部监测，一季度农产品批发价格200指数为113.98，比去年第四季度涨9.05个点，比上年同期高4.48个点；"菜篮子"产品批发价格200指数为110.78，比去年第四季度涨10.51个点，比上年同期高5.21个点。从重点品种来看：

粮食价格基本稳定。3月3种粮食集贸市场月均价每百斤120.74元，环比跌1.6%，同比低3.5%。其中小麦价格每百斤119.55元，环比跌3.7%，同比低5.3%；稻谷价格每百斤142.44元，环比跌1.7%，同比低3.6%；玉米价格每百斤100.23元，环比涨1.2%，同比低1.0%。

蔬菜价格高位震荡。一季度蔬菜价格呈现春节前季节性上涨、春节后高位震荡走势。根据往年规律，蔬菜价格往往是"春节大涨，节后大跌"。受降温等不利天气条件影响，今年春节以后菜价没有明显回落，3月28种蔬菜全国平均批发价每公斤4.84元，较2月仅跌0.4%，同比涨18.0%，处于近10年同期较高水平，仅次于2016年的历史峰值。

为进一步加强小品种农产品市场监测，我们今年启动了大蒜调查监测工作，组织主产区、相关行业协会及科研单位共同成立工作团队，开展全产业链数据监测分析，引导市场健康运行。据监测，目前蒜价在下跌18个月之后已连续上涨8个月，3月全国大蒜批发均价每公斤6.16元，同比持平，一季度均价同比仍低11%，预计后市蒜价将保持上行。但由于当前大蒜库存量仍处于较高水平，蒜价上涨空间有限。

另外，近期市场上辣椒价格持续上涨，引起社会关注。据农业农村部监测，3月全国红尖椒批发均价突破每公斤10元，较近5年同期平均水平高3.6%，但一季度均价同比仍然低23.3%，较过去5年同期低14.5%，预计价格仍有一定上升空间。随着辣椒价格持续走强，今年农户种植积极性普遍提升，需重点关注后期辣椒大量上市后价格下跌和滞销的风险。

猪肉价格止跌转涨。自去年8月底非洲猪瘟疫情发生以来，全国猪肉价格持续震荡下跌，跌势延续到今年2月。春节过后，猪肉价格一反往年节后淡季下跌走势，开始持续上涨，价格一度恢复到非洲猪瘟发生前的水平。3月全国猪肉批发均价每公斤19.48元，环比涨6.3%，较去年8月非洲猪瘟发生前高2.1%，较去年同期高7.6%。

最后，我向大家通告近期即将召开的中国农业展望大会情况。自2014年起，我国已连续5年举办中国农业展望大会。作为中国特色农业监测预警体系建设的重要成果，中国农业展望大会在增强农产品市场调控科学性、提升各类市场主体应对市场变化主动性和扩大中国在国际市场话语权等方面发挥了重要作用。2019中国农业展望大会将于4月20—21日在北京“中国职工之家”酒店召开，今年的主题是“信息引领农业高质量发展”，大会将发布《中国农业展望报告（2019—2028）》，对未来10年农业发展的总体形势和粮棉油糖等重要农产品的供需形势进行展望，并就农产品国际贸易、小农与现代农业、电子商务与扶贫、数字农业等6个热点问题进行专题研讨。相关大会的日程和宣传材料在签到桌上，大家可以自由领取。我在此诚挚地邀请各位媒体朋友参加展望大会，欢迎大家积极关注和报道。

下面，我愿意回答大家的提问。

宁启文：

感谢唐珂司长。下面进行提问，请提问之前通报一下所代表的新闻机构。

中国日报记者：

去年东北地区新玉米销售比较慢，农民手中的余粮比较多。请问，现在玉米的购销形势是否有好转？预计后期玉米市场走势如何？

唐珂：

正如你所说的一样，去年新玉米收获期推迟，企业入市的积极性不高，东北农户的售粮进度明显偏慢。2018年12月底，东北地区农户玉米的销售进度约为37%，同比低了20个百分点。春节后，随着天气逐渐回暖及农户变现的需要，东北地区玉米购销趋于活跃。3月中旬，国家启动一次性储备收购后，玉米价格企稳回暖。3月底，东北地区三等玉米收购价为每吨1 600～1 700元。目前，华北的玉米比东北每吨高200多元，带动东北玉米向华北流动，在多种因素作用下，各方较为担心的东北部分地区"地趴粮"销售压力得到缓解。2019年3月底，东北农户玉米的销售进度为85%，比前期明显提升。

尽管当前市场购销有所回暖，但玉米消费的基本面还有待观察。一方面，玉米深加工利润下滑，特别是华北的酒精企业连续3个月亏损，工业消费短期内难有大幅增长。另一方面，非洲猪瘟的影响持续显现。2月，生猪和能繁母猪存栏量同比大幅下降，不利于下半年玉米饲料的消费。非洲猪瘟对饲料的影响还是蛮大的，市场对玉米、麦麸的需求少了，这些产品的价格也下来了。考虑到国家临储玉米库存已大幅下降，市场供给压力缓解，预计后期玉米价格将保持总体平稳。

中央广播电视总台央广记者：

2018年，我国从巴西进口的大豆数量比较多，近期又到了南美大豆上市的季节。请问唐司长，2019年全球大豆市场的供应和价格走势如何？能否满足中国进口大豆的需求？谢谢。

唐珂：

从去年的进口量来看，我国从巴西进口的大豆是排第一的，一共进了6 612万吨，占大豆进口总量的75.1%。今年3月以来，巴西大豆开始大量上市。综合各机构预测，今年巴西大豆总产量预计是1.13亿～1.15亿吨，比上一年减少600到800万吨。阿根廷的主产区气候条件总体较好，总产量预计达到5 400万吨以上，从我们国家的进口总量来说，阿根廷排第三，美国排第二。阿根廷的总产量可以达到5 400万吨以上，较上年恢复性增加1 800

万吨左右。根据美国农业部发布的数据，截至3月1日，美国大豆库存7 400万吨，比去年同期增加28.9%。在全球大豆供应较宽裕的背景下，预计今年上半年我国进口大豆的货源比较充足，受国际市场供求关系宽松的影响，预计国际大豆价格总体将维持弱势，有利于我国进口大豆市场平稳运行。

中央广播电视总台央视记者：

去年8月以来，我国有多个省份先后发生了大概100多起非洲猪瘟疫情，刚才唐司长介绍了一季度猪肉价格的走势，请问二季度猪肉的供需和市场形势大概如何？

唐珂：

你提了一个热点问题，猪肉市场是大家比较关心的问题。自去年8月非洲猪瘟疫情发生以来，生猪和能繁母猪的存栏同比降幅逐月扩大。据农业农村部对400个县定点监测，3月生猪存栏环比下降1.2%，同比下降18.8%。能繁母猪存栏环比下降2.3%，同比下降21.0%，下降幅度还是很大的，同比降幅达到了近10年来最大值，特别是一些主产区减产幅度更大。受产能调减的影响，一季度猪肉价格止跌反弹，3月全国猪肉批发市场均价环比涨6.3%，同比高7.6%，生猪集贸市场均价环比涨14.3%，同比高20.5%，可以说上涨是比较明显的。

从后期走势看，二季度猪价有望保持波动上行走势，考虑到部分屠宰企业前期储备的冻猪肉陆续出库以及上半年季节性消费相对平稳等因素，猪价大幅上涨的空间不大。下半年随着生猪出栏量进一步下降，再加上下半年将迎来节日需求的高峰，猪价有可能出现阶段性快速上涨。专家初步预计，下半年猪肉价格同比涨幅可能超过70%，创历史新高，养猪的盈利水平将持续向好。所以，我们在这里建议养殖场户在做好生物安全防控的前提下，适时补栏增养，争取更好的养殖效益，这也是稳定猪肉价格走势、满足供应需求的一个建议措施。

人民日报记者：

一季度国内大宗油籽和食用植物油价格总体下跌，仅菜籽油价格上涨，请问原因是什么？另外，请问未来食用植物油的供需形势如何？

唐珂：

2019年一季度国内食用植物油价格延续下跌走势，主要有两个原因：一是食用植物油进口量增加，供给较充裕。1—2月累计进口食用植物油171万吨，同比增加44.5%。二是主要油籽和植物油的国际价格下跌，带动国内价格下跌。与食用植物油价格总体走势相反，菜籽油价格却大幅走高，主要是因为前期长江中下游低温连阴雨天气，不利于油菜籽单产形成，加之我国加强对油菜籽进口检疫，市场预期菜籽油供应偏紧。

展望后市，加强进口油菜籽检疫措施将显著减少我国油菜籽进口量。菜籽油价格有望保持上涨走势。但在国内食用植物油供给整体有保障的前提下，菜籽油价格上涨预计未来不会对食用植物油供给造成太大的影响。主要原因在于：一是油菜籽进口船期加速，进口量提前释放。1—2月累计进口油菜籽108万吨，同比增加46.5%。二是国内大豆等油料产能恢复，新年度食用油籽产量预计较好。三是全球食用油籽和植物油供给宽松，豆油、葵花油、棕榈油等替代产品供给充足。谢谢。

农民日报记者：

刚刚唐司长讲到根据往年规律，蔬菜价格往往在春节大涨、节后大跌，但是我们却了解到今年3月菜价居高不下。我想请问唐司长这是什么原因，是否意味着今年蔬菜会出现供不应求的局面呢？

唐珂：

根据往年规律，蔬菜价格往往在春节前、春节期间出现大涨，春节后季节性大幅下跌，跌幅一般在3%～18%之间。今年3月菜价没有明显的回落，处于近10年同期较高的水平，仅次于2016年历史价格峰值，季节性回落走势明显趋缓。根据农业农村部监测，3月28种蔬菜全国平均批发价每公斤4.84元，环比跌0.4%，同比涨18%，较近3年同期均值高7.3%。菜价保持高位的主要原因是2月以来南方持续阴雨寡照天气，中下旬全国大范围雨雪天气和“倒春寒”叠加，前段时间天气变化多端，导致节后蔬菜生产进度整体放缓，产量偏低，对蔬菜采收及运输流通带来不利影响，品种产地转换不畅，地产蔬菜和外调蔬菜供应同时趋紧。从一季度平均菜价看，虽然较去年同期上涨6.4%，但较过去3年同期平均只涨了0.6%，仍然处于相对合理的水平。

后期值得关注的是，由于去年以来菜价总体水平较高，蔬菜种植的积极性普遍提升。据农业农村部调度，2019年全国蔬菜种植面积增加1.4%，天气持续好转后，部分地区个别品种集中大量上市，可能出现价格大幅下跌和滞销卖难的风险。

农视网记者：

2018年秋季以来，全国鸡蛋价格连续6个月下跌，特别是近2个月鸡蛋价格大幅下跌。请问唐司长，此次蛋价长时间大幅度下跌的原因是什么？未来的市场形势怎么样呢？谢谢。

唐珂：

正如你刚才说的，鸡蛋全国集贸市场均价从2018年9月的每公斤10.82元跌到2019年3月的8.99元，每公斤累计下跌1.83元，跌幅超过17%。主产省批发价跌幅更大，从每公斤9.83元一直跌到7.02元，累计下跌2.81元，跌幅近30%。价格下跌的主要原因是蛋鸡产能增加，市场供应充足。2018年秋季以来，我国产蛋鸡存栏逐步恢复，冬季疫情控制较好，鸡蛋产量小幅持续增加。2019年春节后，全国多地雨雪天气影响禽蛋市场流通，养殖户鸡蛋积压较多，加速价格下跌。

预计二季度产蛋鸡存栏稳中略增，禽蛋市场供需基本平衡，后期禽蛋价格将逐步企稳回升，建议养殖户理性看待本次价格下跌，做好疫病防控，保持合理存栏。谢谢。

宁启文：

感谢媒体朋友们，今天发布会到此结束。

19. 2019年上半年主要农产品市场运行情况新闻发布会

2019年上半年主要农产品市场运行情况新闻发布会

一、基本情况

时　间	2019年7月17日（星期三）上午9时	
地　点	农业农村部新闻发布厅	
主　题	2019年上半年主要农产品市场运行情况 “三区三州”贫困地区特色农产品调查有关情况	
发布人	农业农村部市场与信息化司司长	唐　珂
主持人	农业农村部办公厅副主任	宁启文

二、现场实录

宁启文：

女士们、先生们，新闻界的朋友们，大家上午好。欢迎大家参加农业农村部举行的例行新闻发布会，今天发布会的主题是介绍今年上半年主要农产品市场的运行情况，通报“三区三州”贫困地区特色农产品调查的有关情况。今天邀请到大家的老朋友，市场与信息化司司长唐珂先生为我们介绍有关情况，并回答记者的提问。下面首先请唐珂司长通报有关情况。

唐珂：

女士们、先生们，媒体朋友们，大家上午好！今年以来，我国农产品生产供应总体有保障，市场运行保持基本平稳。粮棉油糖等大宗农产品供给充足，价格总体变化不大；“菜篮子”产品受前期气候、疫病等不利因素影响，价格有所上涨但仍符合季节性波动规律。据农业农村部监测，6月农产品批发价格200指数为109.81，环比低9.05个点，同比高11.44个点；上半年农产品批发价格200指数为113.70，比去年同期高8.36个点。

从几类重点品种来看：粮食价格基本稳定，6月稻谷、小麦和玉米3种粮食集贸市场月均价每百斤121.09元，环比涨0.1%，同比低2.1%。玉米市场先弱后强，临储粮拍卖成交活跃。国产大豆价格平稳偏弱，进口大豆价格小幅下跌。蔬菜价格一季度高位运行，二季度集中上市后价格逐渐回落，但仍高于去年同期。水果价格受前期减产影响持续走高，随着夏季应季水果大量上市，涨势已逐渐趋缓。猪肉市场供应阶段性偏紧，加上周期性因素影响，价格持续上涨。受猪价走势影响，牛羊肉、鸡肉、鸡蛋价格总体走强。

借此机会，我向大家介绍我们对“三区三州”等深度贫困地区特色农产品摸底调查情况。按照农业农村部脱贫攻坚工作总体安排，市场与信息化司与部信息中心、中国农业科学院信息所、中国农业大学国家农业市场研究中心一起，对“三区三州”部分深度贫困地区的特色农产品情况进行了摸底调查。总的来看，有以下三个特点：

一是贫困地区特色农产品发展亮点纷呈。“三区三州”不少贫困地区都具有独特的自然资源和良好的生态环境，各地因地制宜、初步培育形成了一批亮点突出、特色明显的农业优势产业。如四川阿坝州打造川西最大的“山地秋淡蔬菜区”，壮大“净土阿坝 康养汶川”区域品牌，深受城市消费者青睐，特别是汶川的甜樱桃，丝毫不逊色于进口车厘子。云南省迪庆州德钦县位于滇、川、藏3省区交界处，全县平均海拔4 270米，立足本地资源优势发展高原葡萄、野生蜂蜜、油橄榄、松茸、中药材、核桃6大特色产业，影响力日益扩大。新疆维吾尔自治区阿克苏地区乌什县的核桃、野生沙棘，柯坪县的红枣、恰玛古、黑木耳等也逐步形成了特色产业。

二是特色农产品发展带动脱贫攻坚成效明显。特色农业产业发展越好的地区，农民脱贫致富能力越强、效果越好。比如阿坝州汶川县大力发展“汶川三宝”——甜樱桃、脆李子、香杏子，带动6 000余农户户均增收5 000元以上；迪庆州德钦县吸引葡萄酒企业入驻，带动葡萄种植户每亩增收4 600元；新疆维吾尔自治区阿克苏柯坪县恰玛古生产基地占地1.5万亩，亩均生产效益1 200元以上；甘肃临夏州永靖县确定“东山百合、西山牛羊、川塬蔬菜、电商药材水果、全域旅游、户户劳务”发展思路，脱贫效果显著。

三是贫困地区发展特色农产品仍面临不少制约瓶颈。在产业方面，产业链条短、加工能力弱，品牌影响力不足，产品附加值不高；在销售方面，生产规模小、标准化程度低，大量特色产品无法通过电商平台销售；在物流方面，冷链物流基础薄弱，农产品出村成本过高；在市场信息方面，市场信息监测服务体系缺失，生产容易跟风，导致滞销风险；在人才方面，专业化年轻化人才，特别是电商营销人才缺乏，产业升级缺乏支撑等。下一步我们将针对这些问题，加快推进“互联网+”农产品出村进城，加强农产品产销对接和品牌营销服务，强化特色农产品市场监测预警和信息服务，助力贫困地区特色产业发展。

精准脱贫是党的十九大报告提出的三大攻坚战之一，对全面建成小康社会具有决定性意义。请各位媒体朋友们多关注、多宣传、多呼吁，与我们一起助力“三区三州”贫困地区实现脱贫。

下面，我愿意回答大家的提问。

宁启文：

感谢唐珂司长。下面进行提问，请提问之前通报一下所代表的新闻机构。

人民日报记者：

受非洲猪瘟疫情影响，最近猪肉价格上涨比较快，请问下半年猪肉供应是否有保障？

唐珂：

猪肉是重要的"菜篮子"产品，非洲猪瘟疫情发生以来，猪肉市场波动始终是各方关注的热点，今年3月开始，猪价走势持续上涨，近期的涨幅有所扩大，据农业农村部监测，6月猪肉批发市场均价每公斤21.59元，环比涨4.7%，同比高29.8%，去年四季度以来，生猪和能繁母猪的产能持续下降，猪肉市场供给偏紧的效应近期开始集中显现。去年10月，农业农村部监测的400个县能繁母猪存栏同比降幅达到5.9%，已经超过了5%的预警线，之后降幅逐月扩大，今年5月降幅进一步扩大至23.9%，按照生猪的生产规律，从母猪怀孕、仔猪出生，到育肥猪出栏大约需要10个月的时间，去年10月生猪基础产能下降，导致今年6、7月开始，生猪供应减少问题显现，价格持续上涨。预计下半年猪肉供需关系进一步趋紧，猪价继续上涨压力较大，但由于禽肉、鸡蛋、牛奶等畜禽产品产量增加，消费结构调整加快，加之进口猪肉及其制品数量也有所增长，肉类市场供给总体有保障。

中央广播电视总台央视记者：

我的问题是，现在正是夏粮购销的旺季，我们注意到主产区小麦收购平均价格较去年有所降低，收购量较去年明显上升，请问小麦的价格会持续走低吗？

唐珂：

6月以来，新麦陆续大量上市，据农业农村部监测，目前主产区的小麦企业收购均价是每斤1.12元左右，比开秤初期跌了大约5分钱，比去年同期低3～5分钱。新麦价格下行主要有两个原因：一是今年小麦丰收，优质商品小麦数量充足，市场竞争导致价格走低。二是小麦最低收购价每斤比去年下调3分钱，带动市场价格底部下调。尽管今年新麦收购价低于往年，但由于产量、品质双提升，农民售粮收入有望保持基本平稳。目前市场主体购销心态较为谨慎，大多以随收随走为主。以新麦收购进度看，据国家粮食和物资储备局统计，截至2019年6月30日，主产区小麦累计收购2 609万吨，同比增加479万吨，明显快于去年。为防止价格过度下跌，保护种粮农民的利益，国家已经在安徽、江苏、河南、湖北4省陆续启动了最低收购价执行预案，随着政策性收购对市场的引导效应逐步显现，夏收小麦购销市场将趋向活跃，但市场价格大幅上行的可能性不大，建议农民朋友把握售粮时机，实现丰产又丰收。

中央广播电视总台央广记者：

今年上半年水果市场价格持续走高，也受到社会的广泛关注，目前是水果大量上市的季节，请问唐司长，下一步水果的价格走势将会如何？

唐珂：

今年上半年以来，水果的价格涨幅比较大，社会关注程度也较高，我们组织力量对此进行了重点跟踪分析，6月农业农村部重点监测的6种水果，包括富士苹果、鸭梨、西瓜、香蕉、菠萝和巨峰葡萄，这6种水果的均价是每公斤8.39元，环比涨了11.1%，涨幅收窄7个百分点，同比仍然高50.6%。分品种看，同比涨幅最大的是苹果和梨，富士苹果批发均价每公斤12.95元，环比涨23.8%，同比涨1.1倍；鸭梨每公斤9.16元，环比涨20.1%，同比涨1.6倍。水果价格持续高位运行，具有明显的阶段性、季节性特征，主要是由于苹果、梨主产区去年春季遭受“倒春寒”天气，减产的幅度比较大。加之今年春季南方荔枝等部分热带水果也有所减产，导致短期内水果市场供给偏紧。近期随着西瓜、甜瓜、桃等夏季时令水果大量上市，水果市场供给总量充足、品种多样，价格涨势趋缓，后期有望步入季节性下行走势。6月全国西瓜批发均价每公斤3.34元，环比跌28.6%，从5月第3周开始已连续8周下跌。陕西、甘肃等地反映，今年苹果主产区生产总体良好，产量有望明显恢复，部分地区增产30%左右，预计秋季苹果大量上市后价格将高位回落。

新华社记者：

上半年蔬菜的价格高于去年同期，请问是什么原因？今年下半年蔬菜价格会有什么样的变化趋势？

唐珂：

主要是由于冬春蔬菜主产区受“倒春寒”和持续阴雨寡照影响，今年春季蔬菜生产和上市的进度推迟，价格持续高位运行，近期随着天气好转，蔬菜集中上市，菜价快速走低。据农业农村部监测，6月蔬菜批发均价每公斤3.83元，环比跌7.0%，同比高10.7%。

近年来，我国蔬菜生产稳步发展，市场供给总体充足，今年蔬菜季节性上涨价格水平偏高，主要是由前期不利天气导致，也有成本上涨推动的因素。从历年规律看，蔬菜价格往往是一季度上涨、二季度下跌，六七月是全年蔬菜价格的低点。随着应季蔬菜大量上市，陆地蔬菜供应量快速增加，加之前期推迟上市的蔬菜集中供应，预计后期蔬菜价格以季节性下行为主，部分品种还可能存在滞销卖难的风险。与此同时，近日南方多地出现极端天气，连降暴雨引发洪涝灾害，部分地区菜价或将小幅回升。全年来看，受前期菜价水平偏高的影响，预计下半年部分品种扩种意愿较强，如果不发生大范围灾害性天气，后期及秋冬蔬菜供应有保障，蔬菜整体价格或将高于去年，但涨幅是有限的。

农民日报全媒体记者：

我们在采访中发现，近期玉米的价格一直在上涨，有些农户手中可能没有多少余粮了，我想请问唐司长，后期玉米的价格还会继续这样大幅上涨吗？

唐珂：

上半年玉米市场先弱后强，年初受非洲猪瘟影响，饲料消费预期降低，玉米价格持续下跌。4月以来，随着市场粮源减少，玉米价格止跌企稳，5月中下旬受中美新一轮加征关税和草地贪夜蛾虫害影响，市场看涨的预期增强，价格呈加速上涨态势。6月，产区批发月均价每斤0.96元，比年初涨2%，同比涨7.4%，销区批发月均价每斤1.02元，环比涨0.4%，同比涨6.9%。

从后期走势看，目前临储玉米库存依然较为充足，玉米饲用需求受非洲猪瘟疫情影响稳中偏弱，预计玉米市场供需大体平衡，价格继续大幅上涨的可能性不大。

宁启文：

如果大家没有问题，今天的发布会到此结束，再次感谢媒体朋友们。

20. 三季度主要农产品市场运行情况新闻发布会

三季度主要农产品市场运行情况新闻发布会

一、基本情况

时　间	2019年10月17日（星期四）上午10时	
地　点	农业农村部新闻发布厅	
主　题	三季度主要农产品市场运行情况	
发布人	农业农村部市场与信息化司司长	唐　珂
	农业农村部畜牧兽医局局长	杨振海
主持人	农业农村部办公厅副主任	宁启文

二、现场实录

宁启文：

女士们、先生们，媒体的朋友们，大家上午好！欢迎大家参加农业农村部新闻办公室举行的新闻发布会。今天发布会的主题是三季度主要农产品的市场运行情况。我们今天给大家邀请到农业农村部市场与信息化司司长唐珂先生、农业农村部畜牧兽医局局长杨振海先生为我们介绍有关情况，并回答记者的提问。首先请唐司长向大家通报有关情况。

唐珂：

女士们、先生们，媒体朋友们，大家上午好！金秋十月，是丰收的好时节，感谢大家参加今天的例行新闻发布会。首先，我向大家通报三季度主要农产品市场运行情况。三季度，我国农产品供应总体较为充裕，市场运行基本平稳，中秋、国庆消费得到有效保障。农产品批发价格200指数为111.67，环比下降1.74个点，同比高9.48个点；“菜篮子”产品200指数为113.21，环比下降1.95个点，同比高10.88个点。价格指数环比下降主要受蔬菜、水果价格回落带动；同比上升主要受畜产品价格同比上涨影响。分品种看，蔬菜、水果价格有所回落。上半年，蔬菜价格处于历史高位，随着秋季蔬菜逐步上市，9月开始季节性下跌，全国平均批发价格较近3年同期平均水平低1.8%；今年水果价格“前高后低”，7月以来随着西甜瓜等夏季时令水果大量上市，价格开始高位回落，后期葡萄、苹果等上市量增加，价格持续下跌，目前基本回到正常水平。

畜水产品整体供应充足。三季度，畜产品价格特别是猪肉价格持续上涨，但9月以来，随着促进生猪产能恢复和市场供应政策密集出台，猪肉供给阶段性紧张的局面有所缓和，国庆节前价格涨幅回落；同时，禽肉、牛羊肉、鸡蛋和水产品等替代品供给相对充足，一定程度上缓解了猪价上涨压力。生猪生产扶持政策加快落实，生产形势开始好转。党中央、国务院高度重视生猪稳产保供工作，连续作出部署，8月21日国务院常务会议研究确定了稳定生猪生产和猪肉保供稳价的五项措施，8月30日召开了全国稳定生猪生产电视电话会议，9月6日国务院办公厅印发了《关于稳定生猪生产促进转型升级的意见》，对生猪稳产保供作出全面部署。各地各部门积极行动，抓紧落实恢复和发展生猪生产的各项政策措施，努力促进生猪生产恢复发展。目前，非洲猪瘟疫情趋稳，相关政策措施效果开始显现，生猪生产恢复的积极因素增多，形势逐步好转。

粮食价格基本稳定。小麦、早籼稻旺季收购结束，价格基本稳定在最低收购价水平，主产区国有两市企业收购价稳定在每百斤112元和119元左右，同比略有下降。截至9月30日，主产区各类粮食企业累计收购小麦7 076.2万吨，同比增加41%；累计收购早籼稻599.9万吨，同比减少23%。部分地区早熟玉米开始上市，价格有所下跌，但仍高于上年同期，总体属于正常季节波动，玉米市场价格短期下跌后将逐步企稳，大幅波动的可能性不大。今年夏粮增产，秋粮大部分长势良好，如后期不发生大的自然灾害，又将迎来一个丰收年。

特别要说的是今年农历秋分（9月23日），我国迎来第二个“中国农民丰收节”。在丰收节到来之际，习近平总书记致信向全国广大农民和工作在“三农”一线的同志表示诚挚问候。亿万农民欢欣鼓舞，社会各界倍感振奋。今年的丰收节，农民参与度、基层覆盖率进一步提升，形式多样性、内容丰富度进一步提升，城乡互动性和文化内涵进一步提升，强产业、促增收的作用进一步提升，丰收节真正成为了农民自己的节日，成为了助力乡村振兴的节日。据不完全统计，仅在丰收节当天，全国县乡村自己举办的庆祝活动超过3 000场，还有很多各部门、社会各界组织的活动，举国上下共庆丰收、共迎国庆，在全社会营造了重农强农和欢庆新中国成立70周年的浓厚氛围。丰收节拉动内需、激活市场的作用进一步显现，“庆丰收 消费季”活动为促进农产品市场流通发挥了积极作用。

下面，我和我的同事愿意回答大家的提问。

宁启文：

下面请媒体朋友围绕今天发布会内容进行提问，提问前请通报一下所代表的媒体机构。

农民日报记者：

您刚才讲到今年3月以来，蔬菜价格一直高位运行，近期又跌破历史的同期水平，请问这是什么原因造成的？后期市场形势会是什么样的呢？

唐珂：

确实像你所说，今年3月以来蔬菜价格一直处于历史高位，其中，4—7月菜价连续较历史同期平均水平高了12%左右，9月开始，季节性回落，农业农村部监测的28种蔬菜全国平均批发价每公斤是3.92元，环比跌了4.9%，同比跌了9.3%。较近3年的同期平均低了1.8%，主要原因上半年菜价持续高位，夏秋的蔬菜主产区存在不同程度的扩种。今年夏天的时候，北方冷凉地区蔬菜没有经历去年那样极端高温和长时间强降雨天气，虽然个别产地受到不利天气的影响，部分品种价格短期波动较大，但是从主产区蔬菜总产量来看，市场供应形势整体明显好于去年同期。秋季蔬菜供应充足，价格迅速下跌，预计后期菜价回落期可能会延长。波动总体符合常年季节性的规律，需要密切关注不利天气对产地转换的影响，防范菜价出现区域性结构性的大幅波动。

新华社记者：

刚才唐司长提到，生猪生产形势开始好转，但我看到市场上猪肉价格依然还是比较高的，想请问一下，农业农村部判断生猪生产形势开始好转，是基于哪些因素？未来猪肉的供应什么时候能够恢复正常？

唐珂：

生猪生产和保供是目前关注度很高的话题。我先给大家介绍一下市场的价格行情。总的来看，猪价的波动反映了猪肉供需关系的变化，在背后起作用的是市场经济规律。9月以来，随着促进生猪产能恢复和市场供应的政策措施密集出台，猪肉供给阶段性紧张的局面有所缓和，国庆节前，价格涨幅有所回落。据农业农村部监测，生猪和猪肉集贸市场价格周涨幅分别从第1周5.0%和6.3%降至第4周1.6%和1.0%。猪肉批发市场价涨幅从第1周的5.1%降至第4周的0.2%，涨幅趋窄。刚刚过去的国庆节期间，猪肉市场供应偏紧但未出现脱销断档的情况。禽肉、鸡蛋、牛羊肉、水产品等替代品供给充足。国庆节后，猪价出现阶段性较快上涨，主要是前期生猪产能下降、部分养殖场户增加商品母猪留种、各地增加收储等，导致商品肥猪上市量阶段性减少，市场供应偏紧。从后期走势来看，目前各项针对性政策措施对于生猪整体产能恢复、激发养殖户积极性的作用正在逐步显现，而且生猪养殖盈利持续处于历史较高水平也有利于生猪产能恢复，预计四季度，我国生猪产能下降的局面将会得到改善，但短期内猪肉市场供给依然偏紧，预计元旦、春节前猪肉价格将保持高位运行走势，但随着库存冻肉逐步出库、禽肉等畜产品供应增加，畜产品供应总体是有保障的。

杨振海：

刚才唐司长从价格方面介绍了一些情况，我们都知道，生产是保供稳价的基础，随着扶持生猪生产各项利好政策的落实落地，加上市场行情看好，养殖户补栏增养的积极性明显提升，生产恢复向好的因素明显增多，生猪生产整体上进入了止降回升的转折期，之所以作出这一判断，我们有四项指标作为依据：第一项是规模猪场生产恢复较快，生猪存栏已经触底回升。据我们对全国年出栏5 000头以上规模猪场全面调查，9月生猪存栏4 445.51万头，环比增长0.6%；能繁母猪存栏610.47万头，环比增长3.7%。第二项是后备母猪，也就是青年母猪，销量继续大幅增长。据对100家重点种猪企业监测，9月后备母猪销量环比增长70.7%。第三项是猪饲料产销量全面回升。据对全国饲料生产企业全口径统计，9月猪饲料产量环比增长10%，其中仔猪料、母猪料、育肥猪料产量分别环比增长12.7%、8.7%和9.1%。第四项是部分主产省份生猪存栏明显回升。9月，辽宁、山东、黑龙江、河北、山西、甘肃、吉林7省份生猪存栏环比增幅超过3%，比8月增加6个省份；甘肃、宁夏回族自治区、黑龙江、山东、天津、上海、北京、辽宁8个省份能繁母猪存栏环比增幅超过3%，比8月增加6个省份。从区域上看，东北、华北、西北地区，以及中原地区部分省份生猪存栏止降回升。全国生猪调出第一大省河南，生猪存栏和能繁母猪存栏双双止降回升。这四大积极因素叠加的结果就是，目前所说的，全国生猪存栏下降幅度明显收窄。我们有一组数据，8月生猪存栏环比降幅为9.8%，9月收窄至3%；8月能繁母猪存栏环比降幅为9.1%，9月收窄至2.8%。9月收窄的幅度还是比较大的，两项指标均为今年3月以来首次收窄。综合生猪存栏和能繁母猪存栏环比降幅明显收窄、规模猪场生产由降转增、猪饲料产量止降回升、种猪销量持续大幅增长等情况判断，各项扶持政策和市场因素对提振养殖信心有极大的帮助，养殖场户的生产积极性正在进一步提高。按照这一趋势，年底前生猪产能有望探底回升，市场供应将逐步增加，明年有望基本恢复到接近常年水平。

中国县域经济报记者：

今年上半年水果价格居高不下，老百姓对水果价格走势高度关注，请问近期水果价格是否出现了明显的回落，后期走势如何？

唐珂：

今年水果价格出现了“前高后低”的明显特征。上半年是受到主产区“倒春寒”的影响，苹果、梨减产较多，所以水果市场供应偏紧，价格持续上涨，引起社会广泛关注。7月以来，随着西甜瓜等夏季时令水果大量上市，水果价格开始由高位回落，之后随着葡萄、苹果、梨等秋季水果上市量增加，水果价格进一步下跌，目前水果价格基本回落到正常水平。据农业农村部监测，6种大宗水果9月全国批发均价为每公斤5.86元，环比跌10.5%，同比涨13.1%。预计后期随着晚熟的富士苹果和柑橘属水果大量上市，水果价格还将继续回落。年底前，价格有望低于去年同期水平。值得注意的是，今年水果质量分化、价格分化的特点更加突出。中低端果品存在一定的销售压力，各地应注意加强产销对接和品牌营销，促进水果均衡上市和果农增收。

中央广播电视总台央广记者：

8月底以来，国家出台了一系列生猪扶持生产的政策。我想问一下，这些政策是怎么落实的？落实得怎么样？下一步还有哪些政策会实施？谢谢。

杨振海：

政策扶持是加快生猪生产恢复发展的关键。8月底以来，有关部门出台了17条扶持生产的政策措施，在财政、金融、用地、规范禁养区划定和管理、绿色通道，生猪生产奖补等方面明确了一系列政策。政策的组合拳含金量之高，近年来少有。这段时间，各个部门都加大政策的落实力度，比如说生态环境部、农业农村部，我们派出了20个工作组赴200个生猪养殖大县，开展禁养区划定情况排查。中央预算内投资即将下达3亿元生猪规模养殖场建设补助项目投资计划，中央财政近期将按程序下达上半年非洲猪瘟扑杀补助经费，第二批农业保险保费补贴资金和新增的7亿元生猪调出大县奖励资金。各地都在积极行动，我们做了一个统计，截至目前，全国已有23个省区市出台了扶持生猪生产发展的政策性文件，我们做了一些汇总，地方的扶持政策，针对性都很强，含金量也非常高。比如，广东、江苏明确各地市生猪最低出栏量，安徽、福建等省对国家核心种猪场和规模养殖场进行临时性救助补助，浙江省对新建（扩建）的万头以上规模猪场，按照每出栏万头给予100万元的补助奖励，对规模猪场引进种猪每头补贴500元，安排9亿元用于统筹生猪的生产和防疫。四川、云南、湖南等省鼓励利用“四荒地”以及未利用地、低效闲置土地进行生产，允许在Ⅲ、Ⅳ级保护林地内建设畜牧业养殖设施，并优先保障使用林地定额。甘肃今年由生猪净调入变为净调出省，目前引进了6家大型现代养猪企业，预计明年将新增外调生猪100万～200万头。河南省对每个洗消中心建设给予30万元补贴，对从国外引进种猪每头补贴3 000元。目前各项政策措施都正在抓紧落实，不少针对生产的政策已经落实到场到户。农业农村部也在加大力度推进各项政策落实，目前已经设立了生猪生产调度办公室，每月对各省生猪存栏和能繁母猪存栏进行调度，并对全国年出栏5 000头以上的规模猪场进行月度跟踪调查。刚才发布的数据就是调查的结果。我们将进一步加强生猪生产形势的监测研判，定期发布信息引导生产。下一步全力推动《国务院办公厅关于稳定生猪生产促进转型升级的意见》落实，督促没有出台政策的省份抓紧出台，已经出台的省份要把政策抓紧落实到位。同时持续强化非洲猪瘟疫情防控，做好生猪养殖技术指导服务，在确保生物安全措施落地的前提下，支持疫区和发生疫情的养猪场尽快恢复生产，帮助养殖场户扩大生产。随着这些政策措施落地落实，相信生猪生产的恢复会比我们期待的要好一些。

中央广播电视总台央视记者：

夏收小麦集中收购期即将结束，请问今年小麦收购市场有什么样的特点，后期小麦的价格走势如何？

唐珂：

今年小麦产量增、品质好，产量达到13 106万吨，比2018年增加267万吨，增长2.1%。市场粮源供给充足，购销交易活跃，价格在最低收购价政策支撑下小幅波动，主要呈现三个特点：一是收购价高开低走，后期稳中略涨。开秤初期收购价格较高，随着新麦大量上市，收购价格持续走低。后期由于小麦托市收购范围逐步扩大，小麦价格止跌企稳。二是优质麦与普通麦价差缩小。由于今年普通小麦质量较高，一定程度上部分替代了优质小麦，加之优质小麦单产较低，优质麦种植的比较优势有所下降，但价格仍高于普通小麦，“优质优价”格局没有改变。三是小麦收购总量高于上年，最低收购价收购量增加。截至9月30日，主产区小麦累计收购7 076万吨，同比增加41.1%。由于今年小麦前期收购价格较低，河南等6个主产区均启动了最低收购价政策。从后期走势来看，小麦消费进入旺季，但考虑到最低收购价收购结束，临储小麦拍卖将重新启动，市场供应充裕，预计市场价将以稳中偏弱为主，大幅波动的可能性不大。

人民日报记者：

我们知道，之前全国大部分省份先后发生过非洲猪瘟疫情，最近农业农村部又公布了两起疫情，能否请您介绍一下当前的防控工作以及疫情形势？

杨振海：

抓好非洲猪瘟防控是保障生猪生产发展的前提，农业农村部作出了一系列部署，2018年8月我国发现非洲猪瘟疫情后，农业农村部坚决贯彻中央决策部署，认真履行牵头抓总职责，迅速成立防控应急指挥部，建立部级联席会议制度，与各地各有关部门通力协作、连续奋战，强化监测排查、严格疫情报告、果断处置疫情、阻断传播途径、压实各方责任，全力抓好非洲猪瘟防控工作。截至10月16日，全国共报告发生157起非洲猪瘟疫情，共扑杀生猪119.2万头，已有28个省份的疫区解除封锁。总体来看，当前我国非洲猪瘟疫情发生的势头明显减缓，生猪生产和运销秩序基本恢复正常，近期个别省份又发生了2起疫情，说明当前非洲猪瘟疫情防控形势依然复杂严峻，疫情点状发生的可能性还很大，绝不能掉以轻心，更不能麻痹大意。一年多的实践证明，非洲猪瘟是可防可控的，只要坚持不懈落实好现行的各项有效措施，切实把生物安全管理水平搞上去，疫情防控态势将会持续向好。下一步，农业农村部将继续督促指导各地落实好各项防控措施，特别是针对养殖场户关注的生猪扑杀补助资金问题，我们已经协调财政部将每年结算1次改为半年结算兑现1次，上半年的资金近期将下拨各地。借此机会，我也提醒广大养殖场户，要真正落实生物安全防护的各项措施，积极配合开展疫情监测排查，及时报告生猪异常死亡等情况。也欢迎广大养殖场户和社会各界对防控工作进行监督，特别是对一些地方不及时、不如实报告疫情和隐瞒疫情的问题进行监督。我们将保持零容忍的态度，发现一起，查处一起，绝不姑息。这里我想再把疫情举报电话公布一下，010-59194768，大家随时可以反映情况。

南方都市报记者：

外交部说中美已经达成阶段性协议，今年中期已经从美国采购了2 000万吨大豆，未来继续加快采购美国农产品，请问这会对中国的农业市场产生哪些影响？

唐珂：

我们一直持续关注中美的经贸谈判进展情况，及其对国内农产品市场的影响。中美经贸摩擦发生以来，我国农产品进口受到影响最大的是大豆。自美国进口大豆数量明显减少。今年1—8月，我国大豆进口总量是5 639万吨，同比减少约9%，其中美国进口占比仅为15%，占比比去年同期下降了约11个百分点，但由于我国大豆进口来源国的多元化、饲料低蛋白配方技术推广以及其他油脂油料的替代作用，国内大豆市场运行基本平稳，价格变化并不明显。今年9月，山东地区进口大豆到岸税后价每斤1.66元，环比涨2.2%，同比跌4.1%，随着我国大豆生产恢复和进一步拓展大豆及替代品进口的范围，预计大豆市场供应总体有保障。同时，中美经贸摩擦对我国水产品出口和棉花市场也带来一些影响。今年1—8月，我国水产品出口额133亿美元，同比下降6.5%。棉花受下游消费预期低迷影响，价格偏弱运行。9月国内3128B级棉花月均价每吨13 008元，环比跌3.9%，同比跌20.3%。大家都知道，10月10日至11日，中美就共同关心的经贸问题开启了新一轮高级别磋商谈判，在农业等领域取得了实质性进展，我们也将持续跟踪分析后续影响。谢谢你。

中国农村杂志社记者：

据我们了解，今年新玉米已经开始上市，部分地区玉米收购价持续回落，想请问一下唐司长，当前玉米购销形势怎么样？后期价格走势又将呈现什么样的特点？

唐珂：

据我们调度，9月下旬以来，华北地区新玉米和东北地区早熟新玉米开始上市，价格有所下跌，但价格水平仍然高于上年同期，总体仍属正常季节性波动。山东省部分加工企业自9月初开始小幅下调玉米收购价，9月底价格回落到每吨2 000元以内。目前主流的收购价每吨1 850 ~ 1 990元，较国庆节前每吨普遍低10 ~ 30元，比去年同期高10 ~ 90元。国庆节后，东北地区加工企业也开始挂牌收购新产玉米，虽然低于陈玉米价格，但也略高于去年的开秤价。从后期走势看，今年玉米生产形势总体较好，产量有望保持稳定，随着生猪产能逐步恢复，饲用消费恢复增长，预计我国玉米供需将保持基本平稳格局，玉米市场价格短期下跌后将逐步企稳，大幅波动的可能性不大，提醒广大农民朋友相机售粮，实现丰产又丰收。谢谢！

宁启文：

感谢各位媒体朋友大力支持，今天发布会到此结束。谢谢各位！

21. 10月份生猪生产形势新闻发布会

10月份生猪生产形势新闻发布会

一、基本情况

时　间	2019年11月22日（星期五）上午10时	
地　点	农业农村部新闻发布厅	
主　题	10月份生猪生产形势	
发布人	农业农村部畜牧兽医局局长	杨振海
主持人	农业农村部办公厅副主任	宁启文

二、现场实录

宁启文：

女士们、先生们，新闻界的朋友们，大家上午好。欢迎参加农业农村部新闻办公室举行的新闻发布会。为回应社会关切，农业农村部从10月开始，将于每月的17日，遇到节假日顺延，定期召开生猪生产形势新闻发布会。今天发布会的主题是10月生猪生产形势。我们今天邀请到的是农业农村部畜牧兽医局局长杨振海先生，为我们介绍有关情况，并回答记者提问。下面首先请杨振海局长向大家通报有关情况。

杨振海：

女士们、先生们，媒体朋友们，大家上午好。感谢大家对生猪生产的关注，我看今天来的记者还是比较多的，也感谢大家长期以来对畜牧兽医工作的支持。我们都知道，猪肉是重要的民生产品，猪肉稳产保供，中央高度重视，社会高度关注，老百姓也非常关心。下面，我先简单介绍一下当前生猪生产恢复和政策落实情况。党中央、国务院高度重视生猪稳产保供工作。大家知道，9月6日，国务院办公厅印发《关于稳定生猪生产促进转型升级的意见》，明确了一系列支持生猪生产发展的政策措施。我们理了一下，有17项。农业农村部认真贯彻落实党中央、国务院的决策部署，切实履行部门牵头职责，全力推进生猪稳产保供各项工作。会同有关部门成立恢复生猪生产协调联络办公室，这个办公室就在我们部里，积极推动各项生猪生产扶持政策落实落地，强化各地政策落实跟踪调度；加强对生猪生产和市场、饲料生产等情况的跟踪监测。

近日，针对生猪生产存栏降幅较大的省份，通过致函、约谈等方式加强督促，进一步压实地方责任。11月7日，召开南方9省（自治区、直辖市）生猪生产调度会，推介“龙头企业加农户”“产业体系帮农户”等技术模式，调动小散户增养补栏积极性，促进南方地区生猪生产加快恢复。总的看，各项政策的效果正在显现，全国生猪生产整体上进入了止降回升的转折期，生猪存栏环比降幅进一步收窄，能繁母猪存栏开始止降回升，规模养殖场生产恢复进一步加快，各项生产指标都在好转，供需矛盾有所缓解。进入11月，生猪价格也有所回落。大家都感受到了。

下一步农业农村部将会同有关部门，重点抓好以下五个方面工作，促进生猪生产加快恢复。一是加快落实各项政策措施。中央扶持和补贴资金陆续下达，督促地方加快建设项目进度，加快补贴资金拨付，落实到养殖场(户)。进一步完善生猪养殖设施农用地政策，继续督促地方做好规范禁养区划定和管理工作，一律取消超范围划定的禁养区，开展禁养区划定情况排查纠偏。推动稳定生猪生产、保障市场供应省负总责的要求落到实处。二是持续抓好非洲猪瘟防控。督促各地严格执行现行有效防控措施，严肃查处瞒报、谎报、迟报、漏报疫情的行为。继续推进非洲猪瘟分区防控工作。组织开展全国秋防大检查，指导地方做好秋季动物集中免疫。三是强化生产调度和指导服务。对全国年出栏500头以上规模猪场实行每月生产调度，适时向社会发布信息，稳定生产、消费信心和市场预期。以县为单位面向养殖场户开展专题培训，总结推广各地恢复生猪生产的好典型、好经验、好做法。四是组织开展屠宰企业冻肉库存摸底。结合正在开展的屠宰环节两项制度落实情况“回头看”，对全国建有冷库的生猪屠宰企业全面开展排查，摸清冻猪肉库存家底。督促各地规范检疫工作，坚决杜绝限制生猪及其产品合法流通的行为，保障正常市场秩序。五是强化信息发布。每月中旬通过专题新闻发布会发布信息，加强政策措施的解读，通报生猪生产和市场供应走势，回应社会关切，稳定社会预期。

下面我愿意就生猪生产恢复和市场供给问题回答各位的提问。谢谢。

宁启文：

感谢杨振海局长的介绍。下面请记者朋友们就今天发布会的主题进行提问，提问前请通报所代表的媒体机构。下面进行提问。

中央广播电视总台央广记者：

8月底以来，国家密集出台了一系列关于扶持生猪生产的政策措施。我们想知道，两个多月过去了，这些措施到底落实得怎么样了？下一步还会采取哪些具体措施来促进生猪生产？谢谢。

杨振海：

确实是这样，8月30日开始，农业农村部就会同国家发展改革委、财政部、自然资源部、生态环境部、交通部和银保监会等部门出台了17条政策措施，这17条政策措施含金量还是比较高的，从明确生猪及其产品绿色通道政策、继续实施贷款贴息、缩短非洲猪瘟扑杀补助发放时间、增加生猪调出大县奖励资金规模、规范禁养区划定和管理、保障生猪养殖用地、提高生猪保险保额、支持新建改扩建猪场、加大生猪生产农机购置补贴支持力度等方面给予支持。在各部门的共同努力下，新增7亿元生猪调出大县奖励资金、2019年上半年中央财政非洲猪瘟扑杀补助经费2.2亿元、第二批中央财政农业保险费补贴资金以及2019年生猪规模化养殖场建设补助项目投资3亿元已下达各地。今年1—9月，全国承保的生猪超过3亿头，同比增长6.19%。各地也都加大了政策落实力度。截至目前，全国已有28个省（自治区、直辖市）出台了扶持生猪生产的政策文件，多数省份将生猪稳产保供的目标分解到市县，进一步压实责任；一些省份大力支持龙头企业扩产增养，建设高标准规模养殖场，增加产能的同时推动产业升级。不少地市级人民政府也出台了生猪稳产保供的政策措施，采取了很多硬措施支持生猪生产恢复和发展。下一步，我们将会同有关部门继续落实好《国务院办公厅关于稳定生猪生产促进转型升级的意见》，督促地方将出台的各项政策措施真正地落地落细，不折不扣地兑现到养殖场户，继续加强技术指导服务，调动国家生猪产业技术体系、各级技术推广机构和行业协会等力量，指导养殖场户强化物理隔离措施，提高生物安全防护水平和生产经营管理水平，尽快恢复并扩大生产。遵照国务院领导同志的指示，近日农业农村部会同有关部门成立了恢复生猪生产协调联络办公室，跟踪调度各项政策落实情况的进展。借此机会，我也公布一下办公室的联系电话：010-59192839。广大养殖场户对生猪生产扶持政策有不清楚的地方，欢迎随时咨询，对政策不落实或落实不到位的问题可以反映，也可以向我们推荐各地发展生猪生产的好经验、好做法、好典型，供大家借鉴，共同促进生猪生产加快恢复。谢谢。

中央广播电视总台央视记者：

我的问题是，近期老百姓对猪肉供应和价格非常关心，我在采访中也了解到很多养殖户已经增加了生猪的养殖量。请您介绍一下现在生猪生产的形势怎么样？谢谢。

杨振海：

您的这个问题跟我们掌握的情况是一样的，我们都知道，发展生产是保供稳价的基础。随着扶持生猪生产各项利好政策的落实落地，加上市场行情看好，养殖户补栏增养的积极性明显提升，10月生猪生产主要指标都出现了积极的变化。我给大家介绍四个指标：第一个积极变化，全国能繁母猪存栏首次止降回升。10月，能繁母猪环比增长0.6%，这是自去年4月以来能繁母猪存栏环比首次增长。这个信号释放出的积极意义是非常强的。第二个积极变化，全国规模养猪场生产持续较快恢复。10月全国年出栏5 000头以上的规模猪场生猪存栏环比增长0.5%；能繁母猪存栏环比增长4.7%。规模猪场生猪存栏和能繁母猪存栏均已连续两个月环比增长。第三个积极变化，全国生猪存栏降幅进一步收窄。10月全国生猪存栏环比降幅0.6%，与8月、9月相比，分别收窄了9.2和2.4个百分点。第四个积极变化，全国生猪生产恢复面不断扩大。东北、西北和黄淮海地区生猪恢复比较快，西南、华南地区产能下滑也趋缓。比如，黑龙江、陕西、河南、吉林、山东、安徽等12个省份生猪存栏止降回升，恢复最快的省份环比增幅超过7%，另有9个省份环比降幅收窄。黑龙江、河南、河北、山东、江西、湖北等17个省份能繁母猪存栏止降回升，比9月增加4个省份，有的省份环比增幅超过10%。从这些积极因素判断，当前全国生猪产能下滑已基本见底，年底前存栏有望止降回升，这也是我们的目标。谢谢。

新华社记者：

刚才杨局长提到了生猪生产的各项指标都在恢复，材料当中也提到供需矛盾有所缓解。我的问题是，请问生猪生产什么时候能够恢复？农业农村部的判断依据是什么？谢谢。

杨振海：

您这个问题很关键。刚才提到的生猪生产的几项指标都是硬指标。生猪生产有自身的规律和周期，恢复生产还需要一个过程。一般来说，母猪补栏从出生到可以配种需要7～8个月的时间，能繁母猪怀孕时间接近4个月，实际上是114天，育肥猪出栏上市需要6个月的时间。因此，对于明年上半年的生猪生产来说，主要取决于今年下半年能繁母猪存栏的数量。目前能繁母猪存栏量已经止降回升，照此趋势发展，在疫情防控持续推进、形势总体稳定的情况下，明年上半年生猪生产将进一步好转。但是，市场供应明显增加可能还要到明年下半年。

香港有线电视记者：

想请教杨局长，在现在各项措施发挥作用之下，大家比较关注农历新年和春节假期之前生猪猪肉价格是否会有新一波的上涨，你们怎么预测生猪价格的走势。还有一个问题，最近看到有一些内地媒体报道，在今年6月底，江苏、山东等地都暴发过局部非洲猪瘟的疫情，但是在农业农村部的网站上没有看到相关的信息通报，有报道怀疑是新一轮疑似非洲猪瘟疫情的暴发。我们想知道，在加大生猪生产的同时，如何保证非洲猪瘟疫情不会继续扩散？另外，可否通报一下最近非洲猪瘟防疫的进展？谢谢。

杨振海：

生猪价格问题，您提的肉产品价格问题，主要由价格主管部门负责，建议您询问价格主管部门，我主要是从生产角度给您介绍一下。您第二个问题是关于疫情的情况，我可以回答。今年以来，生猪生产的变化刚才已经发布了，对于未来几个月的走势我们也有一个基本的判断。首先是，生猪存栏降幅收窄，能繁母猪持续回升，这就预示着在未来生猪出栏的数量会有所增加。另外，前一段时间生猪价格比较好，很多养殖户养大猪、留母猪。我们对养大猪的情况做了一些监测，现在出栏的生猪平均每头增加了15公斤的肉产量，也就是说即使在出栏同样数量生猪的情况下，这两个月上市的猪肉量还是有所增加的。进口方面，前三季度进口猪肉132.57万吨，增幅超过40%，第四季度进口量可能还会增加，这对缓解供应压力还是有帮助的。还有就是库存，我们都知道库存需要定期轮换，前一段时间屠宰企业和社会上一些物流、冷链企业，库存的猪肉也到了该轮换出清的时候。综合上述情况看，从供求角度分析，是不支持生猪价格高价位持续运行的。第二个问题，您说6月底以来你们掌握的情况或者听到的信息，是江苏等地发生了新一轮疫情，这个我们也听说了。我们当即派出了工作组，先后到有关省份明察暗访。从调查掌握的情况看，江苏等地并不是非洲猪瘟疫情，是其他病毒的混合感染，我们也已经采取了相应措施。从监测数据来看，江苏省上个月以来，生猪的存栏、能繁母猪的存栏都呈加快恢复趋势。我们对疫情报告、疫情处置都是公开透明的，这套制度在之前历次新闻发布会上，已经讲过几次，非常清楚了。

我现在告诉大家一个新的情况。11月18日，农业农村部发布第233号公告，向社会公布《非洲猪瘟疫情有奖举报暂行办法》，鼓励群众对违反非洲猪瘟防控相关规定的行为进行监督举报，部里对各地举报的情况都是会认真核实的。国务院大督查给我们反馈的133条信息，我们都逐条明察暗访，进行核查。我今天公布一下举报的方式。举报人可以通过电话等方式向当地畜牧兽医主管部门或农业农村部举报，农业农村部受理电话为：010-59194768。借此机会，我给大家说一下奖励标准。经查证属实并符合奖励规定的举报线索，农业农村部将给予举报人每次税前3 000 ～ 10 000元不等奖励。为防控非洲猪瘟作出特别重大贡献的举报线索，可一次性给予举报人高于前款规定标准、不超过税前3万元的奖励。应该说，我们疫情的报告、处置制度是有效的。经过一年多来的非洲猪瘟防控，广大养殖场户，特别是规模企业都已经摸索和探索了一套非常有效的应对非洲猪瘟疫情的措施，现在我们正在总结，准备开一个现场会，对各地好的做法、好的模式加以推介。大家都知道，疫情防控是生产的保障，疫情防不住，生产恢复就无从说起。谢谢。

农视网记者：

当前猪肉供应偏紧，请问像禽蛋、禽肉等其他的替代品生产供应情况如何？是否有不充足的现象？

杨振海：

您的这个问题也很关键。确实是这样，猪肉供应紧张了，替代品发展就非常快，我把这个情况给大家报告一下。今年以来，肉禽生产增势非常迅猛，禽蛋和牛羊肉均不同程度增长，市场供应充裕。禽肉大幅增长，可在一定程度上填补猪肉供应的缺口，有利于增加元旦春节期间肉蛋等“菜篮子”产品的供给。根据农业农村部监测数据，1—10月，全国累计肉鸡出栏同比增长15.5%，这与往往年相比还是比较快的，产能达到历史高点；牛奶产量同比增长5.6%，这也是近年来比较少有的。10月，鸡蛋产量同比增长6.1%，连续6个月环比增长。据国家统计局数据，前三季度牛肉和羊肉产量分别达到458万吨和330万吨，分别增长3.2%和2.3%，这在近年来也是增长较快的。综合各方面的数据分析，我们预计全年禽肉增产潜力在300万吨以上，牛奶增产160万吨以上，禽蛋增产80万吨以上，牛羊肉增产30万吨以上。总的来看，禽肉、禽蛋、牛羊产品全面增产，禽肉增产更多，可在一定程度上缓解猪肉供应偏紧的局面，丰富老百姓"菜篮子"产品供给。我们判断，畜产品供给总体是有保障的。借此机会我特别想说一下禽肉消费问题，从世界范围看，2016年禽肉取代猪肉成为全球消费的第一大肉类，也就是消费最多的肉类。主要是大家认为禽肉属于白肉，猪肉属于红肉，吃禽肉更有利于健康，也更经济。肉鸡、肉鸭的饲料转化率不到2∶1，生猪的饲料转化率超过3∶1，所以禽肉生产效率更高。同时，禽肉生产更有利于减轻资源压力、更有利于环保。谢谢。

中国日报记者：

每年秋冬季是动物传染病高发季节，现在中国很多地方都已经进入了冬季。请问现在非洲猪瘟防控形势如何，下一步是否会更加严峻？谢谢。

杨振海：

谢谢您对疫情防控的关注。当前，非洲猪瘟疫情防控形势依然复杂严峻，从2018年8月3日，我国报告第一例疫情到昨天，也就是说截至2019年11月21日，全国共报告发生160起非洲猪瘟疫情，扑杀生猪119.3万头，全国还有两个省份3起疫情目前还没有解除封锁，其余的29个省份疫区已解除封锁。今年以来，全球非洲猪瘟疫情形势十分严峻，已经有26个国家报告发生13 000多起疫情，我国周边国家的疫情形势也非常严峻。非洲猪瘟病毒已在我们国家形成比较大的污染面，预计后期仍将呈点状发生。随着气温持续下降、各地生猪生产恢复发展，年底生猪调运增多，疫情发生风险也会增高。对此，我们也已经通知各地，要有清醒的认识，绝不能掉以轻心。尤其是东北地区，气温已降至零下，如果消毒等措施落实不到位，疫情发生的风险会更高。搞好动物疫病防控是发展生产的保障和前提。针对非洲猪瘟防控形势，近期农业农村部在持续强化监测、排查、报告、处置等工作的基础上，压实地方责任，组织各地开展了“大清洗、大消毒”行动，开展全国秋季重大动物疫病防控大检查，派出多个工作组赴各有关省开展督导，采取多项措施，落实各方责任，全力做好各项防控工作。下一步，农业农村部将继续督促指导各地落实好各项防控措施，努力保障疫情防控形势持续向好，确保疫情不反弹。

彭博社记者：

近日，农业农村部发布了关于严厉打击非法生产经营使用非洲猪瘟疫苗的通知。请问，你们有没有监测到非法疫苗使用造成病毒变异的情况？另外，这次非洲猪瘟疫情对中小散户冲击比较严重，政府会不会出台一些措施，或者采取公司加农户等方式帮助中小散户恢复生产？

杨振海：

实际上您的提问已经部分回答了自己的问题。我们对中小散户恢复生产非常重视，确确实实是准备总结并推介各地的好做法，像公司加农户、公司带农户、产业体系帮农户等。这些方式很有效，促进了中小养殖户加快恢复生猪生产，这个方面我们的看法和您的看法是一致的。关于疫苗问题，农业农村部在之前几次发布会上也都说了，对于您刚才说的非法疫苗问题，我把有关情况再介绍一下。兽用疫苗是用于预防动物疫病的一类特殊商品，必须确保其安全、有效、质量可控，这三要素是必须的。农业农村部坚持依法依规开展新兽药审批工作，基于科学、翔实的实验数据开展评审评价，符合安全、有效和质量可控要求的新兽药方可批准上市。非洲猪瘟疫苗研制是一个世界性难题，我们前一段时间刚到西班牙和意大利考察相关工作进展情况，他们也面临很多困难。截至目前，包括中国在内的全世界各国还没有一个批准上市销售防控非洲猪瘟的商品化疫苗。中国发生非洲猪瘟疫情以来，农业农村部积极支持、鼓励所有合法合规的科研机构和企业开展非洲猪瘟防控技术的研究工作。从我们掌握的情况看，各研究单位进展不一，进度最快的也还处于临床前研究和转基因生物安全评价阶段，都没有向农业农村部提出开展临床试验申请。如有关单位研制的非洲猪瘟疫苗达到安全、有效和质量可控的标准，农业农村部将积极推进开展临床实验。正如您刚才说的，目前市场上出现的所谓的“非洲猪瘟中试苗、自家苗、进口苗”，按照《兽药管理条例》规定，都是非法疫苗，都是要严厉打击的。这些所谓的“非洲猪瘟疫苗”，既缺乏系统的试验研究，更没有通过科学、客观、严格的评审评价，其安全性、有效性都无法保障，特别是活疫苗，可能存在不可知的生物安全风险。养殖场户如使用这些非法疫苗，不仅达不到预期的预防效果，还可能导致猪群感染疫病并引发疫情传播，我们绝不能掉以轻心。根据《兽药管理条例》规定，生产、销售、使用“非洲猪瘟中试苗、自家苗、走私苗”是严重的违法行为，对相关违法行为，畜牧兽医部门将坚决从重从快惩处，依法顶格处罚。

宁启文：

大家还有没有问题？再次感谢各位媒体朋友大力支持。今天的发布会到此结束。

22. 11月份生猪生产形势新闻发布会

11月份生猪生产形势新闻发布会

一、基本情况

时　间	2019年12月17日（星期二）上午10时	
地　点	农业农村部新闻发布厅	
主　题	11月份生猪生产形势	
发布人	农业农村部畜牧兽医局二级巡视员	王俊勋
	四川铁骑力士集团执行总裁	李　全
主持人	农业农村部办公厅副主任	宁启文

二、现场实录

宁启文：

女士们、先生们，新闻界的朋友们，大家上午好。欢迎参加农业农村部新闻办公室举行的新闻发布会。今天发布会的主题是介绍11月生猪生产形势。今天我们给大家邀请到的是农业农村部畜牧兽医局二级巡视员王俊勋先生、四川铁骑力士集团执行总裁李全先生，请他们为我们介绍有关情况，并回答记者提问。四川铁骑力士集团在防控非洲猪瘟疫情、发展生猪生产等方面做法典型，积累了经验，值得推广。下面首先请王俊勋先生向大家通报有关情况。

王俊勋：

女士们、先生们，新闻界的朋友们，大家上午好！首先，感谢大家对生猪生产形势的关注。猪肉是重要的民生产品，猪肉保供稳价，中央高度重视，社会高度关注。临近元旦春节，大家对生猪稳产保供形势更为关注。下面，我就生猪生产恢复和政策落实情况作一简要介绍。

11月30日，农业农村部组织召开全国畜牧业工作会议和全国大中城市“菜篮子”产品保供座谈会。按照党中央、国务院决策部署，将生猪稳产保供作为当前“三农”工作的重大任务，像抓粮食生产一样抓生猪生产，全面落实各项政策措施，坚决完成恢复生产的目标任务，确保元旦春节和全国两会期间猪肉市场供应稳定。农业农村部多次召开会议，研究部署落实进一步加大力度做好生猪稳产保供工作。韩长赋部长要求，农业农村部和各级农业农村部门要以高度的政治责任感，多措并举，抓紧抓紧再抓紧，落实落实再落实，做好生猪稳产保供工作。一要进一步压实地方责任。认真落实省负总责要求和“菜篮子”市长负责制，督促各省、自治区、直辖市抓紧细化生猪生产恢复任务，进一步明确生猪自给率或调出量目标，并分解到市到县，对标对表抓落实。要加强生猪生产恢复跟踪分析，坚持全国生猪生产每月调度，及时通报提醒，督促重点省份抓紧恢复生产。二要确保各项扶持政策不折不扣落实落地。充分发挥恢复生猪生产协调联络办公室的作用，定期汇总梳理政策落实突出问题，督促各地、各相关部门逐项解决，打通政策落实的“最后一公里”，确保政策落实到场到户。三要总结推广各地涌现的典型复养增养模式。“抓大不放小”，12月10日和15日组织召开了两次大型养猪企业座谈会，引导大型养猪企业发挥自身优势，结合产业扶贫，采取多种形式带动中小养殖场户尽快补栏增养、恢复生产。四要坚持不懈抓好非洲猪瘟防控。严格执行疫情监测报告制度和现行有效防控措施。总结推广行之有效的物理隔离措施，提高养殖场户生物安全防护水平，坚决防止非洲猪瘟疫情反弹。

截至目前，全国31个省份都出台了文件，细化了生猪生产扶持政策，形成了恢复生猪生产的强大推动力。在扶持政策和市场行情的带动下，11月全国生猪生产全面向好，生猪存栏和能繁母猪存栏双双止降回升，猪肉供需矛盾较10月有所缓解，这为明年加快恢复生猪生产奠定了坚实基础，也增强了大家对生猪稳产保供的信心。

我先介绍到这里，谢谢大家。下面，我愿意继续回答大家的提问。

宁启文：

感谢王俊勋先生的介绍。下面进入答问环节。请记者朋友们就今天发布会的主题提问，提问之前请通报所代表的新闻机构。

中央广播电视总台央视记者：

现在社会各界都非常关注生猪生产的恢复情况，刚才王司长您已经介绍说11月全国生猪生产全面向好，能否请您介绍一下更具体的情况？谢谢。

王俊勋：

从9月开始，我们着力加强了生猪生产调度，在原来400个县定点监测的基础上增加了对全国规模养猪场的每月调度，从而大大强化了对生猪生产形势的把握。从生产调度情况来看，各项恢复生猪生产的政策效果已经开始显现，加上市场行情的带动，生猪养殖场户补栏信心进一步增强，全国生猪生产开始探底回升，主要出现了以下几个方面的积极信号：

一是生猪存栏首次探底回升。11月生猪存栏环比增长2%，这是自去年11月以来首次回升，能繁母猪存栏环比增长4%，已连续2个月回升，生猪存栏和能繁母猪存栏这2个重要生产指标双双止降回升，表明全国生猪生产已经扭转了持续下滑的局面，从不同区域看，有18个省份生猪存栏环比增长，比上个月增加了6个省份；有22个省份能繁母猪存栏环比增长，比上个月增加了5个。

二是规模养殖场生产恢复势头更加强劲。11月全国年出栏5 000头以上规模养猪场的生猪和能繁母猪存栏环比增幅分别为1.9%和6.1%，已连续3个月环比增长。

三是猪饲料产销量持续增长。据对全国饲料生产企业全覆盖监测，11月猪饲料产量环比增长6.9%。猪饲料是生猪养殖的物质基础，猪饲料产量连续3个月环比增长，也反映出全国生猪生产恢复的好势头。

四是后备母猪销量回升。据对重点种猪企业跟踪检测，11月二元后备母猪销量环比增长了25.9%，同比增长了135%，这表明养殖场户补栏增养信心进一步增强。谢谢。

经济日报记者：

近期，生猪价格比前期有明显的下降，相对比较平稳，现在大家都比较关心元旦春节期间猪肉的供应形势，请问会不会再次出现紧张的情况？

王俊勋：

生产是保障供应的源头和基础，随着生猪生产加快恢复，出栏生猪会逐步增加，涨价预期回调，11月活猪和猪肉价格明显回落。据监测，11月第4周，全国集贸市场活猪价格每公斤32.26元，猪肉价格每公斤51.22元，连续4周回落，比价格高峰分别回落16.7%和12.6%。从后期趋势看，虽然当前全国总体上生猪存栏和能繁母猪存栏双双探底回升，但受生猪自然生长规律限制，从存栏增加到形成上市供应能力还需半年左右时间。由于6—8月生猪存栏下降较快，按半年育肥周期测算，对应元旦春节期间生猪出栏将处于低位，加之元旦春节猪肉消费旺季到来，猪肉市场供应仍然偏紧。但考虑到猪肉进口增加且基本在库待售、前期压栏大猪逐步上市、政府储备和商业库存的冻肉适时投放等因素，元旦春节期间猪肉供应将有所增加，加上价格高位运行对消费也有所抑制，整体供需形势可能好于预期。同时，今年的禽肉、牛羊肉形势也不错，禽肉生产增加较多，牛羊肉生产也将增加，可以弥补部分猪肉供应缺口，肉食品供应整体有保障。谢谢。

农视网记者：

最近，《半月谈》报道了一些不法商人盯上了生猪价格的洼地，不顾政府的禁令，采用了跨省偷运、暴利“炒猪”、恶意投放非洲猪瘟有毒饵料等行为牟取暴利，可以说“炒猪团”这个花招频出，超越了底线。请问农业农村部下一步会采取什么措施遏制这种情况的出现？谢谢。

王俊勋：

谢谢你的提问。最近一些媒体报道在个别地方出现这种“炒猪团”。据我们了解是通过一些团伙向养殖场户投放被丢弃的死猪，然后制造和传播养殖场发生疫情的舆论，从而诱使养殖场户出现恐慌性抛售，再大幅压低生猪的价格，从而达到“炒猪”牟利。上述“炒猪”行为涉嫌违反《动物防疫法》，严重影响非洲猪瘟防控工作正常开展，严重破坏生猪生产秩序，严重损害养殖者的合法权益。

为了有力打击和防范上述“炒猪”行为，保障生猪养殖业生产安全，农业农村部印发了《关于打击和防范“炒猪”行为，保障生猪养殖业生产安全的通知》。《通知》明确要求：一是强化疫情排查。加大对运输、丢弃病死猪等行为的排查力度，发现疑似非洲猪瘟症状的，要立即采取控制措施，规范做好病死猪的处置。二是加强联防联控。充分发挥本地区非洲猪瘟防控应急指挥机构的作用，对打击和防范“炒猪”行为实施集中统一指挥，强化动物防疫行政执法和刑事司法的衔接，严厉打击“炒猪”行为。同时，对于发现涉黑涉恶的线索，及时向当地扫黑除恶专项斗争领导小组办公室移交。三是广泛宣传动员。农业农村部已印发了《非洲猪瘟疫情有奖举报暂行办法》，鼓励媒体、单位和个人通过非洲猪瘟疫情有奖举报热线等渠道，举报有关“炒猪”线索；指导有关行业协会、学会发挥桥梁纽带作用，团结广大养殖场户共同防范、及时举报“炒猪”行为，形成社会的共治合力。谢谢。

新华网记者：

我们注意到今天有一位企业家代表参加今日的发布会，能不能给我们介绍一下大型养猪企业在恢复生猪生产，带动中小规模养殖场户复产方面的有关情况。

王俊勋：

我们今天请来了四川铁骑力士集团的李全总裁，下面请李总裁回答您的提问。

李全：

四川铁骑力士集团从2003年开始养猪，是农业产业化国家重点龙头企业，在全国建有27个现代化生猪繁育养殖基地，主要分布在西南和东北等地，每年可提供优质原种母猪2万头、二元母猪8万头。围绕“川猪振兴”目标，集团积极响应国家产业扶贫及乡村振兴战略，加大生猪养殖布局，绵阳已完成100万头的产能布局，凉山州已完成120万头的项目建设。

为了更好带动中小规模养殖场户，2014年铁骑力士集团提出高效养殖“1211”模式：（即1栋猪舍+2夫妻+年出栏1 000头肥猪=纯收入至少10万元以上），做到“七统一“服务（统一设计猪舍、统一提供猪苗、统一提供饲料、统一提供药品疫苗、统一标准化管理、统一合同价回收、统一品牌销售），实现“三无一稳”（无重大死亡风险、无重大行情低迷风险、无资金中转负担，养好猪便能稳定获得好收益）。这种模式已在四川绵阳、广元、凉山州、宜宾，贵州铜仁，黑龙江青冈，江西丰城等地成功推广，带动中小养殖场户2 000余户，每年可出栏肥猪120万头左右，户均增收12.7万元以上。

在此基础上，我们又探索出“1+8”精准扶贫模式，即：通过县政府引导和搭建平台，企业带动，经济能人主导投资修建生猪标准化养殖场，金融机构给予专项贷款，每个点由8个贫困户联合参与经营。通过这种模式，实现参与的贫困户户均年收入5 000元左右，经济能人年收入10万元以上，最终实现产业扶贫模式的市场化运营和可持续发展。下一步，我们将发挥企业龙头优势，积极带动中小养殖场户养好猪，为生猪稳产保供和农户脱贫增收贡献一份力量。谢谢。

光明日报记者：

目前生猪生产出现了积极的变化，产能逐步恢复，我们知道其中规模养殖场的生产恢复的势头更加强劲。但是我们也注意到全国99%的养殖户都是中小养殖户，请问中小养殖户在生产恢复中起到什么作用？农业农村部将采取哪些措施帮助中小养殖户增加产能？谢谢。

王俊勋：

我国有2 600万个养猪场户，其中99%是年出栏500头以下的中小场户，这是我国养猪业的客观现状。从猪肉产量上看，生猪规模养殖比重接近50%，也就是说中小养殖场户生产了全国一半的猪肉，是生猪稳产保供不可缺少的部分。所以，加快中小养殖场户生产恢复，直接关系到全国生猪稳产保供任务目标能不能如期完成。

国务院办公厅《关于稳定生猪生产促进转型升级的意见》中明确提出，要积极带动中小养殖场户发展，鼓励有意愿的农户稳步扩大养殖规模。为落实党中央、国务院的决策部署，近日，农业农村部在四川绵阳召开了大型生猪养殖企业帮带中小养殖场户座谈会。会议邀请了温氏、正邦、双胞胎、扬翔、铁骑力士、德康6家大型龙头企业介绍他们帮带中小养殖场户发展的经验做法。目前，6家企业通过"公司＋农户""公司＋家庭农场"、托管租赁、入股加盟等方式，帮助带动中小养殖场户4万多户。

下一步，农业农村部将继续加大对中小养殖场户的帮扶带动力度，加快推动恢复产能。一是推动建立对接帮扶机制。近期，我们将组织一批大型龙头企业和部分贫困地区地方政府签订发展生猪生产的合作协议，通过建立稳定的帮扶关系，强化政策和技术的支持，加大对中小养殖场户的带动力度。二是加强技术指导和服务。发挥畜牧兽医技术支撑机构、行业协会、国家生猪产业技术体系的技术优势，强化对中小养殖场户技术培训和指导，推广疫病防控和节本增效实用技术，帮助中小养殖场户提升饲养管理能力水平。三是开展"大场带小场、防疫保生产"专项行动。引导鼓励大型生猪养殖企业充分发挥资金、市场、信息、技术等方面的优势，指导帮助有意愿、有能力的中小养殖场户健全防疫制度，提升防疫水平。谢谢。

香港有线电视记者：

刚才有提到说"炒猪团"的情况，也有提到说加紧查处，目前的进度是怎么样？有哪些已经查处过，各地的情况能否介绍一下？谢谢。

王俊勋：

这个问题刚才已经讲到，农业农村部已经公布了非洲猪瘟有奖举报电话，目前，我们还没有收到相关线索，只是从媒体了解到相关情况。针对这种苗头性的问题，我们已经下发了通知。“炒猪”是一种严重的违法行为，必须强化动物防疫行政执法与刑事司法的衔接，一旦出现坚决打击，切实维护市场秩序，切实保护生猪养殖者的合法权益。谢谢。

中国日报记者：

前段时间农业农村部印发了《加快生猪生产恢复发展三年行动方案》，请问这个方案的出台背景是什么？现在有没有取得一些进展？如何来保证方案目标如期实现？谢谢。

王俊勋：

为落实全国畜牧业工作会议精神，农业农村部把加快恢复生猪生产作为当前和今后一段时期的重大任务，采取更加有力有效的措施，切实做到三个确保：确保今年年底生猪存栏止降回升，从11月发布的数据来看，这个目标有望如期完成。确保元旦春节和两会期间生猪市场稳定供应。确保明年年底前生猪产能基本恢复。为此，农业农村部制定了《加快生猪生产恢复发展三年行动方案》，目的就是千方百计加快恢复生猪生产，务求尽早取得实效。

《方案》明确了分年度的生产恢复目标，并对调出区、主销区、产销平衡区和特大城市等不同区域的生猪自给水平提出了具体要求。为实现预期目标，《方案》确定了18项重点任务。主要包括四个方面：一是加强政策支持，落实规模化养殖场建设补助、农机购置补贴、调出大县奖励等项目，强化用地、金融、保险、环评等政策保障。二是增加生猪产能，创建高质量的标准化示范场，全面清理超范围划定的禁养区，推进废弃物无害化处理和资源化利用，加强科技支撑，做好指导服务，帮扶带动中小养殖场户增养补栏。三是抓好非洲猪瘟等重大动物疫病防控，压实养殖主体防疫责任，规范疫情报告，健全防疫体系。四是保障市场供应，支持优势屠宰产能向养殖集中区域转移，推进生猪及产品有序流通，促进产销对接。

下一步，农业农村部将履行牵头职责，发挥好恢复生猪生产协调联络办公室作用，加强政策落实情况和各地生产恢复情况调度，对标对表抓落实，确保生猪稳产保供目标如期实现。谢谢。

人民网记者：

上一次的发布会，农业农村部作为生猪恢复生产的牵头部门，公布了举报电话，同时也明确对举报行为的奖励措施。我想问的是，这一段时间以来接到的举报情况怎么样？对一些相关的举报进行了什么样的处置？

王俊勋：

我们为了进一步做好生猪生产恢复工作，公布了非洲猪瘟疫情有奖举报热线和政策咨询电话。电话公布后，养殖户踊跃反映情况，主要集中在三个方面：第一，恢复生产过程中遇到的用地问题。第二，环保禁养限养问题。第三，资金短缺及贷款问题。近期全国疫情相对比较平稳，接到的疫情举报电话数量较少。从现在的情况看，恢复生猪生产关键是要让中央出台的各项政策惠及到养殖场户，让他们真正获益，增强养殖信心。针对电话反映的问题，我们正在协调有关部门推动解决，为养殖场户加快恢复生产助力。谢谢。

宁启文：

感谢各位媒体朋友们，感谢两位发布人，今天的发布会到此结束。

23. 内陆禁渔期制度及长江流域重点水域禁捕情况新闻发布会

内陆禁渔期制度及长江流域重点水域禁捕情况新闻发布会

一、基本情况

时　间	2019年1月21日（星期一）上午10时	
地　点	农业农村部新闻发布厅	
主　题	内陆禁渔期制度及长江流域重点水域禁捕情况	
发布人	农业农村部副部长	于康震
	农业农村部渔业渔政管理局局长	张显良
	农业农村部长江流域渔政监督管理办公室主任	马　毅
主持人	农业农村部新闻发言人、办公厅主任	广德福

二、现场实录

广德福：

女士们、先生们，媒体朋友们，大家上午好，欢迎参加农业农村部新闻办公室举行的新闻发布会，今天我们要发布的主题是海河、辽河、松花江和钱塘江4个流域禁渔期制度及长江流域重点水域禁捕有关情况。我们今天很高兴邀请到农业农村部于康震副部长为我们介绍有关情况。出席今天发布会的还有农业农村部渔业渔政管理局局长张显良先生、长江流域渔政监督管理办公室主任马毅先生。首先请于康震副部长向大家通报有关情况。

于康震：

女士们、先生们，新闻界的朋友们，大家上午好！

党中央、国务院历来高度重视生态文明建设。改革开放以来，农业农村部作为渔业资源主管部门，坚持依法行政、依法治渔，按照《中华人民共和国渔业法》（简称《渔业法》）的有关要求，陆续实施了捕捞许可、海洋捕捞渔船"双控"、休渔禁渔、海洋渔业资源总量管理、增殖放流、海洋牧场建设等一系列资源养护措施，取得了积极的成效。为贯彻落实十八大以来党中央、国务院关于加强生态文明建设的决策部署以及中央提出的"科学划定江河湖海禁捕、限捕区域"的要求，农业农村部研究决定进一步加大水生生物资源养护力度，近期组织制定了海河、辽河、松花江和钱塘江4个流域禁渔期制度，从而实现我国内陆七大重点流域禁渔期制度全覆盖和我国主要江河湖海休禁渔制度全覆盖这两个"全覆盖"。同时，为坚决贯彻落实好习近平总书记关于长江大保护的战略决策，农业农村部将从今年开始，分阶段在长江流域实施常年禁捕工作，日前农业农村部已会同财政部、人力资源和社会保障部联合制定了《长江流域重点水域禁捕和建立补偿制度实施方案》，落实了退捕资金，保障长江流域分阶段实行常年禁捕政策的实施。下面，我就上述政策措施的有关情况作一简要介绍。

以水生生物为主体的水生态系统，在维系自然界物质循环、净化水域生态环境等方面发挥着重要作用，是保障国家生态安全的重要基础。为加强水生生物资源保护，《渔业法》明确要求渔业主管部门要在重要渔业水域实行禁渔区和禁渔期制度。禁渔期制度就是在鱼类集中产卵繁育的关键时期，实施禁止捕捞作业的一种保护措施。1995年，我国开始全面实行海洋伏季休渔制度，每年的伏休季节，渤海、黄海、东海、南海四大海区除钓具外，所有捕捞作业方式均已实现休渔。从2002年到2018年，我国7大重点流域中，长江、珠江、淮河和黄河先后在国家层面建立了禁渔期制度。禁渔期制度的实施，对于降低捕捞强度，保护渔业资源和水域生态环境，维护水生生物多样性，提高广大民众的资源环境保护意识等方面都发挥了重要作用，取得了良好的生态、社会和经济效益，同时也在国际上树立了我国负责任渔业大国的形象。

2018年中央1号文件要求“科学划定江河湖海禁捕、限捕区域”，尽快在我国重点流域全部建立禁渔期制度，已经势在必行。为此，农业农村部在2018年年初将海河、辽河、松花江和钱塘江流域禁渔期制度的设立列入年度重点工作，开展了深入细致的调查研究，广泛征求社会各方面意见，于今年1月对外发布了《关于实行海河、辽河、松花江和钱塘江等4个流域禁渔期制度的通告》。

同时，为落实习近平总书记“共抓大保护、不搞大开发”的指示精神，农业农村部积极协调相关部委，大力推进长江禁捕工作，会同财政部、人力资源和社会保障部联合制定了《长江流域重点水域禁捕和建立补偿制度实施方案》，明确提出分类分阶段推进禁捕工作。其中，2019年完成332个水生生物保护区的渔民退捕工作，今后全面禁止在保护区内实施生产性捕捞；2020年完成长江干流和重要支流的渔民退捕工作，在长江流域重点水域实行合理期限的常年禁捕，并根据资源环境恢复情况另行制定保护管理政策；通江湖泊（主要指鄱阳湖和洞庭湖）由有关省级人民政府实行差别管理、一湖一策，特定资源的利用实行专项管理；其他水域由有关地方政府制定管理措施。长江流域重点水域实现常年禁捕是国家为保护长江水生生物而实施的更为严格的保护措施，农业农村部将会同有关部门和地方，坚决贯彻习近平生态文明思想，切实落实好禁渔期制度等各项水生生物保护措施，为渔业绿色发展和建设水域生态文明作出更大贡献。

下面，我和我的同事愿意回答大家的提问。

广德福：

感谢于康震副部长。下面请记者朋友提问，提问时请通报所代表的新闻机构。

经济日报记者：

刚刚于部长介绍的时候说了海河、辽河、松花江流域禁渔期制度的情况，能不能帮我们介绍一下水生生物资源和保护现状的情况如何。这几个流域的管理工作情况现在到底怎么样？谢谢。

于康震：

你刚才提到的海河流域、辽河流域、松花江流域是我国华北和东北地区的3个主要的流域，流域面积广阔，自然环境丰富多样，孕育了诸多特有水生生物物种。据不完全统计，3个流域现有的鱼类超过了100种，以鲤科鱼类为主，其中有细鳞鲑、乌苏里白鲑、施氏鲟等国家重点保护野生动物，以及哲罗鲑、黑龙江茴鱼、黑斑狗鱼等冷水性鱼类、北方山麓鱼类。目前3个流域共建立水生生物保护区有79处，其中国家级自然保护区1处，国家级水产种质资源保护区78处，历史上这3个流域的鱼类资源十分丰富，是当地群众重要的优质蛋白来源，但近年来随着经济社会发展，3个流域的水生生物保护的形势应该说是日趋严峻，环境污染、过度捕捞、水资源短缺，还有工程建设等，破坏了鱼类的产卵场、索饵场、越冬场和洄游通道，导致鱼类资源大幅度快速下降，种群结构发生了变化，个体呈小型化、低龄化趋势，一些土著鱼类现在已经很难见到。

目前3个流域相关省、自治区、直辖市已经开展了不同程度的禁渔工作，也取得了一定成效，但总体而言，禁渔制度还不健全，各省、自治区、直辖市禁渔行动还是各自为战，缺乏有组织的统一部署，所以禁渔效果不太理想，特别是一些跨省界、县界的水域，容易成为管理的盲区。建立各流域相对统一的禁渔制度，有利于把各省各自为政、散乱的禁渔行为上升为全流域有声势、组织化、严管理的禁渔制度，加大3个流域渔业资源及其水域生态环境保护力度，使华北、东北地区的渔业资源和水域生态环境得到修复，最终实现渔业资源的可持续利用。谢谢。

新华社记者：

国办关于加强长江水生生物保护工作的意见和3个部门禁捕方案都明确提出，要率先实现保护区全面禁捕和重点水域常年禁捕，能否介绍一下管理制度为什么要这样设置。

于康震：

长江是我国第一长河，拥有独特的生态系统，分布有4 300多种水生生物，其中鱼类424种，177种为长江特有的鱼类，所以长江一直被誉为我国淡水渔业的摇篮，鱼类基因的宝库和经济鱼类的原种基地，对维护水域生态系统稳定、保障国家生态安全具有不可替代的关键作用。为了保护这些珍稀物种资源，国家和各级地方政府先后在长江流域建立了332处水生生物保护区，其中各级水生动物植物自然保护区主要保护珍稀濒危野生物种和具有代表性的自然生态系统，各级水产种质资源保护区主要保护重要经济物种及其重要的栖息地生境，这些保护区是长江水生生物赖以生存和稳定繁衍的根据地和大本营。根据自然保护区管理条例等有关法规的规定，保护区内本来就不应该有影响保护区功能的人类开发活动，只是我国划定保护区的时候，没有对原有捕捞渔民进行补偿清退，导致捕捞行为没有得到有效禁止。

此次，国家通过补偿制度引导渔民退补后，保护区可以达到应有的保护状态，而且今后将永久全面禁捕。这是第一个要强调的，刚才问两者的区别，第一种保护区内是永久全面禁捕。在保护区以外的水域要实行保护恢复与可持续利用相统一的管理制度，渔业资源是典型的可再生资源，根据专家的测算，长江鱼类繁殖周期大约是3年左右，如果实施10年禁捕，多数的鱼类可以完成3个世代的繁殖周期，从而实现水生生物资源数量可以多倍增加。可从根本上遏制长江流域渔业资源持续衰退的趋势。因此，国家决定在长江干流和重要支流保护区以外的水域，暂定实行为期10年的常年禁捕。所以保护区以外的水域是暂定实施为期10年的常年禁捕期，禁捕期结束，渔业资源有效恢复后，再另行制定水生生物资源保护管理的政策，通过合理的管理制度，使渔业资源成为绿水青山转化为“金山银山”的桥梁和纽带。两者的区别在于，一个是永久，一个是暂定10年。谢谢。

人民日报记者：

我注意到长江、淮河、珠江等流域禁渔的时间是3月1日开始到6月30日结束，但是海河、辽河、松花江这3个流域的禁渔都是从5月16日开始，7月31日结束，请问禁渔时间的制定依据是什么，主要是从哪些角度考虑的？谢谢。

于康震：

请张显良局长来给你回答。

张显良：

这个问题问得非常好，事实上禁渔时间既为渔民群众所关心，也为渔业执法部门所关注，同时还直接影响到禁渔效果。禁渔开始时间太早，没有什么必要，但是时间太晚也难以有效保护亲鱼产卵和幼鱼生长的关键期，禁渔时间太长对渔民的生计和渔政执法都将产生较大的压力，时间太短又起不到禁渔效果，为此科学设计禁渔时间非常重要。农业农村部在禁渔期制度设计过程中，既充分考虑到流域主要鱼类产卵的繁殖和幼鱼生长的情况，又要考虑到渔民群众的生活生产需要，以及执法部门的意见。结合北方河流冰冻期较长，明水期较短的实际，在广泛征求意见的基础上，最终研究确定海河、辽河、松花江3大流域从5月16日起开始禁渔，到7月31号结束。这样的制度安排，既满足了渔业资源保护的需要，又可以兼顾渔民生产和执法能力。

今年禁渔期制度结束后，我们将委托有关科研单位对制度的执行情况、渔业资源保护的效果进行科学的评价，以此作为进一步修改完善禁渔制度的参考。谢谢。

中央广播电视总台央广记者：

日前长江流域重点水域禁渔的方案已经发布，这是一项养护长江生物资源的必要的制度措施，同时也是一项涉及沿江几十万渔民群众切身利益的重大政策安排。我的问题是，在长江禁捕的政策当中对于保障渔民群众的合法权益有哪些考虑和安排？谢谢。

于康震：

这确实是一个值得我们认真考虑慎重对待的问题。长江的渔业资源曾经极为丰富，20世纪50年代长江渔业年捕捞量是45万吨，占到全国淡水捕捞总产量的60%。近年来，受水利水电、航道运输、挖砂采石、过渡捕捞、水域污染等这些高强度人类活动因素的影响，长江水生生态环境持续恶化，生物多样性指数持续下降，珍稀特有物种资源全面衰退，经济鱼类资源量可以说接近枯竭，长江生物完整性指数已经降到最差的“无鱼”等级。目前在沿江各地每年大规模开展增殖放流，补充苗种数量。在这个情况下，长江每年的捕捞量还是不足10万吨，部分渔民为了生计开始竭泽而渔，进一步破坏了长江的渔业资源和生态环境，最终形成了资源开发利用的公地悲剧和生态越捕越糟、渔民越捕越穷的恶性循环。

实施长江流域重点水域禁捕就是要在一段时间内从根本上停止捕捞利用，缓解长江生物资源衰退和生物多样性下降的危机，为今后更加科学合理的开发和利用长江渔业资源奠定基础，最终实现保护长江生态环境与发展渔业生产功能的和谐统一。为了进一步保障渔民群众的合法权益，禁捕方案中明确要求把坚持以人为本、保障渔民利益作为一条基本原则，科学合理划分中央与地方事权，要求省级人民政府承担禁捕工作的主体责任，统筹各方力量，完善工作机制，衔接相关政策，整合相关资金，协调推进禁捕工作。退捕渔民临时生活补助、社会保障、职业技能培训等相关工作，主要由各地结合现有政策资金渠道来解决。按照全面覆盖、突出重点、绩效导向、分类施策的理念，采取资金补助、就业服务、技能培训、创业支持、社会保障等多种措施。中央财政采取一次性补助与过渡性补助相结合的方式，对各地的禁捕工作给予适当的支持，在此基础上，各级人力资源社会保障部门将牵头系统做好退捕渔民就业和社会保障领域各项政策的落实。总的目标是要积极稳妥引导退捕渔民转岗就业创业，有效保障就业困难渔民的基本生计，确保退捕渔民“转得出、稳得住、能小康”。谢谢。

中国日报记者：

最近有媒体报道长江刀鱼将正式禁捕，请问为何会有从专项捕捞到全面实施禁捕这样的政策性转变。谢谢。

于康震：

请长江办的马毅主任给你权威性的回答。

马毅：

刀鲚，就是我们平常说的刀鱼，凤鲚，就是凤尾鱼，中华绒螯蟹，就是平常说的大闸蟹，都是长江中下游重要的经济物种。2003年长江流域开始实行禁渔期制度，为了维护渔业生产秩序，保护和合理利用长江渔业资源，农业农村部决定在禁渔期间对上述3个物种的捕捞实行专项管理，应该说专项捕捞制度是长江禁渔期制度的一项配套措施，对促进长江渔业的可持续发展发挥了重要的作用。受水域污染、生态环境破坏等多种人类活动的影响，特别是受长江刀鲚、凤鲚、中华绒螯蟹等特许捕捞物种的竞争性捕捞影响，上述资源已经严重过度捕捞，资源显著衰退，捕捞产量也骤减。大家都知道，每年清明节前后天价刀鱼都在社会上引起很大的反响，这都充分说明了刀鲚、凤鲚和中华绒螯蟹的开发利用量已经超过了物种资源的承载量，相关的专项捕捞制度亟需进行调整完善。

近期，农业农村部经过科学的论证和广泛的征求意见，从专项捕捞管理、渔业资源保护和长江生态系统修复等角度综合考虑，发布了《关于调整长江流域专项捕捞管理制度的通告》，决定从今年2月1日开始，停止发放刀鲚、凤鲚和中华绒螯蟹的专项捕捞许可证。这同时也是长江流域重点水域全面禁捕的政策需要。我们相信，随着长江生态环境的治理改善，以及禁捕效果的逐步呈现，长江的渔业资源也将在一定时期之后实现恢复性增长，届时农业农村部将根据资源状况和监测的情况采取禁渔区、禁渔期、专项特许捕捞等多种方式，组织实施好长江渔业资源的有效保护和合理化利用，切实留住长江水清岸绿的美好生态环境和水美鱼肥的饮食文化传承。谢谢。

农民日报记者：

请问配合此次制度安排，农业农村部后续还将采取哪些保障措施，来保障内陆水域禁渔期制度落到实处。谢谢。

于康震：

你考虑得还是挺周到的，不仅关注了制度，而且关注这些制度要怎么实施。确实，要切实发挥好这些禁渔期制度的作用，必须要有具体的措施，在这个方面我们初步考虑：一是加强制度的宣传。通过开展各种形式的宣传，扩大禁渔期制度的社会影响，让更多的人知道、关注并参与到渔业资源保护中来。这是保障制度实施效果的重要举措。我们今天的发布会就是从这一点考虑来举办的。今年的宣传重点是2019年即将实施的海河、辽河、松花江和钱塘江的禁渔期制度，让生活在这些流域的渔民、渔业管理人员和老百姓都知道这个制度，能够理解与支持这个制度的实施，为制度的顺利实施创造良好的社会氛围。二是组织做好渔政执法。内陆各级渔业执法部门将在“渔政亮剑2019”统一部署下，在长江、珠江、淮河、黄河、海河、辽河、松花江等这些大江大河的重要江段开展以贯彻落实禁渔期制度为主要内容的渔政专项执法活动，计划在5月16日当天组织海河、辽河、松花江流域禁渔期制度启动仪式，开展联合执法，推动制度的贯彻落实。另外，我们还将继续保持对电鱼等严重破坏渔业资源行为的高压严打态势，坚决打赢整治电鱼这场攻坚战。实际上“电毒炸”都在这个范围内。三是及时总结制度实施的经验和做法。农业农村部将在禁渔期结束后组织专家对禁渔期制度实施情况进行全面总结和评估，为进一步完善制度、更好地发挥制度的资源保护作用来提供决策的支撑。特别是海河、辽河、松花江和钱塘江流域，今年是首次禁渔，所以制度实施过程中可能会暴露出存在的一些问题。因为这都是第一次，这些都需要认真总结，今后不断地加以完善，以更好地发挥制度资源保护的作用。谢谢。

广德福：

再次感谢新闻媒体朋友对我们工作的大力支持。我们今天的发布会到此结束。大家辛苦了，谢谢大家！

24. 非洲猪瘟防控工作新闻发布会

非洲猪瘟防控工作
新闻发布会

一、基本情况

时　间	2019年3月1日（星期五）下午3时	
地　点	农业农村部新闻发布厅	
主　题	非洲猪瘟防控	
发布人	中国工程院院士	陈焕春
	国家食品安全风险评估中心实验室主任	李凤琴
	中国农业大学教授	杨汉春
主持人	农业农村部办公厅副主任	宁启文

二、现场实录

宁启文：

女士们、先生们，新闻界的朋友们，大家下午好。欢迎参加农业农村部新闻办公室举行的非洲猪瘟专题新闻发布会。今天发布会的主题是“专家谈非洲猪瘟防控”。党中央、国务院高度重视非洲猪瘟防控工作，农业农村部坚决贯彻落实党中央、国务院决策部署，全面部署防控工作，果断处置突发疫情，优化防控处置措施，督促落实重点环节防控工作，强化防控联控，抓好市场供应和产业发展，扎实做好非洲猪瘟防控工作。总体上看，我国非洲猪瘟疫情总体可控，防控态势逐步向好。目前，100起疫情按规定解除封锁，19个省份的疫区也全部解除封锁，防控工作取得了阶段性的成效。非洲猪瘟在我国发生以来，媒体和公众对一些非洲猪瘟相关的科学问题十分关注，为使大家对此有一个全面的了解，今天我们邀请到了中国工程院院士陈焕春先生、国家食品安全风险评估中心实验室主任李凤琴研究员、中国农业大学杨汉春教授为我们介绍有关情况。

下面，请记者朋友围绕非洲猪瘟防控科学方面的问题进行提问，提问的时候请通报一下所代表的媒体机构。下面进行提问。

经济日报记者：

非洲猪瘟发生之后，消费者对猪肉的食品安全特别关心。我们想问一下，非洲猪瘟是否会影响猪肉和猪肉食品的安全？人如果吃了染疫猪肉的话是否会对身体有影响？

李凤琴：

针对刚才提出的问题，我想从管理和科学两个方面来回答。首先管理方面，目前国际上的组织，比如世界卫生组织、联合国粮农组织（全称联合国粮食及农业组织）以及世界动物卫生组织都没有把非洲猪瘟列为人畜共患病。欧盟食品安全局在官方网站上也强调，非洲猪瘟不会影响人类和其他物种。另外，从科学方面来说，世界各国都进行了大量的研究，他们试图用猪瘟病毒感染除猪以外的其他动物，比如牛、马、羊等，但是都没有获得成功，说明非洲猪瘟病毒在自然界当中的唯一宿主就是猪。猪瘟发现100多年了，世界上有62个国家曾经报道过非洲猪瘟疫情，但是到现在为止还没有因为吃猪肉感染非洲猪瘟病毒而患病的报道，这个角度进一步佐证了联合国粮农组织、世界卫生组织以及欧盟食品安全局作出的科学结论。这些国际组织和欧盟食品安全局在作出这些结论之前，都要组织相关的专家按照一定的科学程序进行评估，这些专家来自各个领域，比如检验检疫、微生物、流行病、食品安全等，评估的原则和结果是适用于全世界的。所以，我们也应该遵守和认同这些国际组织的原则和结果。

中央广播电视总台央广记者：

刚才专家已经说了非洲猪瘟病毒是不感染人的，既然不感染人，我们国家为什么还对非洲猪瘟疫情的防控这么重视，这是出于什么考虑？

陈焕春：

非洲猪瘟是不感染人的，而且只感染家猪或野猪。我想，这个病虽说不感染人，但是对养猪业来说是一个具有打击或者毁灭性的疾病，非洲猪瘟病毒感染生猪的发病率或者死亡率都可以达到百分之百。我们国家是一个养猪大国，养猪数超过世界一半，占53%。从我国猪肉的消费来说，猪肉占比到62%，另外猪肉是中国最大的单项农产品。所以可想而知，猪肉对我们国家和国计民生都是非常重要的。非洲猪瘟虽然不感染人，对人没有危害，但是对养猪业或对国民经济、对国计民生的影响都非常大。所以，党中央、国务院高度重视，各级农业部门也积极采取措施，果断处置，坚决抓好非洲猪瘟防控工作。

中国农村杂志社记者：

请问今年生猪行情会是怎么样的？对于消费者来说，市场上会不会出现猪肉供给不足、价格上涨的问题？另外，对养殖户有什么建议，他们应该怎么办？

杨汉春：

我和大家一样，很关心非洲猪瘟疫情的防控情况，也很关心我们国家的生猪产业，刚才陈院士也讲了，生猪产业对我们国家太重要了，所以我也关注生猪的行情以及猪肉的价格。2018年由于非洲猪瘟疫情的影响，特别是下半年以来，我们国家的生猪连续走下坡路，尤其是基础产能不断地下滑。我也走过不少的地方，尤其是生猪养殖的地方，元月以来，特别是和去年同期来比，无论是猪的存栏还是母猪的存栏，都是明显下降的，达到10年来下浮的最高峰值，所以生猪产能的降幅快，必然预示着今年也可能到下半年生猪出栏就会减少，出栏的减少，猪肉市场供给有可能就出现偏紧的现象，我们预计到第三季度以后，尤其是到第四季度，猪价可能会出现较大幅度的上涨。当然，这个上涨有几个方面的因素：一是受非洲猪瘟疫情的影响。这个影响我想各位都想得到的，尤其是发生疫情的省份和地区，我们的养殖户、养殖场、养殖企业对疫情的不确定性还是有很大的担忧，心里没有底，害怕疫情反复发生，所以不敢增加养猪数量，不敢增加母猪的数量。二是受到资金因素的影响。有些地区养猪户出现了资金方面的困难，不得不调整产能，降低产能。三是受到和非洲猪瘟疫情相关的因素影响。我们的生猪产业面临着转型升级，尤其是一些散养的养殖户，在疫情的发生过程里逐步退出了这个行业，我们的门槛尤其是生猪养殖的门槛是要提高的，生猪养殖的成本显然也会上升，尤其是在提高生物安全，防控非洲猪瘟方面要做大量的事，所以要增加成本。从目前来看这些因素决定了我们生猪产能的下降。

养殖户怎么办？对广大养殖户来说，特别是生猪养殖企业来说，我们还要给他们打气，还要给他们信心。毕竟刚才陈院士讲了，猪对中国人民来说太重要了，尽管有风险，我们还是要去养猪。风险和机遇是并存的，如果我们生物安全做得好，非洲猪瘟能够控制好，我们的猪能够养起来，就一定会进入盈利期。所以我也建议广大的生猪养殖企业还有中小型的养殖户，要根据当地的情况，来改善防疫条件，改善我们的养殖环境，尤其规模化养殖企业要把生物安全水平提高一个档次，改造猪舍的建设方面都要强化，把非洲猪瘟发生的可能性降到最低。另外，建议养殖户要根据时机去适当的补栏，争取养猪有好的经济效益。

农视网记者：

刚才更多介绍的都是国内情况，我想了解一下目前国际上非洲猪瘟的疫情态势如何？另外有哪些通行的防控措施？

陈焕春：

国际上，1921年非洲猪瘟首次发生在非洲的肯尼亚，从1921年到现在，已报道了的就有62个国家发生过非洲猪瘟，可能还有国家没有报道，因为报道非洲猪瘟不是强制性的，是自愿的。2018年以来，非洲猪瘟在全球更加活跃，有25个国家报告发生了6 500多起，疫情数量增长了25%，部分的国家呈暴发性流行，像匈牙利、保加利亚、比利时这些欧洲国家都是30年以后又重新暴发了。2019年，蒙古、越南等国家也报道了非洲猪瘟的发生。非洲猪瘟对全球养猪业都是“一号杀手”，从各个国家防控的历程来说，非洲猪瘟一旦传到某一个国家以后，很难在短期内根除或者消灭，发生过非洲猪瘟的大多数国家都付出了巨大人力、物力和财力。在我前面说的60多个国家里，截至目前，把非洲猪瘟根除消灭的只有13个国家，其中古巴、比利时、法国3个国家是消灭了又重新发生了。

刚才问到国际上共同的或者说通行的防控措施，采取国际上通行的防控措施以后，目前只有13个国家把非洲猪瘟根除消灭了。从疫情发生的普遍情况来看，采取的措施主要还是捕杀、消毒、无害化处理和提高养殖生物安全防护等，这些防护思路和措施应该说都是大同小异，但是根据不同国家的重视程度和采取的措施，还有社会动员和组织能力、饲养的方式、养猪的数量和规模，以及生物安全的防护水平，疫情发生以后，控制程度和效果有很大的差异。

我们国家这么大的生猪养殖量，养殖的模式、养殖的方式都不一样。比如说5 000头母猪以上和500头母猪以上的养殖场，从5 000头母猪以上的养殖场出栏的猪不到1亿头或者大概是1亿头，从500头母猪以上到5 000头母猪的养殖场出栏的猪也就是1亿头左右，也就是说，80%的猪是从500头母猪以下的养殖场出栏的，所以像这么大的量和这么复杂的模式，我们国家这么大的生猪产业，要完全把它做到不调运、不动的话也是不可能的。加上冬季气候有利于病毒的扩散，所以现在扩散到了28个省（自治区、直辖市），有111起疫情。

总体来说，我们国家在采取措施以后，应该说是非常得力和有效，也获得了初步的效果，这个病在全国28个省（自治区、直辖市）有发生，在绝大多数地区是呈点状发生的。所以我们国家非洲猪瘟的疫情通过努力控制，应该说还是在可控范围之内，而且也得到了国际社会和国际专家、国际组织的认同和高度评价。

新华社记者：

我们关注到去年8月以来，我国28个省份先后发生了111起非洲猪瘟疫情，这样大面积快速的传播，是不是说明我国的防控政策还存在什么漏洞？下一步疫情防控态势如何？谢谢。

杨汉春：

从去年8月以来，到现在有111起疫情，其中108起是生猪的疫情，3起是野猪的疫情。刚才陈院士已经给大家介绍了我们在防控方面的措施，我也谈一些自己的看法。

我们国家对非洲猪瘟采取的防控措施，都是有力的，对疫情的控制都是有效的，我们可以从几组数据来说明。一是通过疫情的排查和监测，实际上我们及时发现了68起疫情，超过了疫情总数的6成，这一点说明什么？说明了早发现、早处置，避免造成更大的经济损失。二是所有发生的111起疫情都及时地得到了有效处置，没有发生二次扩散，处置的措施和方式都是按照国际通行的做法。到现在为止，已经有9成的疫情按照规定解除了疫区封锁。三是加强生猪及其产品调运监管，全国生猪及其产品异地调运实际上也是造成非洲猪瘟疫情扩散的一个很重要的因素，目前由这个因素引发疫情的比例已经从35%下降到了15%，这说明我们在控制生猪的移动和及其产品的调运上应该是很有效的。四是禁止使用餐厨剩余物喂猪，全国因餐厨剩余物喂猪引发疫情的比例已经由50%下降到44%，这个大家都清楚。另外，由于泔水受到了非洲猪瘟病毒的污染，我们的养殖户如果使用泔水来喂猪，也很容易传播病毒，所以我们采取的有效方法就是禁止使用。除了上述的措施，我们还采取了生猪运输车辆备案、运输环节检查以及屠宰环节的检测措施，而且出重拳打击违法违规行为。通过系统严密的防控，我们很好地控制了所发生的疫情，使疫情总体处于可控的态势。

近期跟去年下半年相比，疫情发生的势头有所趋缓，市场上猪肉的供应也比较充足，价格没有波动，大家可能也有体会，去年的中秋、国庆，还有今年的元旦以及春节，这几个节日都没有出现买不上肉或者肉价比较高这样的问题，所以这些都证明我们采取的措施，在控制非洲猪瘟疫情上是非常有效的，这也得到了国际相关组织的认可，刚才陈院士提到的包括联合国粮农组织、国际卫生组织、世界动物卫生组织，他们也认可我们采取的这些措施是积极的，而且是很有效的。

非洲猪瘟病毒在我们国家已经有了一定的污染面，造成了一定的污染，目前我们国家生猪养殖场户里中小型的占绝大多数，养殖户的防疫水平和生物安全水平不高，甚至没有生物安全的意识。当然，我们中国人、老百姓喜欢购买和食用鲜肉，所以这个调运是不可避免的，目前包括在解除封锁的地区，生猪是可以调运的，这些因素有可能在短期内没有办法改变，我们也努力在这方面制定一些相应的条例，这些也是非洲猪瘟防控的难点。

说到疫情的态势、走势，确实，我们国家非洲猪瘟疫情的发生以及传播的风险是很大的。刚才讲，已经有一定的污染面，而且还有污染物，还有很多不确定性，所以我们的疫情可能还会持续地出现，即使在一些解除封锁的，或者还没有发生疫情的地区，不排除再次发生疫情的可能。实际上我们现在防控非洲猪瘟的压力是很大的，也就是说，我们要做的工作很多，我们需要上上下下共同努力，去做好非洲猪瘟的防控，这是目前和未来很长一段时间内很艰巨的一项任务。

农民日报记者：

第一，近一段时间以来，一些企业从加工食品中检出非洲猪瘟核酸阳性，这是不是代表这些产品有安全风险？第二，我们国家采取了严格的措施来防控非洲猪瘟，为什么还有病猪流传到市场上？谢谢。

陈焕春：

从加工食品当中检出了非洲猪瘟核酸阳性，确实有这样的报道。在生猪的屠宰或者食品加工当中，如果有病毒的话，像泔水和加工的下脚料就可能有传播动物疾病的风险。针对这种情况，农业农村部在刚开始就发布公告禁止用泔水养猪，在全国采取了很多的行动。同时从2019年2月1日起，发公告要求屠宰企业实施屠宰生猪要进行非洲猪瘟病毒的检测，要及时发现和处置风险猪肉，防止由此带来生猪疫情的扩散。这种加工食品里面发现了核酸阳性，主要的风险是传播疾病的风险，但对于食品安全来说，刚才李老师讲到了，非洲猪瘟不感染人。第二，我们国家肉食的食用习惯是吃熟肉，没有人吃生肉，猪肉加工超过100摄氏度，可能1分钟、2分钟病毒就被杀死了。所以加工食品里发现核酸阳性对食品猪肉的消费应该说是没有风险的，关键还是在动物疾病的传播上可能有风险。

另外一个问题，市场上部分猪肉制品当中检出了非洲猪瘟病毒核酸阳性，这到底是怎么来的呢？是不是市场上的猪肉都被病毒污染了？显然不是，检出或者检出的量毕竟是少数的，因为病死的猪、发病的猪、有症状的猪到不了屠宰市场，这一块无论是国家还是国际管控都非常严。这些猪到底是从哪儿来的呢？因为非洲猪瘟病毒最大的特点就是潜伏期非常长，可以达到21天甚至23天，有时候猪没有发生临床症状或者表现的时候就已经卖了，是这种猪到了屠宰场引起的疫情。另外检出核酸阳性，要注意重视这个事情，我最担心的还是这些猪传播动物疾病。

杨汉春：

我补充一点。现在我们对肉制品的检测，包括对猪肉的检测，目的是要阻断下游，就是说阻断被污染的泔水，还有餐厨剩余物对生猪的感染，这一关非常重要。陈院士解释的潜伏期的问题，不排除有一种猪你看着它是健康的，但它可能已经感染了非洲猪瘟病毒，这样就会造成一些肉制品的污染。我们现在要切断病毒往下游的传播，往下面感染生猪，这一点是我们在非洲猪瘟防控上相当重视的。

光明日报记者：

一些动物疫病会影响到食用的安全，请问国家将采取哪些措施防止这些染疫的猪肉流向餐桌，我们老百姓在市场上又该如何购买放心肉？谢谢。

陈焕春：

为确保人民群众舌尖上的安全，也就是食品安全，我们国家建立了动物产品从生产到餐桌整个产业链的监管措施。我经常说一句话，安全食品是靠种出来或者养殖出来的，植物产品是种植出来的，动物产品是养殖出来的，所以关键是在种养的过程中加强监管重视。后面的检测是一个把关措施，但不能完全依靠检测，要从生产开始把关。第一道关，在养殖环节、在生猪离开产地前，我们都有产地检疫。第二道关，在运输的环节中会设卡进行严格的检疫，要有合格的检疫证才能通过。到了屠宰环节，每个屠宰场都要进行查验检测，包括屠宰前、屠宰中和屠宰后的查验检测。最后在市场流通和产品加工环节，市场监督管理部门还要进行严格的检查。所以，在整个过程中，国家对畜禽产品的生产、运输、屠宰、加工到最后的消费，是有一套完整的检验检测的体系和机制的。消费者对肉蛋奶和动物性食品应该是可以放心消费的，这没有问题。

另外，我国对病死的畜禽动物也建立了病死动物的无害化处理制度，以前也曾经报道过有些病死畜禽乱丢乱扔，大家可以看看，现在这种报道基本上没有或者很少了。全国在这个方面建立了无害化处理机制，同时我们现在更强调在畜禽场养殖方面把病死动物无害化处理机制建到企业里去，不要让病死的动物出去，有病死的动物就直接无害化处理掉了。另外，国家各级政府部门对私屠滥宰，如果是屠宰病死的动物，只要发现，是要严肃处理和重罚的，严防病死动物流入市场。近些年来，我们国家这个工作做得非常严，也非常不错，收到了比较好的成效。

对消费者来说，如何在市场上购买安全的动物产品？比如我们通常说的肉蛋奶，还是到正规的大中型超市或者正规店去购买这些产品。另外，注意商标、日期，我想提醒消费者，在购买食品时可以注意一些小情况。我们国家整体的食品安全，我们国家整体的肉蛋奶的食用安全性，应该是有保障的，有时候有个别事件发生也是难免的，而且这些事件可能会被放大，但我觉得我们的食品安全基本上没问题。

工人日报记者：

刚才各位专家提到了一个问题，我们的养殖集中度不够，比较散，但是也有专家认为规模化养殖、大规模的养殖也不是一种太科学的方式，不知道该怎么理解科学养殖和规模化养殖之间的关系？第二，各位专家知道大的动物疫病出来以后，会把这个产业中间存在的问题放大或者暴露，请问都放大暴露了哪些方面的问题？谢谢。

陈焕春：

第一，关于我国养殖规模和养殖方式模式的问题，我对我们国家的养殖业进行了大量调查，规模在5 000头母猪以上的公司，现在有很多，但我仔细算了一下，也就出栏不到1亿头猪。规模在500头母猪到5 000头母猪的公司，可能数据不精准，提供的出栏猪是1亿头。我们的出栏猪总共是7亿多头，也就是说，这500头以上母猪的大型规模化养殖，占28%，我们还有

70%多的猪，出栏自500头以下的规模养殖，我觉得500头以下的养殖规模在近一段时间内，仍是我们国家未来养猪业发展的大头，因为养殖规模太大以后，在应对疾病和抗风险方面也有它的难处，5 000头或者1万头母猪发生了疫病会损失很大，几百头母猪如果出现了疫病，马上处理掉，损失就小得多，防控和措施采取也有力得多。

第二个问题，改革开放40年来，我国养殖业发展很快，我查了一个文件，安徽1961年的肉票是2钱，40年前我们饭还没吃饱，肉也没有吃上，40年后我们饭吃饱了，肉吃够了。40年前，消费者需求是吃饱饭、有肉吃，现在消费者需求是吃得安全放心、吃得优质美味，还要吃得价廉物美。我们的养殖业现在达到了这个水平，而且发展比较快，但发展底子薄，人才、技术还没有跟上，所以一些动物疾病一来，就暴露出比较多的问题，这也是一个客观事实。比如每发生一次疫情对我们来说肯定不是好事，是损失，是坏事。但是每一次大的疫情的到来，也使我们警醒，也让我们看到了存在的问题、让我们思考短处，我们怎么不断地改进完善。这次非洲猪瘟警醒了我们，让我们意识到以前在动物疾病防控和养殖生产，尤其在生物安全方面不太重视。疫情对我们的生物安全措施，对养殖者和从事动物疾病防控的人都猛击了一掌，可能通过这个事情，我们对其他动物疾病的防控意识也就增强了，吃一堑长一智，今后不断吸取教训，总结经验往前走。

杨汉春：

我补充两句。非洲猪瘟疫情值得我们思考和改变的东西很多，我们的养殖模式和养殖方式、生物安全，还有刚才这位记者提到的，我们规模化养殖，一定要是适度规模。大家也知道，我们现在有5 000头母猪的市场，未来包括猪舍的设计、选址，还有生物安全措施等全部要做一些彻底的改变，以便更好地防控非洲猪瘟。这是值得我们思考，而且是我们的养殖企业都需要去做的事情，这太重要了。

宁启文：

大家还有问题的话，会后可以跟我们新闻办公室联系。感谢记者朋友们，今天的发布会到此结束。

25.“中国渔政亮剑2018”系列专项执法行动新闻发布会

“中国渔政亮剑2018”系列专项执法行动新闻发布会

一、基本情况

时　间	2019年3月21日（星期四）下午3时	
地　点	农业农村部新闻发布厅	
主　题	“中国渔政亮剑2018”系列专项执法行动	
发布人	农业农村部副部长	于康震
	农业农村部渔业渔政管理局局长	张显良
	农业农村部长江流域渔政监督管理办公室主任	马　毅
主持人	农业农村部新闻发言人、办公厅主任	广德福

二、现场实录

广德福：

女士们、先生们，媒体朋友们，大家下午好！欢迎参加农业农村部新闻办公室举行的专题新闻发布会。大家都知道，渔政执法是加强渔业水域生态文明建设、推动渔业转型升级的重要保障，2018年，农业农村部针对渔业产业中的突出问题，组织实施了“中国渔政亮剑2018”系列专项执法行动，进一步严厉打击了涉渔违法违规活动，取得了显著成效。为了让大家对此有个全面了解，今天我们很高兴地邀请到农业农村部副部长于康震先生为我们介绍有关情况。出席今天发布会的还有农业农村部渔业渔政管理局局长张显良先生、农业农村部长江流域渔政监督管理办公室主任马毅先生。下面首先请于康震副部长向大家通报有关情况。

于康震：

女士们、先生们，朋友们，大家下午好！为贯彻落实党的十九大精神，实施乡村振兴战略，加强渔业水域生态文明建设，推动渔业高质量发展，2018年农业农村部组织实施了“中国渔政亮剑2018”（简称“亮剑2018”）系列专项执法行动，重拳整治破坏渔业资源和群众反映强烈的突出问题，取得了积极成效。下面，我简要介绍一下有关情况。

“亮剑2018”系列专项执法行动由海洋伏季休渔、清理取缔涉渔“三无”船舶、整治违规违法渔具等9个专项执法行动组成。“亮剑2018”系列行动是“亮剑2017”系列行动的升级版，执法领域大幅拓展，执法力度持续加强。1年来，各级渔业渔政部门及渔政执法人员充分发挥“特别能吃苦、特别能战斗、特别能奉献、特别有作为”的中国渔政精神，主动担当，积极作为，海洋伏季休渔深化了“史上最严执法”，清理取缔涉渔“三无”船舶和“绝户网”等违规网具战果持续扩大，长江以南内陆水域禁渔执法不断加力，黄河全流域禁渔执法首战告捷，中俄、中朝、中老边境水域渔业秩序保持平稳，水生野生动物保护力度进一步加大，渔业资源得到休养生息，近海养殖水域滩涂环境明显好转，海洋渔船规范化水平又有了进一步提高。

从执法力量上看，各地累计出动执法人员140.9万人次、执法车船32.8万辆（艘），检查渔船133.4万艘次，渔港（水产品交易市场、渔船网具修造厂等）21.3万个，水上巡查里程达到222.5万海里，以上指标较2017年均有大幅度增长，增长了70%以上。

从执法组织上看，青川甘宁、京津冀、苏浙沪、闽粤、粤桂琼等区域间渔政联动执法机制逐步成熟，渔政与公安、海警部门之间的执法协作机制也取得了新的进展，合力作用开始显现，行刑衔接有力推进，进一步提升了执法效果。

从执法结果上看，各地累计清理取缔涉渔“三无”船舶9 745艘、“绝户网”等违规网具55.1万张（顶），同比分别增长39.2%、37.8%；查办各类涉渔违法违规案件3.45万件，查获涉案人员2.7万名，向公安机关移送涉案人员8 132名，同比分别增长130%、101.5%、174.5%；行政罚款8 642万元，向公安机关移送涉黑涉恶线索300余条。

督查督办力度进一步加强。举办海洋伏季休渔、长江禁渔、黄河禁渔等专项执法行动启动活动，涉渔“三无”船舶和违规网具公开拆解活动，发布了违反海洋伏季休渔十大典型案例，推动涉渔犯罪案件在重点渔区进行公开宣判，以案释法，强化了典型教育。在海洋伏季休渔中期和黄河禁渔中期，分别组织实施为期1周的区域间交叉执法督查活动。加强违法违规举报受理，对群众举报的违法线索，通过《渔政执法督办》的形式抓好案件查办，对一些重大案件派员开展实地督办，全年向地方发出《渔政执法督办》23件。

通过“亮剑2018”系列专项执法行动，严厉处罚了一批违法捕捞人员，配合公安部门成功打掉了一些长期危害渔业捕捞行业的涉黑涉恶团伙，守法渔民的权益和社会公平正义得到维护，渔业资源得到进一步休养生息，为渔业产业兴旺、渔民增收、生活富裕提供了支撑，有效稳定了敏感海域渔业生产秩序，涉外渔业事件明显下降。

1年来，各级渔政机构严肃查处了一批涉渔违法违规案件，其中一些案件的查办具有很强的典型性和示范性。今天，我们从中选取了“‘辽某渔23037’等19艘渔船伏季休渔期非法捕捞案”“江苏省靖江市王某、丁某等69人特大非法捕捞、收购、销售鳗鱼苗案”等10个案例予以通报，材料已经印发给了大家，由于时间关系，各位可以自行参阅。

“亮剑2018”虽然取得了显著成效，但是推进渔业高质量发展和水域生态文明建设给渔政执法机构提出了更高要求，清“淤点”、通“堵点”、解

“难点”仍然是各级渔业渔政部门的重点任务。

根据《国务院办公厅关于加强长江水生生物保护工作的意见》《渤海综合治理攻坚战行动计划》等文件的要求，以及党和国家机构改革情况，农业农村部对2019年的中国渔政亮剑执法方案行动进行了重新设计，重点强化了长江流域重点水域全面禁捕、渤海治理、打击电鱼、安全生产、水生野生动物保护等方面的执法工作。3月上旬，农业农村部印发了《中国渔政亮剑2019系列专项执法行动方案》，这个方案包括了10个具体的专项执法行动，分别是海洋伏季休渔专项执法行动、长江流域重点水域全面禁捕专项执法行动、清理取缔涉渔“三无”船舶专项执法行动、违规渔具渔法清理整治专项执法行动、内陆大江大河（湖）禁渔期专项执法行动、渤海综合治理渔业专项执法行动、打击电鱼活动专项执法行动、边境交界水域专项执法行动、渔业安全生产专项执法行动和水生野生动物保护专项执法行动。具体方案已经在农业农村部网站上公布了。

在整体设计上，“亮剑2019”执法行动方案是“亮剑2017”和“亮剑2018”行动方案的升级版，这个方案更加坚持问题导向，突出关键领域，更加符合渔业发展的新形势、新要求，更加有利于贯彻落实《渔业法》，保护渔业资源及水域生态环境，保障渔民群众生命财产安全。

基本情况就介绍这么多，下面我和我的两位同事愿意回答大家的提问。

广德福：

感谢于康震副部长，下面请记者朋友们提问，提问的时候请通报一下自己所代表的新闻机构。

人民日报记者：

我了解到，海洋伏季休渔是保护渔业资源最重要、影响面最广的一项措施，请问今年在海洋伏季休渔方面，农业农村部有哪些新的举措？

于康震：

确实，海洋伏季休渔是保护渔业资源的一个强有力的措施，这项活动涉及到我国沿海11个省（自治区、直辖市）和香港、澳门特别行政区，大约10万余艘捕捞渔船，100余万专业从业渔民。抓好海洋伏季休渔历来都是沿海地区渔政执法的重点和难点，2017和2018这两年的海洋伏季休渔专项执法行动中，农业农村部都采取了船籍港休渔、联动执法、交叉督察等一系列举措，取得了显著成效。今年，农业农村部将在船籍港休渔联动执法、交叉执法等工作措施的基础上，创新执法方式，提高执法效能。首先，加强与海警等相关部门的执法协作，推进行刑衔接、强化执法信息共享，在一些重点时段和重点海区，适时与海警开展联动执法，建立海上违法捕捞行刑衔接机制，共同构建对伏季休渔期间违法捕捞行为的严打高压态势。其次，加强监督检查评估，提升执法针对性。伏季休渔期间，在黄渤海、东海、南海三大海区，农业农村部每月都会不定期地安排巡查力量，在渔港、海上等区域开展休渔情况的监督检查和评估，并根据评估结果部署执法力量，对重点区域违法捕捞行为实施精准打击。第三，加强以案说法，强化典型教育。今年农业农村部开通了中国渔政微信公众号，将不定期地公布各地执法活动、重大案件查处进展等相关信息，提高区域乃至全国渔政执法联动的能力。这样做的目的只有一个，就是凝聚最大公约数，确保监管无缝衔接，最大限度地保证今年的休渔秩序。因此，今年的伏季休渔只会更严，不会放松。谢谢。

经济日报记者：

社会上对“绝户网”反映很大，请问农业农村部今年在清理整治“绝户网”方面有什么举措？

于康震：

这个问题请农业农村部渔业渔政管理局张显良局长回答。

张显良：

你能说出“绝户网”这三个字，说明你对渔业的事还真有研究。“绝户网”顾名思义，它不是互联网的网站，而是一种捕鱼的网，用这种渔网捕鱼，会将大鱼小鱼一网打尽，对渔业资源的破坏是毁灭性的。正因为如此，我们渔业执法把它作为重点。近年来，农业农村部坚决贯彻习近平总书记对清理整治“绝户网”的重要指示精神，多次召开相关会议，对违规渔具清理整治工作进行动员部署，狠抓督导落实，也多次组织全国范围的专项执法行动，加大对违法行为的处罚力度，积极推进两法衔接，对违法行为起到了较大的震慑作用。

据不完全统计，到2018年年底，全国已经累计清理违规渔具145万余张，“绝户网”等违规渔具使用蔓延的态势得到了初步遏制，渔民对“绝户网”危害的认识程度明显提高，法律意识也得到了进一步加强。今后，农业农村部将继续加大宣传力度，提高渔民自觉遵守法律法规、主动参与保护渔业资源的意识，弘扬守法生产、诚信经营典型，营造良好的社会氛围和舆论声势，形成舆论的正能量。同时，将结合“中国渔政亮剑”系列专项执法行动，组织实施好违规渔具三年“清网”行动，进一步加大执法力度，对使用禁用渔具、网目尺寸严重违反国家规定标准等现象进行重点打击，严格按法律法规予以处罚。特别是在伏休期间，农业农村部将组织开展违规渔具集中清理整治行动，依托渔港、码头，对在港渔船进行排查，对装载和使用禁用渔具的，严格按照法律法规进行处罚，对收缴的禁用渔具集中销毁。同时，通过积极完善两法衔接，对查处的违法案件依法严惩，绝不姑息，做到发现一起、查处一起、公布一起、震慑一方。谢谢。

中央广播电视总台央广记者：

我们知道，涉渔“三无”船舶一直是渔政执法重点打击的对象，经过这么多年的持续打击，现在总体的治理形势如何？下一步还将采取哪些措施？

于康震：

与“绝户网”一样，涉渔“三无”船舶是我们渔业领域存在的另一大“毒瘤”。涉渔“三无”船舶的存在，不仅严重扰乱了渔业生产秩序，威胁渔民群众的生命财产安全，而且还经常导致涉外渔业事件，影响和损害了我国的国家形象。

按照中央的有关部署要求，2018年各级渔业渔政部门充分依靠地方政府，持续加大涉渔“三无”船舶清理取缔力度，组织涉渔“三无”船舶拆解活动345场次，打掉了一批利用“三无”船舶从事涉渔活动的涉黑涉恶团伙。截至2018年年底，各地已经累计清理取缔涉渔“三无”船舶3.98万艘。总体上看，经过连续几年的高压执法，清理取缔涉渔“三无”船舶的社会氛围日益浓厚，各地统一领导，属地管理，渔政队伍主动作为，勇挑重担，公安、海警、市场监督等部门密切配合，齐抓共管的工作机制已经逐步完善，工作基础在不断夯实。各地涉渔“三无”船舶数量大幅下降，渔业秩序有明显好转。

尽管这项工作取得了明显成效，但是离取得决定性胜利还有差距，当前清理取缔工作已经进入深水区、攻坚期。这其中的原因，一是好“打”的都“打”得差不多了，剩下的都是难啃的硬骨头。二是这两年旧的涉渔“三无”船舶被“打”掉了，又有新的出现，而且还出现了新的变种。比如“浮子筏”，这种小型的船筏结构简易，建造成本也很低廉，速度快，隐蔽性高，查处难，所以很容易反弹，也非常容易引发安全事故。所以现在看来，打击涉渔“三无”船舶就如同割韭菜，割了可能还会长出来。另外，这项工作的开展，不平衡的问题在地区间还是比较明显，有的地方做得非常好，但有的地方工作力度显然还不够。对于这项工作，农业农村部的态度是明确的，信心也是坚定的，那就是按照党中央的部署要求，坚持久久为功，坚决打赢清理取缔涉渔“三无”船舶工作这场硬仗。

当然，光靠“打”这一只手还不能最终解决涉渔“三无”船舶的问题，另一方面还需要有关地方能够综合施策，多管齐下，源头治理，重在治本，努力铲除涉渔“三无”船舶产生和存在的土壤，彻底解决这个问题。谢谢。

中央广播电视总台央视记者：

农业农村部正在推进长江流域重点水域常年禁捕工作，这对渔政执法管理工作提出了更高的要求，后续将采取哪些措施保持禁渔水域的秩序？

于康震：

农业农村部长江办马毅主任在座，请他回答这个问题。

马毅：

大家知道，去年9月国务院颁布了《关于加强长江水生生物保护工作的意见》，要求到2020年长江流域重点水域实现常年禁捕；今年1月，农业农村部联合财政部、人力资源和社会保障部又出台了《长江流域重点水域禁捕和建立补偿制度实施方案》，全面明确了长江禁捕工作的目标任务、制度框架和措施体系，规定了今年年底以前要完成水生生物保护区渔民的退捕，2020年年底以前要完成长江干流和重点水域以及大型通江湖泊的渔民退捕。在这么大的范围内，实行这么长时间的禁捕，是史无前例的，所以全面禁捕之后，渔政执法管理的任务会十分艰巨，需要多措并举，需要各方发力，也需要我们多管齐下。

第一，要健全执法管理机制。强化中国渔政特编船队机制建设和运行管理，打造一支服从指挥、调度高效、能打胜仗的跨部门、跨地区的长江水上联合执法力量的平台，定期开展部门协作、流域联动、交叉检查等多种形式相结合的联合执法活动，推动将禁捕水域管理成效纳入地方政府的绩效考核和相关督查督办事项，充分体现和落实地方属地管理的主体责任。

第二，要加强执法监管能力。推动地方各级政府加强渔政队伍和执法能力建设，加大执法管理的经费投入，保障禁捕管理的需求，形成与禁捕新形势相适应的执法管理能力。会同各地尽快在沿江重点水域配置建设一批渔政执法船艇、无人机和视频监控系统，推广运用现代化、信息化、智能化管理手段，加快提高执法监管效率，有效补足执法力量在时间和空间上的短板。

第三，要充实基层辅助力量。在相关省份试点经验的基础上，我们准备借鉴护林员等模式，鼓励各地统筹使用相关政策资金，把符合条件的退捕渔民就地转为护鱼员，作为渔政执法队伍的有益补充，协助加强禁捕水域的管护。鼓励各地在乡镇一级设立执法协管人员，推动将禁捕管理纳入乡村基层治理体系，实现就地监管、精准防控。

第四，要持续开展专项行动。组织开展各项专项行动，集中优势力量保持高压态势，重点加强非法捕捞多发高发的水域和时段的执法监管，大力推动行政执法与刑事司法的衔接机制，以零容忍态度，严厉打击“电毒炸”“绝户网”、涉渔“三无”船舶等严重破坏渔业自然和生态环境的犯罪行为，通过严管重罚，打消违法者的侥幸心理。

当然，在这个工作的开展过程当中，我们还会根据新形势的发展，针对新问题、新矛盾，积极探索管理的新举措，争取打赢这场退捕的攻坚战。谢谢。

中国农村杂志社记者：

2月上旬的时候发生了一件比较令人痛心的事情，大连查获了一起斑海豹幼仔盗捕案件，社会各界对这件事广泛关注。我想问一下，关于水生野生动物保护方面，今年农业农村部会有什么考虑？还有哪些具体安排？谢谢。

于康震：

大连斑海豹幼仔盗捕的案件令人震惊、令人气愤，盗捕者利欲熏心，胆大妄为，这种行为真的是令人不齿。案件披露后，遭到了社会各界的一致谴责，可以说是千夫所指。案件发生后，农业农村部第一时间责成当地主管部门对案件严肃查处，并务必做好斑海豹幼仔的救护工作，之后农业农村部又会同公安部、自然资源部、国家林草局、辽宁省政府等组成督办组，赴大连进行现场督办。目前，查获的71头存活斑海豹幼仔，由辽宁省海洋水产科学研究院、大连圣亚海洋馆和老虎滩极地海洋馆几个单位分别安置救助。这几个单位都是全国海洋珍稀濒危野生动物救护网络的成员单位。截至目前，成功救活了61头，另外10头由于受到伤害太严重，没有抢救过来，救治成功率是86%。对成功救活的斑海豹幼仔，我们计划在体况好转并经过专家评估合格后，择期分批全部放归野外。死亡个体在编号拍照记录后，统一放置在辽宁省海洋水产科学研究院保存。目前，有关渔业主管部门正在配合公安部门对此案件进行全力侦破。

下一步，农业农村部将会同有关部门和地方，进一步加快案件的侦办进程，对相关违法行为一查到底，以零容忍的态度加大对破坏水生野生动物资源行为的打击力度，做到发现一起、查处一起。一是加强部门协调，推动保护等级再升级、保护区再扩大。二是加强日常巡护力度，重点关注自然保护地、重要栖息地等关键区域和斑海豹、海龟等关键物种，在水生野生动物繁殖期、洄游期等重要的时间节点开展专项执法。三是加强对出售、购买、租借、自繁水生野生动物活动的规范管理，避免相关活动对水生野生动物野外资源造成破坏。农业农村部将在今年年内部署开展一次针对水生野生动物展演活动的摸底排查，并出台针对性的管理措施，推动野生动物经营利用行为更加规范、更加有序。

中国日报记者：

去年农业农村部开展了针对电鱼的执法行动，能否介绍一下这方面的情况？

张显良：

刚才谈到了“绝户网”对渔业资源破坏的程度非常严重，而电鱼对渔业资源和水域生态环境破坏程度比“绝户网”还大。为什么呢？“绝户网”有可能还有漏网之鱼，但电鱼在一定范围内，不论大鱼小鱼，包括漏网之鱼，可能全部都会被毁灭掉，所以它的破坏程度是非常大的。同时，它也严重危害人民的生命财产安全，这也是农业农村部坚决予以打击的一类非法捕捞行为。2018年初，农业农村部提前谋划，将打击电鱼纳入“亮剑2018”渔政系列专项执法行动方案，并在3月召开的“亮剑2018”专项执法行动部署会上进行了专门的部署。根据形势的发展，下半年，农业农村部又专门部署在全国范围内开展为期1年的打击电鱼活动专项执法行动。这项专项执法行动有一个重大转变，就是改变了过去只注重打击电鱼活动的做法，着力强化源头治理，组织各地从电鱼器具的生产、销售和使用，以及非法渔获物销售等全链条开展整治。按照农业农村部的部署，各地不断加强对电鱼活动的执法力度，北京、浙江两地渔政部门分别约谈了部分电商平台，责令其加强监管并立即下架电鱼器具商品，湖南邵阳一举查获渔具销售市场中22家电鱼器具销售店，并没收了价值近百万元的电鱼器具。

据统计，在打击电鱼方面，2018年全国各地共出动执法人员67.7万人次，查处电鱼案件1.1万余件，向公安机关移送涉嫌犯罪案件1 917件、涉案人员2 671人，没收电鱼器具2.3万台套，较2017年均有大幅度增加。总的看来，2018年打击电鱼行动成效实现了“六个一”，即成功取缔了一批制造电鱼器具的窝点，查处了一批电鱼违法案件，打掉了一批电捕鱼团伙，斩断了一些销售非法捕捞渔获物的违法链条，严惩了一批电鱼违法分子，初步建立了一个以渔政为主、公安协同、群众广泛参与的打击电鱼的工作格局，形成了对电鱼活动的有力震慑，电鱼猖獗的势头得到了一定的遏制，打击电鱼的良好氛围正在形成。这个事社会关注度也非常高，有志愿人员主动参与电鱼行为侦查，看到有关情况，及时向渔政部门举报，发挥了很好的作用。

虽然打击电鱼工作取得了成效，但是由于电鱼制造成本低、制造工艺简单和利益诱惑，打击电鱼仍将是长期反复的过程，很难通过一两次专项执法行动彻底解决。下一步，农业农村部将继续保持对电鱼的高压严打态势，充分依靠当地党委政府，加强同海警、公安、水利等相关部门的协调配合。同时我们把这项工作也纳入了农业农村部延伸绩效管理，这些措施的目的都是要以“钉钉子”精神，扎实推动打击电鱼工作取得更好的成效。谢谢。

农民日报记者：

我们注意到，近年来渔政执法力度是在不断加强的，为什么仍然有不少不法分子铤而走险，从事非法捕捞？请问，针对这种现象，农业农村部下一步将采取哪些具体措施？谢谢。

于康震：

谢谢，我也一直在想这个问题。近两年来，按照农业农村部的统一安排，各地扎实推进“中国渔政亮剑”专项执法行动，持续加大违法捕捞行为的打击力度，依法实施严厉处罚，社会上一直给予肯定，称为“史上最严执法”。

就是在这种高压严打的态势下，各种违法捕捞现象、各种违法行为依然屡禁不止，确实值得深思。我想，产生这种现象的原因肯定是多方面的，比如说经济利益的驱动，再比如说渔政监管力量比较薄弱，监管手段不足等。除了这些之外，我还在想，打击违法要怎么打击？根本是要依法打击违法行为。所以，我想强调一个重要的原因，就是我们渔业的法律体系不健全，法律武器有时候显得无能为力。现行《渔业法》是1986年制定的，期间虽然经过几次小的修订，但是这个法的总体格局一直没有变。由于年代久远，《渔业法》已经严重滞后于产业和社会经济发展的实际。举两个例子，比如刚才提到的涉渔“三无”船舶，以及非法从事远洋渔业的行为，现行《渔业法》对此就没有规定罚则，存在执法难的问题。再比如，对非法捕捞行为处罚标准太低。现行《渔业法》对非法捕捞处罚标准是根据20世纪80年代社会经济状况设定的，罚款数额大多数都在5万元以下，对电鱼的处罚标准更低，这与违法捕捞的危害和获利程度，特别是违法海洋捕捞所获得的巨额经济利益相比，是完全不成比例的。也就是说，现行法律不足以对违法行为形成有效震慑，我想这是个重要的原因。

所以，要解决这些问题，需要尽快修订《渔业法》。全国人大常委会对修法工作非常重视，已经把《渔业法》修订列入规划。2019年，农业农村部将加快推进《渔业法》修订，并列入了重要议事日程。修订草案准备将各种违法捕捞行为，特别是涉渔“三无”船舶和“绝户网”、非法从事远洋渔业等现实中经常发生的严重违法违规行为都纳入法治监管轨道，并合理提高违法违规的成本，也就是处罚力度要大幅度提高，做到处罚与违法行为后果相当。草案现在正在征求各方面意见，农业农村部争取早日完成此项工作。另外，农业农村部将根据中办、国办印发的《关于深化农业综合行政执法改革的指导意见》要求，进一步加强渔政队伍规范化建设，合理配备执法装备，提升素质能力，提高严格规范公正文明执法水平，落实好中央关于加强水域生态文明建设的有关要求，推动渔业高质量发展，这就是我们的打算。谢谢。

广德福：

再次感谢各位媒体朋友的大力支持，今天下午的发布会到此结束，谢谢大家。

26. 四方联合推动农民合作社高质量发展等情况新闻发布会

四方联合推动农民合作社高质量发展等情况新闻发布会

一、基本情况

时　间	2019年4月19日（星期五）上午10时	
地　点	农业农村部新闻发布厅	
主　题	四方联合推动农民合作社高质量发展合作进展情况	
发布人	农业农村部农村合作经济指导司司长	张天佐
	中国中化集团有限公司副总裁	阳世昊
	中粮集团有限公司副总裁	栾日成
	中国邮政集团公司副总经理	温少祺
主持人	农业农村部办公厅副主任、巡视员	陈邦勋

二、现场实录

陈邦勋：

女士们、先生们、媒体朋友们，大家上午好！欢迎参加农业农村部新闻办公室举行的新闻发布会。今天新闻发布会的主题是介绍农业农村部与中国中化集团有限公司、中粮集团有限公司、中国邮政集团公司等社会力量，联手推动农民合作社高质量发展合作进展情况。今天我们很高兴地邀请到农业农村部农村合作经济指导司司长张天佐先生、中国中化集团有限公司副总裁阳世昊先生、中粮集团有限公司副总裁栾日成先生、中国邮政集团公司副总经理温少祺先生为我们介绍有关情况。首先，请张天佐司长向大家通报有关情况。

张天佐：

女士们、先生们，媒体朋友们，大家上午好！

党中央、国务院高度重视农民合作社发展。习近平总书记多次作出重要指示，指出“要突出抓好农民合作社和家庭农场两类农业经营主体发展，赋予双层经营体制新的内涵，不断提高农业经营效率”。党的十九大和多个中央1号文件，都对农民合作社发展提出了明确要求。为贯彻落实党中央、国务院关于突出抓好农民合作社、促进农民合作社规范提升的部署要求，农业农村部会同有关部门和单位，建立健全法律制度，强化政策扶持，加强指导服务，促进了农民合作社快速发展。一是数量持续增长。到今年2月底，依法登记的农民合作社达到218.6万家，成立联合社1万多家，辐射带动全国近一半的农户。二是产业逐步拓展。农民合作社产业涵盖粮棉油、肉蛋奶、果蔬茶等主要产品生产，并由种养业向农产品加工、休闲农业、观光旅游、民间工艺品制作和服务业延伸，其中种养业占70%以上。三是服务能力不断增强。农民合作社为成员提供农资供应、农机作业、技术信息等统一服务，提供产加销一体化服务的农民合作社占比达53%。实践证明，农民合作社在组织带动小农户、激活乡村资源要素、引领乡村产业发展、维护农民权益等方面发挥了重要作用，已成为实施乡村振兴战略、助力脱贫攻坚、把小农户引入现代农业发展轨道的重要力量。

但从总体看，我国农民合作社仍处于发展的初级阶段，呈现“大群体、小规模”特征，农民合作社数量众多，但单体规模普遍较小，实力较弱，在组织带动小农户进入大市场时，还面临着种养技术集成水平不高、产销衔接不够紧密、加工流通能力不强、缺乏品牌宣传平台、融资难融资贵等困难和问题。为帮助农民合作社破解这些发展难题，我们充分发挥社会各方面的力量和优势，在充分沟通协商的基础上，农业农村部农村合作经济指导司与中国中化、中粮、中国邮政四方，共同签署了推进农民合作社质量提升合作框架协议和实施方案。

根据框架协议和实施方案，中国邮政集团充分发挥邮储金融、邮递物流、邮乐电商平台等优势，面向农民合作社提供优惠信贷、专属保险、惠农邮递、电商促销等服务；中国中化集团充分发挥农资供应、技术服务、加工收储等优势，面向农民合作社直供安全优质的种子、肥料、农药等农资产品，依托中化农业的MAP现代农业技术服务平台开展技术指导、农事服务、订单收储、加工销售等业务；中粮集团充分发挥种植养殖行业体系和销售平台等优势，面向农民合作社提供粮食和甜菜种植、奶牛养殖等技术指导服务，依托我买网帮助农民合作社销售产品、打造品牌。农业农村部立足职能定位，在政策指导、体系建设、信息交流、沟通协调和农民合作社示范社推

荐等方面为多方合作提供优质服务。在服务对象上，前期重点为7万多家国家级和省级农民合作社示范社，以及8个省份30个农民合作社质量提升整县推进试点县（市、区）的农民合作社开展服务，积累经验后，再逐步拓展服务范围。按照四方的框架协议和实施方案，目前各项工作正在扎实推进。

下面，我和3个集团的3位同志，愿意回答记者朋友提出的问题。

陈邦勋：

谢谢张天佐司长的介绍。下面，请记者朋友就今天发布会的主题提问，提问时请通报自己所代表的新闻机构。

中央广播电视总台央视记者：

刚才，张司长讲到合作四方已经签署了框架协议和实施方案。请问张司长，目前合作四方都采取了哪些措施来推进合作内容落地落实？谢谢。

张天佐：

感谢你的提问。我们这次四方联合的根本目的就是要充分利用各自的优势，帮助农民合作社解决发展中的一些难题，实现多方共赢。我们合作的目的关键就是把这些合作内容落实落地。为此，我们四方高度重视，采取了一系列措施：

第一，充分共享信息。农业农村部农村合作经济指导司为3家企业提供了县级以上农民合作社示范社名录，综合了示范社的主要经营项目、配发货能力和联系方式等信息，这也是我们向合作方提供的优质客户资源。

第二，建立协调机制。农业农村部农村合作经济指导司和3家企业分别建立了工作协调小组，加强情况沟通和信息交流，推进工作进展，构建了上下联动、多方协作、合力推进的工作机制。合作企业内部分别成立了领导小组和工作小组，为方案的具体落实提供了组织保障。各级农业农村部门、企业各地分支机构也在陆续建立相应的联络对接机制。

第三，探索合作路径。四方合作在首批30个农民合作社质量提升整县推进试点县（市、区）已先期开展。据我们了解，陕西等省份已深入开展合作，这为合作四方在全国面上推广提供了有益的探索。

第四，不断总结经验。随着工作的深入推进，我们四方将及时总结各地的好经验、好模式、好做法，通过召开现场会、培训交流等方式，予以复制推广。

我们四方将切实履行好各自的责任，加强协同合作，完善服务内容，创新服务方式，助力农民合作社增强经济实力和市场竞争能力。谢谢！

农民日报记者：

刚才张司长提到有超过一半的农民合作社在搞种植，提高种植效益是他们的迫切需要。我想请问阳总，中化集团能够为这些合作社提供哪些服务？谢谢。

阳世昊：

非常高兴有机会来回答你的问题。中化集团下一步将重点为农民合作社提供线上线下相结合的“从种到销”全过程贴身定制服务，实现种出好品质、卖出好价钱。

第一，贴身农事服务，提高种植技术。每一个MAP服务中心将依托农民合作社配套建设3～5个MAP示范农场，开展品种的筛选，种子、化肥、农药和机械应用技术集成试验，总结出适合当地的种植模式和服务方式，进行田间示范推广，并在重要的农时和关键生长环节为农民合作社提供技术指导。

第二，生产资料直供，降低种植成本。结合中化集团多年来在种子、化肥、农药上的产品、技术和服务的优势，压缩中间环节，优化供应链组织，并配以科学的使用指导，将货真价实、性价比超值的农资套餐直接送到田间地头，最大限度地让利于农户，让种植者省钱、省心、省力。

第三，品质农产品回收，增加种植收入。中化集团将提供产前信息服务，并对接品质农产品订单，根据订单需求转译为种植技术解决方案，对农民合作社进行种植指导和服务。并对符合品质要求的农产品进行回购，保证按质按量公允计价。同时，我们要做到48小时内货款到账。

第四，智慧农业系统，提升种植效率。为农民合作社提供农业信息化服务，通过MAP智慧农业系统提供线上服务，进行田间管理、病虫害预警、精准气象预报、农事提醒、种植数据分析。同时，提高他们的经营管理效率，为合作社接入信息化的快车道提供支撑。

第五，平台资源整合，保证种植效益。集合中化集团资源优势，为符合条件的农民合作社提供政策对接、技术培训、交流参观等机会，以及低息贷款、种植保险等工具，为合作社发展解决后顾之忧。我们主要做了以上五个方面的工作。谢谢！

农视网记者：

我们知道，中粮集团目前已形成了包括种植、养殖、仓储、物流、贸易、加工、销售等环节的上下游一体化网络。请问栾总，中粮集团如何利用好这个网络来支持农民合作社的发展？谢谢。

栾日成：

中粮集团作为全球布局、全产业链发展的一家农业和粮油食品企业，我们将充分发挥在现代农业方面市场、管理、资金、人才等方面的优势，为农民合作社提供一系列的惠农服务，支持农民合作社发展。具体有四个举措：

第一，积极创新合作模式。充分利用中粮集团在产业渠道和资金方面的优势，与农民合作社和专业化的农事服务机构、当地的农业担保公司进行紧密合作，为农民合作社提供土地流转和经营需要的资金，帮助他们扩大种植面积，并且通过合作社来收购所生产的粮食，保证农民的种粮收益。

第二，通过订单农业，提高农民合作社的经营质量。中粮集团在小麦、稻谷的优质产区与农民合作社合作，中粮集团提出优良品种的种植要求，并且保证收购，合作社组织生产种植。这种方式推动了农民合作社种植的规模化、标准化、系统化，对种植结构的调整和优质品种的推广也是非常有益的。

第三，借助电子商务平台优势，培育合作社“社有品牌”。中粮集团在我买网准备开设“农民合作社专区”，协助农民合作社打造“网红”产品，为合作社的“社有品牌”提供品牌定位、包装设计以及产品卖点等服务。在“爱养牛”线上交易平台拓宽农民合作社的生产资料采购渠道，降低采购成本。

第四，提供各种形式的教育培训，协助合作社帮助农牧民增收致富。中粮集团主办了牧场大学和奶牛金钥匙技术示范活动，为农民合作社开展养殖技术指导帮扶，进行专业课程培训。另外，还试点农事服务平台建设，对合作社开展农业技术、政策、金融方面的培训，提高合作社经营管理水平。

总之，中粮集团将在农业农村部的领导下，进一步加大与农民合作社的合作力度、深度和广度，为乡村振兴、农业供给侧结构性改革、农民增收作出应有贡献。谢谢！

中央广播电视总视央视记者：

我有个问题想问一下中邮集团的温总，我们到农村采访，经常发现农民合作社面临着融资和农产品流通两大难题。请问，中邮集团就这两个方面对农民合作社有哪些具体的支持和帮助？

温少祺：

为了缓解农民合作社农产品流通难的问题，中国邮政从农产品寄递和销售两个方面入手，研发了专属产品搭建支撑平台。在农产品寄递方面，我们推出了“急速达”和“易邮箱”两类专属产品，其中“极速达”专门服务时限要求高的品质类生鲜产品，依托中国邮政航空和冷链优势，构建农产品进城24～48小时的快捷通道。“易邮箱”是一款专门服务农产品进城的经济类快递产品，按箱计费，装多少寄多少。在助农销售方面，我们与农业农村部组建了电子商务重点实验室、农产品滞销帮扶中心、名优农产品孵化中心。其中，农产品滞销帮扶中心主要是运用大数据手段，收集分析各地农产品的市场需求、价格走势等动态信息，及时监测预警。名优农产品孵化中心是从源头上把控农产品品质，孵化农产品自有品牌，提升附加值。

关于记者同志问的关于融资难的问题。针对这个问题，我们一是开发了针对性的产品，面向合作社成员、法定代表人等，提供线下线上多种普惠贷款。其中，线下最高可贷500万元，最长可贷3年，还款方式灵活多样；线上“极速贷”，最快可实现20分钟放款。二是丰富增信措施，采取保证、抵质押、政府平台担保、林权质押等多种增信方式，引入农业信贷担保公司、产业链核心企业增信等方式授信。三是提高业务办理效率。针对重点县实行优先受理、优先评审、优先安排信贷规模等特殊政策，采取零售信贷工厂模式大幅提升审查审批效率。四是给予贷款利率优惠，压降贷款利率，让利于农，优先支持对建档立卡的贫困户具有扶贫带动作用的农民合作社，在贷款利息上给予优惠。谢谢！

人民网记者：

我比较关心的是农民合作社差异化发展的问题，在采访过程中，我们发现其实合作社是一个激活农村要素的平台，但是因为地方离得很近，邻近县乡的种养殖传统很相似，一个县或者一个乡不同的村，你种辣椒我也种辣椒，看你今年卖得好，明年我也多种点。我们该怎样激活或者帮助合作社差异化发展？

张天佐：

我觉得你提了一个非常好的问题，如何推进农民合作社的差异化发展？总体上看，改革开放40多年来，我国的农业农村经济发展取得了巨大成就。粮食也好，“菜篮子”产品也好，从原来的供不应求到现在供求平衡，甚至有的产品供给过剩。供不应求的时候，生产什么都能卖出去，也都能卖出一个好价格。但是，市场供求形势发生了根本性变化后，农产品供不应求的时代一去不复返了。我们生产出来的产品并不一定都能卖得出去、卖出好价格。所以，我们必须以市场需求为导向，考虑生产发展问题。

农民合作社作为一类市场主体，主要是引领分散的农户来发展农业生产。前面给大家列举的数字可以看到，我们从事种养业生产的合作社占到整个合作社总量的70%以上，是大头，合作社在种养业产品的生产方面，首先要面向市场来选择产业的方向、产品的类型，这是最重要的。我们不能一哄而上，一哄而上容易导致大家都不挣钱，所以首先要研究好市场需求。

第二，要按照“一村一品、一乡一业”的思路来引领农民发展主导产业。产业的选择一定要依托当地的资源禀赋、产业优势和基本条件，而不是盲目的选择。如果看到市场上某个柑橘的品种销售形势很好，能卖到20元钱1斤，你也盲目地引进这个品种种植，如果你那个地方的水土、光照、气候条件不适合，或者不具备技术上的能力，可能就会成为一个失败的案例。所以，一定要因地制宜、扬长避短，选择性发展。

第三，合作社也好，农民也好，包括我们的一些龙头企业也好，各类主体之间应该有一个产业链上的合理分工。一般来说，每一类主体在市场的整个产业链里都有最佳的功能定位。比如田间地头的生产、分散的养殖，这是农民最擅长的，这些环节应该交给农民去做。合作社主要是起到组织协调作用，解决一家一户农民在生产过程中共性的，或者农民做不了、做不好的环节，比如生产资料的统一购置和销售、产品品牌的培育、生产过程中的技术指导，这些工作是合作社擅长的。作为企业，就应该在产前、产后两个环节下功夫，延伸产业链，提高附加值。

所以在差异化发展方面，如果选准了主导产业，一定要在产业链里把各类主体聚合起来，发挥各自的优势，以市场为导向，把主导产业做大做强。最后才能使每一类主体都能扬长避短，才能让我们的产业发展更具活力。当然，作为政府部门还有很多的公共服务要跟进，比如市场信息的发布、科学技术的推广、产品质量安全的监管等。

人民日报记者：

看了合作单位，3家企业都是大型国有企业，请问张司长，部里在选择推进农民合作社质量提升的合作伙伴时都有什么考虑？

张天佐：

你提了一个很好的问题。借这个机会，我也向大家就选择合作伙伴作个介绍。

第一，作为政府部门，我们对所有能够为农民合作社发展提供支持和帮助的市场主体，都是欢迎的，不会厚此薄彼。

第二，目前全国近八成的农民合作社从事种养业，他们迫切需要加强销售、物流、融资、技术等方面的能力建设。目前合作的3家企业，都有这方面的优势。中国中化在农资供应、技术服务、产品收储等方面，中粮在产品销售、糖业乳业等行业发展，中国邮政在金融保险、产品物流等方面，具有很强的实力，并且有意愿为农民合作社提供亟需的服务。

第三，农民合作社广泛分布在农村地区，社会组织与合作社进行服务对接，需要有相对完善的组织体系和较强的支撑力量。此次合作的3家国有企业，一直深耕农业农村，已经建立起了专业的服务网络和人才队伍，具备较强的服务能力和条件，因此我们先期选择了3家国企作为合作伙伴。四方合作是社会力量支持农民合作社的新起点，今后，我们还会根据农民合作社的发展需要，不断扩大合作伙伴队伍，为农民合作社提供各类服务。

最后，我想再次强调，对能为农民合作社提供服务和帮助的所有企业和单位，我们都欢迎，也希望有更多经济实力强、业绩突出、信誉好的市场主体能够加入到服务农民合作社的队伍中来，让我们一起共同推进农民合作社做大做强。

新华社记者：

我有一个问题，想请3位企业负责人谈谈观点。你们如何看待政府和企业共同合作来推进农民合作社发展这件事情？这个模式是否是可持续的？企业是否能够在这个模式发展中既体现企业的社会责任又实现经济收益，实现多赢？

栾日成：

这个问题既问了企业的问题，也问了企业跟政府的合作问题。

首先，作为中央企业，我们有三大责任，就是央企的政治责任、社会责任和经济责任，这是我们时刻牢记在心的。今天发布会重点谈的是支持农民合作社发展，这是企业履行三大责任的一种举措。核心问题就是要实现乡村振兴，为农民增收服务。在这点上，中央企业所做的跟政府主导的是一致的，是可持续的。

第二，中央企业有市场优势，要把这个可持续做下去，必须要市场化运作，按照市场规律来运作，把企业的独特优势和农民合作社结合起来。关键是怎么能把这些举措落实落细，这需要不断地围绕中国的国情、农民合作社的特点，结合企业自身优势往前推进。我对可持续还是充满信心的。

张天佐：

我从行业主管部门的角度再做一点解释，看看温总和阳总有没有补充。为了节省时间，我简要回答这个问题。你问了一个非常好的问题，就是企业和政府共同推进一个事业的发展，定位是什么？可持续性在哪儿？我们一直在说，要发挥市场配置资源的决定性作用。一个行业的发展核心动力是市场主体，政府的功能是扶持、引导和服务，它包办不了市场主体的功能定位。合作社这个庞大的组织群体，有它自己擅长的领域，在组织农民、带领农民开展农业生产方面是有优势的，但是开拓市场、品牌营销、延伸产业链等方面，都不是它的强项，而一部分的市场主体恰恰有这方面的优势。面对200多万个分散的农民合作社，我们有责任和义务搭建桥梁和平台，让大家联手起来，发挥各自的优势，最后实现互利共赢的目标。如果只有一个方面、两个方面取得了效益，其他方面是利益的受害者，这是不可能长久和持续的。所以，我们必须要搭建好这个平台，把大家的利益链条有机结合起来，让各类主体在合作的框架内都能受益。

第二个问题，一个好的想法要真正落地，光有愿望和理想是不行的，一定要在方向、理念的基础上通过一些具体的方案把它落地。所以，我们在四方合作过程当中，分了两步走：第一步是签订了四方框架协议，把我们各自能够合作的领域从大的方面梳理出来。第二步是在框架协议之后，我们和3家又分别签订了实施方案，每个方案都很具体，中国邮政、中化集团、中粮集团分别干什么，都是依据他们的长项、优势和农民合作社最需要的方面进行对接，找到结合点。光有这两步还不够，下一步，我们在推进过程中要不断地去总结具体的经验和模式、好的做法，然后把这些具体的做法通过培训、现场会、观摩等方式不断地复制推广。当然，这个过程中可能还要不断地去总结，不断地去进行修正，需要一个扎实的工作过程才能保证这些措施落地。

前面我也跟大家介绍了，我们的合作秉持的是开放的思维，是多方合作，是给农民合作社提供服务的一个新起点，今后还要用市场竞争的机制优胜劣汰。欢迎更多的市场主体进入我们合作的领域。我主要做以上补充性的解释。

阳世昊：

我简单说一句，其实中化集团几十年来一直在为“三农”服务，从来没有停止过。这次农业农村部牵这个头，实际上是把三股线拧成一股绳，能更有合力了，更加好地为“三农”服务。谢谢。

陈邦勋：

今天的发布会到此结束，谢谢各位。

27. 农村改革试验区工作进展有关情况新闻发布会

农村改革试验区工作进展有关情况新闻发布会

一、基本情况

时　间	2019年5月27日（星期一）上午10时	
地　点	农业农村部新闻发布厅	
主　题	农村改革试验区工作进展有关情况	
发布人	农业农村部政策与改革司司长	赵　阳
	农业农村部政策与改革司副司长	赵长保
	上海市闵行区副区长	吴志宏
	贵州省六盘水市副市长	王成刚
	黑龙江省克山县县长	陈宝柱
主持人	农业农村部办公厅副主任	宁启文

二、现场实录

宁启文：

女士们、先生们，各位新闻媒体朋友们，大家上午好！欢迎参加农业农村部新闻办公室举行的新闻发布会，今天发布会的主题是介绍农村改革试验区的工作进展情况。我们很高兴为大家邀请到了农业农村部政策与改革司司长赵阳先生，副司长赵长保先生，上海市闵行区副区长吴志宏先生，贵州省六盘水市副市长王成刚先生，黑龙江省克山县县长陈宝柱先生，有请他们为我们介绍有关情况，并回答记者的提问。下面首先请赵阳司长向大家通报有关情况。

赵阳：

女士们、先生们，媒体朋友们，大家上午好！农村改革试验区是中央推进农村改革试点试验的综合平台，承担着为农村全局性改革探索路子、为面上改革提供实践示范的重要使命，是农村改革的先行军、排头兵。中央对农村改革试验区工作高度重视，习近平总书记、李克强总理等中央领导先后对农村改革试验区工作作出重要指示和批示。近几年的中央1号文件多次对加强农村改革试验区工作提出了明确要求。

为贯彻落实中央关于做好农村改革试验区工作的部署要求，探索新时期推进农村改革的具体路径，2009年启动了新形势下的农村改革试验区工作。2011年，原农业部会同农村改革试验区工作联席会议20家成员单位首批安排了24个试验区，围绕党的十七届三中全会部署的6大制度建设，开展改革试验。2014年又设立了34个农村改革试验区，根据党的十八届三中全会精神，部署了5个方面19项改革试验任务。此后几年，农村改革试验区根据新的改革形势要求不断拓展试验任务。截至目前，农村改革试验区承担中央部署的改革试验任务有226批次，基本覆盖了农村改革各个领域。

新形势下的农村改革试验区工作启动以来，特别是党的十八大以来，在中央农村工作领导小组的统一领导下，各试验区围绕深化农村改革的重点领域和关键环节，进行了多角度、深层次的实践探索，取得了显著成效，推出了一批好成果，积累了一批好做法，涌现了一批好典型，各大媒体都做了大量报道。这些鲜活的改革典型，增强了大家改革的信心，拓宽了各地改革的思路，成为推广改革成果的重要途径。今天邀请了上海闵行、贵州六盘水、黑龙江克山3个试验区主要负责同志参会，这些地方就是58个试验区的缩影。

下一步，新时代农村改革试验区将传承和发扬“大胆试、大胆闯”的改革精神，用更大勇气、热情和决心，为新一轮农村改革探索新路子、提供新动能、增添新活力。

宁启文：

感谢赵阳司长，下面请记者朋友提问，提问时通报一下所代表的新闻媒体机构。

中央广播电视总台央视记者：

刚才赵司长提到，农村改革试验区是一个试点试验的综合平台，能否请您详细介绍一下，这个平台这些年为农村改革试点试验探索了哪些路子，提供了哪些经验？谢谢。

赵阳：

我们的试点试验是推动农村改革的一个重要法宝，先进行试点试验，再进行总结推广，这是我们改革开放40年取得巨大成功的一条重要经验。一直以来，党中央、国务院高度重视农村改革的试点试验工作，既把它作为改革的重要任务去推动落实，同时也作为一个改革的重要方法来引领各地改革探索、指导全局。

新形势下农村改革试验区启动以来，特别是党的十八大以来，各试验区认真贯彻落实中央的部署，围绕全面深化改革的重点领域和关键环节，瞄准一些“老大难”问题，坚持底线思维、封闭运行，坚持重点突破、集成配套，坚持主动入位、先行先试。通过改革试验，推动制度创新、理论创新和方法创新，为全面深化农村改革探索了路子，积累了经验。主要有四个方面：

第一，为全局性的改革提供了实践示范。评价改革的成效首先就是要看是否促进了农业农村的发展，是否给农民带来了实实在在的实惠，带来了获得感。从各地试验区改革探索来看，我们不是为了试点而试点，而是着眼于解决一些突出的体制机制弊端和现实问题，勇于实践、勇于探索、勇于创新，在这一方面取得了明显成效。

第二，为面上改革提供了可以学习、可以借鉴的制度成果。农村改革试验区有一个很重要的使命，就是通过改革试验形成可复制、可推广的制度成果，可以说农村改革试验区开展的这些试点试验都是着眼于制度建设的。多年来，农村改革试验区不辱使命、不负重托，坚持大胆探索、边破边立，为面上改革提供了许多成果，很多成果都先后转化为了政策文件和法律法规条文。我们初步统计了一下，从2011年以来，试验区共有144项试验成果，在省部级以上文件的制定或者是国家的法律法规制定和修改过程中得到了体现，几乎涵盖了农村改革的所有领域。

第三，为“三农”理论的创新提供了丰富的营养。理论源于实践，进而指导实践，各试验区探索实践为“三农”的理论创新提供了丰富的营养，成为了“三农”理论创新的重要源泉。以农村集体产权制度改革为例，一些试验区探索开展农村集体资产的股权继承、转让、抵押等方面的试验，拓展了农村现代产权制度的框架，丰富了农村产权理论的内涵。这些建立在改革实践基础上的理论创新，在指导、深化相关领域的改革方面更接地气，更具有针对性，也更有生命力。

第四，为深化农村改革提供了重要的方法。经过近年来持续的探索实践，农村改革试验区工作初步形成了由中央明确授权、部门加强指导、各方支持配合、基层大胆创新的工作机制，为深化改革提供了有力的支撑和保障。特别是农村改革试验区创造性地推出对比试验、第三方评估、案例总结推广，以及农村改革试验区动态调整，能进能出机制，改革的容错纠错机制的探索，这些方面的一些方法推动农村改革形成了鼓励创新、紧张有序、充满活力、干事创业的改革试验氛围，推动了各地试验任务的落地，确保改有所成、改有所进。可以说试验区在完成改革任务的同时，在方法方面也作出了重要的贡献，为改革试验提质增效再创佳绩，打下了一个坚实的工作基础。谢谢。

经济日报记者：

我们知道农村改革试验区从1987年国务院批准设立以来已经有30多年了，请问这30多年来，试验区工作有哪些值得总结的重要经验呢？

赵阳：

这个问题由我来回答。大家知道，1987年中共中央5号文件提出要设立农村改革试验区，农村改革试验区是因改革而生、因改革而兴，可以说农村改革每一次的重大制度变革都不同程度地来源于改革的试点试验。总结这30多年试验区工作的经验，我们认为主要有四点。

第一，坚持党的领导。做好农村改革试验区工作，提高政治站位，这是第一位的要求。这些年来，我们坚持一切从实际出发、实事求是，坚持党在农村的基本政策。习近平总书记说农村的基本政策，最大的政策就是要坚持农村的基本经营制度不动摇。党的十八大以来，我们坚持以习近平总书记关于“三农”工作的重要论述作为根本遵循，在农村改革试验区作表率、当先锋，凝聚起了推动改革发展的强大合力，确保农村改革发展始终保持在一个正确的方向。

第二，坚持问题导向。发展出题，改革求解，这些年试验区坚持问题导向，从当地实践和发展需要出发进行改革探索，立足于现阶段农业农村面临的主要矛盾问题，坚持以解放和发展农村生产力为根本目的，针对现代农业发展和农村的体制机制创新的一些关键环节先行先试，超前试验。

第三，健全工作机制。农村改革试验区在中央农村工作领导小组的直接领导下，有由20个部门、单位组成的联席会议制度，各部门推进农村改革就有了一个共同的平台，这些年基本上形成了一套比较健全的工作体系和行之有效的工作方法。比如在中央层面，刚才讲了，我们有全国农村改革试验区办公室，现在就设在农业农村部的政策与改革司。农村改革试验区办公室是在中央农村工作领导小组和农业农村部党组的直接领导下开展工作，并与中央深化改革办和改革专项小组之间形成了有效的工作衔接机制，明确了三项制度：报告制度、报备制度、审批制度，为农村改革试验工作更好地融入到中央深化改革的总体布局中去理顺了工作机制。在国家各部委层面，20个部门建立了联席会议制度，各成员单位对改革试验工作的指导和帮助确保了改革工作的顺利执行。在这次党和国家的机构改革中，全国农村改革试验区办公室就是在农业农村部政策与改革司加挂了一块牌子，和我们部里的深化农村改革工作领导小组办公室是合署办公、融为一体，这样与我们农业农村相关的改革可以一体部署、一体推动，工作得到了进一步加强。从地方层面来看，明确了各个试验区所在省份的省级主管部门，就是农业农村厅，也明确了各试验区所在地区的党委和政府的主体责任，许多省份还建立了省级农村改革领导小组来统筹推进试验区工作的机制。

第四，充分调动地方积极性。农村改革试验区工作能不能取得成效，关键看地方，关键在基层。近几年我们充分调动各试验区先行先试的积极性、主动性和创造性，各试验区不仅把承担改革试验任务当作一份沉甸甸的责任，也当成了促进本地区农村改革与发展的重大机遇，不少试验区所在县市的主要领导同志亲自挂帅，主动过问，自觉担负起对试验区工作的领导责任，为农村改革试验区工作提供了强有力的组织保障。谢谢。

中国农村杂志社记者：

刚才赵司长提到农村改革试验区现在承担了226批次的改革试验任务，请问这些试验任务主要集中在农村改革的哪些领域，取得了哪些成效？

赵长保：

农村改革试验区的试验领域经历了一个逐步拓宽的过程。2011年年底我们部署新形势下第一批24个农村改革试验区，主要是围绕党的十七届三中全会提出的六大制度建设来开展我们的改革试验。党的十八届三中全会以后，农村改革的领域不断拓宽，三中全会提出来的336项改革任务其中有70多项涉及到农村改革。在同年年底召开的中央农村工作会议上，对全面深化农村改革又作出了系统部署，对需要通过试点试验慎重稳妥推进的重大改革任务做出了全面安排。此后，在党的十八届四中、五中全会，特别是党的十九大以来，中央对农村改革不断提出一些新的部署、新的要求，随着适应形势发展变化的需要，落实中央的指示精神，改革试验的任务是在不断拓展的。

在中央农村工作领导小组的领导下，有关部门和各农村改革试验区坚决贯彻中央的要求，主动把农村改革纳入改革全局，主动与中央提出的改革任务相协调、工作机制相衔接，统筹谋划、统筹推进，在各领域改革中都取得了显著成效。在这里重点给大家点几个领域：

一是在农村土地制度改革方面，各相关试验区创新农村土地优化配置和维护农民土地权益的体制机制，盘活了农村土地资源。黑龙江克山试验区创新经营模式，持续推进土地规模经营，成功探索出少数人种地、多数人受益的规模经营之路。2018年，全县流转土地252万亩，规模经营272万亩，分别占耕地总面积的85%和90%，比试验前分别提高了22.5和29.4个百分点，我们克山的陈县长也在这里，有关情况如果需要的话，他可以作更进一步的介绍。重庆梁平试验区探索出了“退零换整”和“定制用地”两种模式，为有退出承包经营权意愿的农民提供了规范、顺畅的退出通道；宁夏回族自治区平罗试验区对一户多宅或一户一宅面积超标的农户征收有偿使用费；江西余江试验区采取阶梯式、累进制计费方法核算有偿使用费，建立了宅基地有偿使用制度；广东清远试验区开展先互换、再确权，有效破解了地块细碎的“巴掌田”问题，为土地规模适度经营提供了条件。

二是在深化农村集体产权制度改革方面，相关试验区探索农村集体资产明晰产权和运营管理的规范路径，赋予了农民更多的财产权利。贵州六盘水试验区探索提出“三变”的思路，通过“三变”改革有效激活了农村自然资源、存量资产、人力资本，促进农业产业增效，农民生活增收，农村生态增值；上海闵行试验区通过集体经济组织产权制度改革，量化集体资产份额108亿元，30万农民变成了股民，保护了农民集体资产权益，调动了农民发展现代农业、投身乡村振兴的积极性。这两个地方的领导同志今天也参加了我们的发布会。

三是在农村金融制度改革方面，各相关试验区探索提升农村金融服务水平的体制机制，提高了农村金融服务的可得性。广西田东试验区利用金融改革推动扶贫开发；湖南沅陵等试验区在行政村设立了金融服务站点，打通了农村金融服务的“最后一公里”；江西余江等试验区成立了由金融机构代表、村干部和村民代表等组成的农户信用等级评定小组，对村民信用进行打分评级，并建立单独的管理平台或接入政府公共网络，实现了信用信息在金融机构间的共享，实现了定期更新，加快了农村小额信贷推广；江苏常州武进试验区采取地方各级财政补贴的办法来分担农户的保费，建立了巨额风险准备金制度以及政府和保险机构联办共保的制度，因地制宜开展价格保险和收入保险，提高了农业生产抗风险能力。

四是在构建城乡融合发展体制机制方面，各相关试验区探索推进城乡发展一体化的办法举措。江苏苏州等试验区建立了以加大公共财政投入为核心的农业农村发展支持机制，推动建设了一批生态优美、设施配套、经济繁荣、农民富裕的美丽乡村；四川成都等试验区将城市与农村作为一个有机整体，编制域内土地利用产业发展等规划，实现了城乡一张图，规划全覆盖。

具体说来，每一个领域，我们所取得的改革成果和取得的成效有很多，时间关系就不一一展现了，所以在这里也真诚地欢迎各位媒体朋友，有机会多到我们试验区走一走，在那里可以发现很多更加细致、更加精彩的故事，谢谢大家！

人民网记者：

刚才介绍到黑龙江克山试验区是少数人种地、多数人受益，想请问陈宝柱县长，这背后有哪些可复制、可推广的经验？

陈宝柱：

克山试验区自试点试验实施以来，我们结合实际强化措施创新方法，主要开展了以下工作：

一是围绕主体创新完善经营模式。我们主推合作社模式，也就是以农民合作社为主体，采取农户带地入社的形式发展规模经营，全县264个合作社规模经营土地达到了158万亩，占耕地总面积的52%。我们鼓励家庭农场模式，组织懂技术、会经营、善管理的农民发展家庭农场。通过租赁承包开展连片规模经营，全县204个家庭农场共规模经营土地36万亩，占耕地总面积的12.2%，306个种植大户共经营土地78万亩，占耕地总面积的25.8%。我们引导联合社发展模式，把信誉好、实力强的合作社组织起来，组建联合社。通过统一采购生资、统一种植管理、统一收货、统一销售的方式进行联合经营，全县6家联合社共吸纳社员70余家，受益农户达到2.7万户。

二是围绕载体建设打造服务体系。搭建“两转”平台，县乡村分别建立了土地流转和劳动力转移的“两转”服务大厅、服务中心和服务站，制定土地流转信息收集和发布、土地流转价格评估和参考、土地纠纷调处和仲裁以及地块调串等24项制度，帮助合作社流转土地130万亩，实际土地流转收入5.2亿元，转移农村劳动力16.8万人，实现劳务收入24亿元。健全科技体系，组织科技人员下乡，建立社科、科户、科企的利益联结共同体，建立县乡村三级科技报告体系，广泛开展科技创新和推广，将服务触角延伸到田间地头，主栽作物面积比试验前提高了15～20个百分点。完善服务体系，通过健全服务标准、操作流程和监管机制，围绕病虫害防治、秸秆综合利用、农业生产全程化托管和田间综合整地等方面建立社会化服务组织26个，2018年病虫害防控面积达到98%，秸秆综合利用率达到62.8%，田间综合机械化程度达到99.36%。

三是围绕配套支撑建立保障机制，建立多元投入机制。整合支农项目财政贴息、涉农资金重点向规模经营主体进行倾斜，采取“项目注入+县级补贴+主体自筹”的多元投入机制。几年来，我们共投放项目资金4.6亿元。完善金融扶持机制，在全省率先建立信用信息中心，对规模经营主体，按照“先评信、再授信、后用信”的原则，几年来，全县发放支农贷款74.8亿元，其中向规模经营主体放贷42亿元。2014年我县第一批土地经营地权抵押贷款的档案被国家博物馆收藏，并入选“复兴之路”参展。创新产业融合机制，对于稳定经营面积的主体，引导兴办加工业，实现以“合作社+企业+基地”的模式走产业融合之路，切实提高规模经营和效益起到了积极作用。我就回答这些，谢谢。

农民日报记者：

刚才赵长保副司长在介绍农村集体产权制度改革时提到了上海市闵行区，请问作为发达地区的上海近郊区是如何开展农村集体产权土地制度改革的？

吴志宏：

上海闵行地处上海近郊，近年来随着城镇化进程的加快，我区农村集体经济快速发展。为创新农村集体经济运行机制、保护农民集体资产权益、调动农民发展现代农业、投身乡村振兴的积极性，1993年以来，我区率先启动了农村集体经济组织产权制度改革。2011、2014年，我区相继完成了两轮农村集体经济组织产权制度改革和股份权能改革的试验任务。我们主要的做法：

一是领导重视，健全机制。农村集体经济组织产权制度改革工作的涉及面广、工作量大、历史遗留问题多，情况比较复杂，我区建立了由区委书记任组长、区长任常务副组长，相关职能部门全面参与的组织保障机制，把推进改革纳入对街镇党委、政府政绩考核的重要任务，形成了自上而下的压力传导机制。

二是制度设计，政策引领。先后出台指导镇村两级改革的指导意见、实施规则等20余项政策。改革思路上明确经营性资产，优先股权量化，公益性资产实行保权管理，资源性土地进行确权登记颁证，关键环节上紧盯成员的身份确认、清产核资，做到底数清、情况明、数字准。股权设置时，兼顾各方利益，处理好国家、集体、个人之间的利益关系。具体操作上一村一策、分类推进，城市化地区以股份进行资产量化，农业地区以份额明确成员收益权，负资产、入不敷出的村先发展、再改革。

三是规范操作，确保公平。探索多样性的入股方式，逐步探索了有限责任公司、社区股份合作社、村经济合作社和土地股份合作社等4种村级改革模式，并形成了规范化的操作程序，注重公平稳定。针对早期改革设置的风险责任股，强调干部与群众同股、同权、同利，倡导领导干部在利益面前退一步，将已设的风险责任股全部清退。

四是多元保障，扶持发展。转变村级集体经济运行模式，通过资产登记、委托管理、统筹经营、收益保障等手段，实现地区经济和集体利益双赢，引导农村集体经济组织发展不动产及物业、租赁管理项目，坚持效益决定分配，明确不得举债分配，建立“以丰补歉”的机制。采取农村综合帮扶，实施基本农田生态补偿，建立由镇统筹农村集体经济发展、贷款贴息等途径，“输血”与“造血”并举，促进农村集体经济活水长流。

下一步，闵行试验区将以深化农村改革为动力，全面推进乡村振兴战略的实施，探索研究可复制、可推广的模式和经验，争当农村改革发展的先行者。谢谢。

农视网记者：

我们知道“三变”改革是农村集体产权制度改革的难点，“三变”改革3次写入了中央1号文件。请问，贵州六盘水在“三变”改革过程中有什么样的经验和做法？

王成刚：

2014年六盘水探索提出了“三变”改革，主要内容是资源变资产、资金变股金、农民变股东。具体有以下几个方面的做法：

第一，推进资源变资产，让沉睡的资源活起来。一是土地等自然资源活化入股，在清产核资、确权登记的基础上引导农民和村集体以土地等资源入股经营主体，按股分红。到目前为止，六盘水市入股承包的土地有197.19万亩，占总面积的42.65%。二是集体经营性资产量化入股，按照“增人不增股、减人不减股”的原则把集体资产量化到户到人，合理确定集体和农户的股比，再折价入股到经营主体。通过“三变”改革，全市已消除了“空壳村”，村级集体积累最低为5万元，最高为990多万元，接近1 000万元。三是技术技艺等资源物化入股。六盘水有44个少数民族，有苗族的蜡染、水城的农民画、布依族的盘歌等民族技艺，有些还是非物质文化遗产，通过“三变”改革，将这些技术及民族文化等无形资产有形化，入股经营主体获得股份收益。

第二，推进资金变股金，让分散的资金聚起来。一是整合财政资金入股，在不改变资金使用性质和用途的前提下，将生产发展类、扶贫开发类、农业生态修复和治理类、农村基础设施的建设类、支持村集体发展类这5类之间能变的都变进来。这几年共整合了11.25亿财政资金入股到经营主体。二是量化扶贫资金参与，推广扶贫资金所有权、使用权、收益权“三权”分置，整合4.74亿扶贫资金量化为村集体和贫困户享有的股金。三是撬动社会资本进入，包括投融资公司、民营企业、农民合作社等经营主体资金和村集体自有资金、农户自有资金，通过财政资金杠杆作用，撬动了102.77亿元的社会资金参与了“三变”改革，放大比例为1 ∶ 9。四是创新金融产品支持，出台金融支持“三变”改革的措施，创新推出了“特惠贷”“脱贫贷”“三变贷”等信贷产品，把各方面的资金归集到“三变”产业的平台，支持农户通过信贷资金入股发展，获得保息分红和收益分红。

第三，推进农民变股东，让增收的渠道多起来。通过企业带动变、合作社覆盖变、政府帮助变、自己参与变等方式，让每个农民都可以成为股东。一是龙头企业带动变，按照“强龙头、创品牌、带农户”的思路，培育了224家企业参与“三变”改革，有力地带动了农户整合各类资源入股成为股东，也为发展现代农业注入了强劲动力。二是合作社覆盖变，引导农户将土地入股到村集体合作社，由合作社组织大家生产，农民土地入股获得原始股，通过产业普惠增收。

下一步，我们将以推进农村改革试验区建设为抓手，着力把“三变”改革打造成农民致富增收的“黄金腰带”，为决战脱贫攻坚、推动乡村振兴交出一份新答卷。谢谢。

新华网记者：

中央提出了乡村振兴战略，请问在新形势下，农村改革试验区下一步有什么具体的工作打算和安排？

赵阳：

你提出的问题非常重要。去年9月21日，习近平总书记在第八次政治局集体学习的会议上指出，建立健全农业农村优先发展的体制机制和政策体系，加快推进农业农村现代化，这是我们实施乡村振兴的总目标。总书记强调，推动农业的全面升级、农村的全面进步、农民的全面发展，根本还是要靠全面深化农村改革，不断地释放新活力、注入新动能，因此促进乡村的全面振兴，农村改革肩负着更加重大的使命，也面临着更加复杂的形势，承担着更加繁重的任务。大家知道，农村改革现在进入了深水区，因此新时代的农村改革试验区要继续秉持大胆试、大胆闯的改革精神，用更大的勇气，下更大的决心，为新一轮农村改革探索新路子，增添新活力。我们下一步农村改革试验区的工作，初步考虑要在以下三个方面下功夫：

第一，要不断拓展试验的广度和深度。以习近平总书记在纪念改革开放40周年大会上重要的讲话为指导，全面贯彻落实中央经济工作会议和中央农村工作会议的精神，准确把握全面深化农村改革要突破的重点领域和关键环节，紧扣实施乡村振兴战略、全面建成小康社会、打赢脱贫攻坚战这些硬任务，来遴选试点试验任务，拓展试验内容，扩大试验范围，集成试验项目，推动农村改革试验区工作。比如2018年，我们批复了26个试验区申请的46项试点任务，统筹推进关联度强、相关度高的试验任务，适当延展试验的主题和内容，推动试验区从开展单项试验向实施综合试验转变，要更加注重改革的系统性。同时还要更加注重改革试验的前瞻性，要紧盯一些农业农村领域发展的前沿性问题，加大探索力度。最近我们开展了一系列的访谈、研讨，如关于智慧农业和现代信息技术在农业生产中的应用，涉及到很多体制机制创新方面的研究，我们还对其服务于农业的高质量发展进行了探索，以及“金融+大数据”，即互联网金融的一些新模式，通过互联网和大数据等信息技术手段，破解农村普惠金融发展的难题。我们还积极探索传统村落保护的新模式，充分发挥村民的主体作用，注重传统村落活化保护和合理开发利用等。总的来说，我们要推动试验区改革增强系统性、整体性和协同性。这是一个着力的方面。

第二，要强化试验成果的提炼和转化。打赢脱贫攻坚战是“三农”工作硬任务中的重中之重、急中之急，建立城乡融合发展的体制机制和政策体系是乡村振兴的重要制度保障，要把完成好硬任务和探索长远制度结合起来，突出重点，强化试验成果的提炼和转化。一方面，要抓紧梳理总结试验区以改革促脱贫的实践经验。前一段时间，我们在福建屏南进行了调研，这也是习近平总书记曾经工作过的地方，有不少值得提炼、复制、推广的改革举措，能够助推脱贫攻坚。另一方面，也要全面总结分析一些经济条件比较好的地区推进城乡融合发展实践的经验和一般性规律，提出建立健全城乡融合发展的体制机制和政策建议，服务于乡村振兴。

第三，要鼓励地方大胆探索，尊重地方自主权。探索将试验任务由批准制改为备案制，采取“自上而下”和“自下而上”相结合的方式拓展改革试验任务，鼓励农村改革试验区根据各地的实际提出改革试验方案，支持农村改革试验区省级主管部门自行选择适合的县市区来开展对比试验，适度扩大改革试验范围，同时加大政策支持力度，充分利用农村改革试验区工作联席会议机制，积极协调有关方面放权促改革。谢谢。

人民日报记者：

今年中央1号文件提出要落实小农户和现代农业的有机衔接，我想问一下，从2019年开始到现在采取了哪些具体的措施或办法来推广衔接？有哪些值得推广的措施？这方面工作进展怎么样？

赵阳：

大家知道，今年3月初，中央颁布了小农户与现代农业有机衔接的文件，这个文件是根据我们国家“大国小农”这么一个长期的国情和现状提出来的。大家知道，现在农户平均的经营规模在7亩左右，2亿多农户，承包14.8亿亩耕地，是小规模的经营。小规模的农户要跟现代农业相结合的话，最根本的就是要建立现代农业的经营体系。一方面是要鼓励小规模农户朝适度规模经营的家庭农场发展，要积极培育适度规模经营的家庭农场。我们现有在农业农村部门登记注册的家庭农场已经近60万家，家庭农场在推广现代农业技术、发展适度规模经营、提高农民收入方面的作用是非常显著的。另一方面是要规范发展农民合作社。现在，在300多万的新型经营主体中农民合作社是主体，大约有220多万家。但是农民合作社在发展过程中也有一些需要提升和改进的方面，比如，其中有一部分是“空壳社”，没有发展实力。下一步，我们要进一步发挥农民合作社带动小农户的积极作用。当然我们的新型经营主体还包括龙头企业，也要进一步发挥龙头企业对小农户的带动作用，还要积极地发展培育社会化服务组织，来带动农民发展现代农业，更好实现和现代农业的有机衔接。

南华早报记者：

我有两个跟贸易战有关的问题。大家都知道美方在最近一年贸易战中提出了不少跟农业有关系的要求和谈判的焦点，比如，撤销一些补贴和扩大从美国进口一些农产品。最近一年两国的贸易谈判有没有影响到改革的方向，以及内容和工作？第二个问题，美方的这些要求中方怎么看？比如撤销一些补贴或者是从美国进口大量的农产品，有没有担心农业和农村的就业问题？

宁启文：

您提的这两个问题我也非常关心，但是非常遗憾地告诉您，在主席台就座的这几位领导不是这方面的专家。在发布会结束之后，您可以和新闻办联系，我们给您提供权威专家对您的问题进行回答，感谢您的提问。

中国城乡金融报记者：

我想提一个与农村金融改革方面相关的问题。农村金融改革在整个农村改革试验当中的助推作用体现在哪些方面？当前的短板问题和未来重要的着力点有哪些？

赵阳：

刚才提到了农村金融改革，各相关试验区探索提升农村金融服务水平的体制机制，提高了农村金融服务可得性，下一步重点是探索让农村金融回归本源的有效途径和政策措施，着力解决农村贷款难、贷款贵等问题。这里我再说一点，去年国家机构改革后，中央农办设在农业农村部，这是这一次农业农村领域机构改革的重大举措。这样的一个改革，实际上最重要的目的就是要把农业农村的政策创设和我们一些重大的农业农村的改革措施推进更加紧密地结合起来。农村改革形势紧、任务重，需要政策创设给予支持指引，新问题新情况需要政策创设研究解决，这样的机构改革有利于推动农村改革试验区工作和整个农村改革大局。下一步，我们农村改革试验区的工作也要适应这样的新形势，在新的改革形势下适应新的职能转变，更好地推进政策与改革紧密地结合起来，更好地为农村全局性改革探索路子。

宁启文：

再次感谢媒体朋友们的大力支持，今天的发布会到此结束。谢谢大家！

28. 乡村治理有关情况新闻发布会

乡村治理有关情况
新闻发布会

一、基本情况

时　间	2019年6月5日（星期三）上午10时	
地　点	农业农村部新闻发布厅	
主　题	乡村治理有关情况	
发布人	农业农村部农村合作经济指导司司长	张天佐
	农业农村部农村合作经济指导司副司长	赵铁桥
	河北省邯郸市肥乡区委副书记、区长	李书平
	安徽省天长市委书记	邓继敢
主持人	农业农村部办公厅副主任	宁启文

二、现场实录

宁启文：

女士们，先生们，新闻界的朋友们，大家上午好！欢迎大家参加农业农村部新闻办公室举行的新闻发布会。今天发布会的主题是介绍乡村治理的有关情况。今天很高兴给大家邀请到了农业农村部农村合作经济指导司司长张天佐先生，副司长赵铁桥先生，河北省邯郸市肥乡区委副书记、区长李书平先生，安徽省天长市委书记邓继敢先生。请他们为我们介绍有关情况，并回答记者的提问。下面首先请张天佐先生向大家通报有关情况。

张天佐：

女士们、先生们、新闻界的朋友们，大家好！党中央、国务院高度重视乡村治理工作，习近平总书记强调，要加强和创新乡村治理，建立健全党委领导、政府负责、社会协同、公众参与、法治保障的现代乡村社会治理机制，健全自治、法治、德治相结合的乡村治理体系。党的十九大报告提出“加强农村基层基础工作，健全自治、法治、德治相结合的乡村治理体系”。2019年中央1号文件明确要求“完善乡村治理机制，保持农村社会和谐稳定”。近年来，各地认真贯彻落实中央的决策部署，发挥农村党支部战斗堡垒作用，因地制宜加强乡村治理体系建设，创新乡村治理方式，提升乡村治理能力，涌现出了一批好做法好经验。

这些经验做法，是地方党委政府积极探索、基层干部群众大胆创新的成果，值得充分肯定，应该深入总结。为进一步发挥先进典型的示范引领作用，我们面向各省（自治区、直辖市）广泛征集乡村治理典型案例，对地方上报的案例精益求精，择优选出了北京市顺义区“‘村规民约’推进协同治理”、天津市宝坻区“深化基层民主协商制度”、河北省邯郸市肥乡区“红白喜事规范管理”等20个全国典型案例，并以中央农办秘书局、农业农村部办公厅的名义专门下发了推介通知，要求各地认真借鉴典型经验做法，推进乡村治理体系建设。这个通知我们已经印发给了大家，鉴于时间关系，今天就不宣读了。

这些案例既有市、县层面开展的创新，也有村、镇层面的探索实践，有效解决了乡村治理面临的一些难点、痛点、堵点的问题，在加强基层党建、完善治理体制、健全治理体系、创新治理方式、提升治理能力等方面积累了经验，闯出了路子，提供了样板，体现了较强的实用性、可操作性和可借鉴性。随着乡村振兴战略的实施，中央对加强和改进乡村治理作出明确部署，各地关于乡村治理的实践探索将不断丰富，典型经验还有待进一步挖掘。我们将继续研究和总结各地的典型做法，成熟一批、推介一批。

下面，我和我的同事愿意回答大家的提问，谢谢。

宁启文：

感谢张天佐先生，下面请媒体朋友们提问，提问前请通报一下所代表的媒体机构。

中央广播电视总台央视记者：

请问这次发布的全国20个典型案例是否是乡村治理方面首次发布的典型案例？是基于什么样的考虑做此发布？要解决当前哪些问题？谢谢。

张天佐：

这次乡村治理案例是我们首次发布，我刚才也说到，今后成熟一批、推介一批。典型引领是推进工作的一个非常重要的方法，乡村治理工作是党的十九大提出的明确要求，这几年各地都在探索，我们想通过典型案例的推介，引导全国乡村治理体系的建设。乡村治理是国家治理体系的一个重要组成部分，既关乎农民的切身利益，也关乎农村社会的长治久安，是实施乡村振兴战略的重要内容。当前，我们的城乡利益格局正在深刻调整，农村社会结构还在深刻变动，农民的思想观念也在深刻变化，我国乡村治理体系总体上还比较薄弱，治理的方式、手段，都还不能有效地适应我们形势发展变化的需要。特别是一些地方农村的基层党组织软弱涣散，公共服务和社会管理的能力不够强，一些不良风气还比较盛行，这都迫切需要加强乡村治理体系的建设，在乡村治理的理念、主体、方式、范围、重点等方面进一步地创新、调整和完善。

近年来，各地认真贯彻中央的部署安排，因地制宜地探索乡村治理的方法和路径，涌现出了一批实用性、操作性、可借鉴性比较强的鲜活案例。这次发布的20个案例，就是这些探索的典型代表。这批典型案例有的是地方积累多年的成熟经验，也有的是地方在贯彻落实中央部署过程中新的探索，各有特点。我们培育和选树这批乡村治理的典型案例，目的就是要充分发挥其引领和示范带动作用，同时鼓励各地深入地研究乡村治理的规律，探索乡村治理的路径和方法，进一步促进全国乡村治理体系和治理能力的建设。当然，乡村治理是一个非常复杂的系统工程，各地历史沿袭、经济发展，包括文化礼俗等方面都存在一定的差异。面对复杂多样的乡村治理环境，各地应该从实际出发，在吸收借鉴典型经验的基础上，能够因地制宜地创新适合本地实际的乡村治理方式方法，切实加强和提高乡村治理能力。谢谢。

人民日报记者：

刚才介绍了乡村治理是一个系统工程，环境非常复杂，涉及面比较广，各地的探索也是多种多样的，这次公布的20个典型案例有什么具体的特点？麻烦作一下介绍。

赵铁桥：

我们这次正式推出的这20个案例各有特点、各有不同、各有侧重，是从全国各地选送的100多个案例中精选出来的典型。总体来说，都有一个共同的特点，就是在基层党组织的领导下，探索形式多样的治理模式，大体上可以分成四个类型：第一类案例，注重加强基层组织建设，密切党群干群关系，进一步完善乡村治理体制机制。比如广东佛山南海区、湖北大冶市、陕西汉阴县、福建泉州罗溪镇、四川成都战旗村等。第二类案例，侧重于发挥自治、法治、德治的作用，探索“三治”结合的有效途径，健全乡村治理体系。比如浙江桐乡市、宁夏回族自治区吴忠市红寺堡区、广东惠州市、北京顺义区、天津宝坻区等。第三类案例，主要是通过完善基层议事协商机制、利用现代信息技术、开展积分考评、规范管理村级事务等创新治理方式，提升乡村治理能力。比如浙江象山县、湖北秭归县、上海宝山区、湖南新化县油溪桥村、上海金山区等。第四类案例，基本聚焦于宅基地改革、村级权力监管、红白喜事大操大办、天价彩礼和殡葬陋习等突出问题，寻求有效解决办法，提升乡村治理效果。比如江西鹰潭余江区、浙江宁海县、安徽天长市、河北邯郸肥乡区、山东沂水县等。我就先简要介绍这些，详细情况我们已经汇编成册，发给各位记者朋友，大家可以进一步地研究挖掘。谢谢。

中国农村杂志社记者：

请问李书平区长，我们在农村采访时发现一些地区天价彩礼、人情比附、婚丧事大操大办等不良风气蔓延，已经成为农民群众的一大烦心事，请问李区长，肥乡是如何管住这些不良风气的，有哪些好的经验和做法？谢谢。

李书平：

2017年以来，肥乡区把移风易俗作为树立文明乡风、实施乡村振兴战略的重要工作，坚持综合施策、协调推进，探索出了一条行之有效的治理路径。一是成立了区、乡、村三级移风易俗工作领导小组，由三级书记任组长，层层签订责任状，全力推动落实。全区9个乡镇、265个行政村的9.88万户家庭共签订承诺书14.5万份，实现了全覆盖。二是265个行政村全部成立了村民事务理事会，制定了红白事操办标准，对红白事的席面规模、用车数量、办理天数等都作出了具体规定。举办了百对新人集体婚礼等一系列活动，示范引领效应持续显现。三是区、乡、村三级妇联组织建立了义务红娘队380支，每个村都有3～5名义务红娘，吸纳了1 000多名优秀妇女参与志愿服务。四是出台了“移风易俗好家庭”成员免费体检等6个方面的优惠政策，形成了良好的激励效应。对违反村规民约的村民采取取消评选星级文明户资格等5项约束措施。五是由区委办、组织部、宣传部、政法委、民政局等5个部门组成了巡查组，开展常态巡查，发现违规办理的就公开处置、全区曝光。经过治理，肥乡区红白事大操大办和天价彩礼现象得到了有效遏制，村民红白事操办支出大幅度下降，集体婚礼、旅行结婚等婚事新办和丧事简办已经成为新习俗、新风尚。谢谢。

新华社记者：

现在在农村一些地方也出现了小官巨贪“苍蝇式”腐败的问题，对此基层群众反映比较强烈，请问邓书记，你们是如何对权力进行规范，避免这种小微式权力任性的？

邓继敢：

感谢记者朋友的提问。我们天长市地处安徽省的东部，是滁州市下辖的一个县级市。这些年以来在乡村振兴、农村社区综合治理试验区建设以及农村改革等方面取得了一些工作成效，很大程度上得益于我们对农村小微权力的清单式管理，加强了农村小微权力的监管，把小微权力关进了制度的笼子。我们的主要做法有几项：

第一方面，抓好制度化建设。从2015年开始，我们就在下辖的一个镇开展了小微权力清单管理的试点，对村里老百姓所关注的“三资”*管理和保障救助等问题进行了梳理。按照“三资”管理、工程建设、物资采购、公共服务、组织人事、三务公开进行分类，形成小微权力清单目录。从2016年开始，我们在全市推行了农村小微权力清单制度，全面构建防治“小微腐败”监督制约机制。从2017年开始，我们又推行了“清单＋积分”管理模式，修订完善了26项村级小微权力清单，分别制定了村党组织书记、村委会主任以及村里的其他副职干部三类责任清单和10项负面清单，让村干部知道自己究竟有哪些权力、怎么样运行这些权力。

第二方面，推行积分制管理。对于村干部个人履行权力清单和责任清单情况我们进行量化评分，每个季度对村干部的日常工作开展考核，每半年进行一次综合考量，实行了执纪问责扣分制，最终所得积分与村干部薪酬待遇和绩效进行挂钩，这样就有效地做到了奖勤罚懒，也形成了村干部收入的绩效差，调动了村干部履职尽责的工作积极性。

第三方面，开展了常态化的监督。市委建立落实了主体责任和监督责任“两书三单四报告”制度，推行了村（社区）巡查全覆盖、主动查找我们在小微权力运行过程中存在的问题，做到以查促改。同时建立了村务监督制度，2018年我们结合村“两委”和社区的换届，在全市174个村（社区）都配齐了纪检委员，这些纪检委员兼任村务监督委员会主任，对村级事务办理实行了全程监督、监控和把握。

中国城乡金融报记者：

请问张司长，我们注意到，当前在我国一些地区农村的“空心化”

* “三资”即农村集体所有资金、资产、资源。——编者注。

现象比较突出，农业农村部在推进农村“空心化”村的乡村治理方面有没有一些举措？在实践中有没有一些成效和好的经验？另外，您怎么看待当前驻村书记在乡村治理中的作用？谢谢。

张天佐：

随着我国城镇化的推进，农村大量的人口转移到城镇，这是改革开放的成果，也是经济社会发展的必然规律。有一些村人口逐步减少，甚至出现了“空心化”的问题。对于“空心化”的乡村治理，确实是当前面临的一个重要的难题，这个问题的解决需要综合施策，首先按照国家乡村振兴规划的部署和要求，从国家层面、从各级政府层面对我们村庄的布局做一个合理的规划。国家五年乡村振兴规划中，把村庄布局分成了四类，其中有一类就是逐步消亡的“空心村”，对于这一类村庄，我们今后在基础设施建设，包括一些社会管理方面要顺应这种形势发展的要求，逐步按照推进人口转移消亡的路径来开展工作。

当然这个过程很长，不可能是一日之功，在推进的过程中，“空心村”的管理依然是一个非常重要的现实问题。从我调研的情况看，各地在实践中也探索出很多好的办法，大体有以下几种。第一，“空心化”比较严重的村，组织建设还是必须要加强的，基层党组织、村民自治组织，包括农村的社会组织和经济组织的建设都需要继续加强。只要这个村还有人口居住，还有群体在这个地方生产生活，就需要社会管理。所以组织体系建设在消亡之前是不能削弱的，还要加强。第二，探索网格化的管理方式。党员、村干部要分工分片地联系群众和农户，尽量把每户农民都纳入到一个网格化管理的区域里。农民有什么诉求，我们基层的组织能够随时掌握；有什么困难，我们可以随时帮着解决；农村有什么问题，可以随时发现和处置。第三，对于“空心村”，要顺应经济发展的规律，通过行政的办法和经济的激励措施鼓励剩余人口向中心村转移。在这个过程中，处理好农民的权益，包括集体经济的收益权、土地的承包经营权和宅基地的使用权等，推动有序地转移。对村庄原有的区域，宜垦则垦、宜林则林、宜草则草，进行复垦、还绿、还草，把这些区域科学有效地利用起来。

这位记者问的第二个问题，是怎么看待驻村第一书记。我做过一些调研，我认为，驻村第一书记的制度是一个非常好的制度安排，有利于加强农村基层组织建设，有利于密切联系农民群众，同时也有利于加强农村与县乡政府的联络沟通。在实践中我看到很多驻村第一书记进入农村以后，很快融入到农村的氛围中，和当地农民群众打成一片，帮助基层出谋划策，在推动当地经济发展、加强农村社会管理、解决一些突出问题方面都作出了很多很有成效的工作。所以，我认为选派第一书记，特别是向薄弱村选派第一书记是一项重要的制度安排，应该继续坚持下去。谢谢。

中国日报记者：

近年来，各地有很多关于乡村治理的实践探索，也有很多好的做法，包括像刚才部里公布的20个典型案例，请问下一步会采取哪些措施进一步发挥这些案例的积极作用？谢谢。

张天佐：

这些案例都是我们基层鲜活生动的实践，我们要充分发挥它们的作用，下一步有三个方面的考虑：一是印发通知，推荐到各地，鼓励大家积极学习和借鉴，同时还要把它纳入各级乡村治理培训的重要内容。二是组织媒体深入采访报道，形成宣传学习的热烈氛围。尤其是针对基层一线干部进行深入采访。今天的发布会，河北省邯郸市肥乡区、安徽省天长市的领导同志也来了，记者朋友们会后可以直接进行采访，获取第一手经验。20个案例的汇编本已经印发给大家，大家有兴趣可以到实地进行采访。三是组织专家对案例进行深入的解剖，深入研究乡村治理的体制机制问题，总结基本的规律和方法。

这里是我们公布的第一批案例，今后我们要继续研究和总结各地的典型做法，不断地推出更多的案例，供各地在乡村治理过程中借鉴、学习，打造治理有效的金字招牌。谢谢。

中国经济信息社记者：

近年来各地围绕十九大报告提出要健全自治、法治、德治相结合的乡村治理体系，请问如何理解“三治”，“三治”之间又是什么样的关系？谢谢。

张天佐：

2017年10月，党的十九大报告明确提出，要加强农村基层基础工作，健全自治、法治、德治相结合的乡村治理体系。我认为，这是中央在总结基层探索的基础上，对加强乡村治理的新部署，是实施乡村振兴战略的重要组成部分，对维护农村稳定、促进农村发展、保障农民权益具有重要意义。自治、法治、德治相结合是一个整体。自治是基础，在基层的社会治理中具有基础性作用。加强自治，有利于解决社会治理的主体和组织形式等问题，鼓励把群众自己办的事交给群众，打造人人有责、人人尽责的乡村社会治理共同体。法治是根本，在基层社会治理中具有保障性作用。法治所具有的公开性、明确性、平等性、强制性等特征，决定了它在乡村治理方面具有不可比拟的优势。加强法治，有利于解决社会治理的法律依据和法治手段问题，让人们更好地运用法治思维、法治方式谋划思路、构筑底线、定纷止争，营造办事依法、遇事找法、解决问题用法、化解矛盾靠法的良好氛围。德治是前提，在社会治理中具有先导作用。道德是内心的法律，任何社会的良好运行，都离不开个体成员的道德自律。强化道德教育，有利于提升居民的道德素养、厚植基层社会治理的道德底蕴，促进社会和谐稳定。这是我对“三治”的基本理解。

我认为自治、法治和德治在乡村治理中，尽管其着力点和作用不同，但并非各自为政，而是你中有我、我中有你，相辅相成、互为补充，共同服务于强化乡村治理的总目标。从三者的关系看，自治为法治和德治建设奠定组织基础，法治为自治和德治建设构建制度保障，德治为自治和法治建设提供价值支撑。我们要通过深化自治、强化法治、实化德治，为乡村振兴提供有力的支撑。谢谢大家。

宁启文：

如果没有问题的话，今天发布会到此结束，感谢媒体朋友们。

29. 保障粮食安全和农产品供给新闻发布会

保障粮食安全和农产品供给新闻发布会

一、基本情况

时　间	2019年6月26日（星期三）上午10时	
地　点	农业农村部新闻发布厅	
主　题	保障粮食安全和农产品供给	
发布人	农业农村部市场与信息化司司长	唐　珂
	农业农村部种植业管理司司长	潘文博
主持人	农业农村部新闻发言人、办公厅主任	广德福

二、现场实录

广德福：

女士们，先生们，大家上午好！欢迎大家参加农业农村部新闻办公室举行的专题新闻发布会，我是农业农村部新闻发言人广德福。今天发布的主题是保障粮食安全和农产品供给，由我和两位同事共同向大家介绍有关情况并回答提问。出席今天发布会的有农业农村部市场与信息化司司长唐珂先生、种植业管理司司长潘文博先生。首先由我向大家通报有关情况。

保障粮食和重要农产品供给，始终是农业农村部门的首要职责，也是社会各界普遍关注的问题。今年以来，各级农业农村部门认真贯彻落实党中央、国务院决策部署，积极应对各种自然灾害和风险挑战，着力稳定粮食等重要农产品生产，粮、肉、蛋、奶、果、菜等主要农产品供给基本保持稳定。可以说，我们的“米袋子”“菜篮子”“果盘子”总体上是充足的，中国人的饭碗始终牢牢端在自己手中，供给是有充分保障的。

粮食生产方面，目前，全国夏收基本结束，夏粮丰收到手，实现了全年粮食生产的良好开局。从春播和夏播情况看，秋粮生产形势也较好。总体看，全年粮食丰收有基础、有条件、有希望。肉类生产方面，受非洲猪瘟疫情等多重因素影响，生猪生产持续下滑，全年猪肉供应相对偏紧。为缓解猪肉供应紧张局面，农业农村部一方面积极促进生猪生产恢复，另一方面，推动肉类结构调整，引导增加禽肉等替代品生产。目前，非洲猪瘟疫情得到有效控制，禽肉、牛羊肉、水产品等替代品生产供应较为充足。此外，主要经济作物和园艺作物生产也保持稳定。

下一步，农业农村部将坚持稳中求进工作总基调，继续统筹抓好粮食和各类重要农产品生产，为解决14亿人的吃饭问题提供有力保障。

下面我和我的同事回答大家提出的问题，请媒体朋友提问，提问前请通报一下自己所在的新闻单位。

中央电视广播总台央视记者：

日前农业农村部发布消息称，今年夏粮丰收已成定局。但同时我们也了解到，今年病虫和旱涝灾害可能偏重发生，特别是草地贪夜蛾今年传入我国，对秋粮生产威胁很大，下一步农业农村部还将采取哪些措施确保全年粮食丰收？谢谢。

潘文博：

这个问题问得好，问得很专业。刚才，新闻发言人已介绍，夏收基本结束，丰收已成定局。也可以说，夏粮增产已成定局，为全年粮食丰收奠定了基础。粮食生产是一环紧扣一环、一季紧接一季，夏收后还有早稻和秋粮。目前早稻处于灌浆期，长势总体正常，还有半个月就开镰收割。秋粮才是全年粮食生产的大头，产量占全年的3/4左右。从目前情况看，夺取今年秋粮丰收是有基础的，但还有一些不确定因素。

秋粮丰收有基础、有希望，主要是基于两个方面：一方面，秋粮面积稳。秋粮主要有春播和夏播，5月底春播结束，目前夏播已过七成，预计今年秋粮播种面积达到12.8亿亩，与上年基本持平，这奠定了秋粮丰收的基础。另一方面，田间长势好。今年春播以来，主产区大部气象条件总体有利，虽然东北地区播种前期局部受旱，但5月中下旬连下了几场透雨，有效

缓解了旱情，春播作物基本都播在了丰产期。进入6月，全国大部分地区降雨充沛，光温条件也较为适宜，玉米、大豆等作物苗齐、苗全。农民有一句俗话："七不毁、八不粘、九成苗、顶到天"，今年地方的同志讲"不用毁""不用补"，就是说今年的苗是比较齐的，所以说苗情长势好于上年。

秋粮开局不错，但决定秋粮丰欠还有一些不确定因素，主要是面临灾害的挑战。

一个是旱涝灾害。现在已经进入主汛期，气象部门预测，受厄尔尼诺影响，今年汛期我国气候状况总体偏差，降水呈"南多北少"分布，极端天气偏多。最令人担心的是东北地区夏伏旱，也就是"卡脖旱"，这个区域前期降雨较多，后期干旱的几率就增大。还有一个担心就是南方局部地区的洪涝灾害。

另一个是病虫危害。从目前病虫情监测情况看，稻飞虱、粘虫、稻瘟病等病虫偏重发生几率大于常年，特别是刚才您提到的草地贪夜蛾，是今年首次入侵我国的迁飞性害虫，主要危害玉米，对粮食生产构成新的威胁。目前草地贪夜蛾已在19个省份的1 000多个县发现，发生面积约500万亩。主要发生在南方地区，呈点片状发生，有向北扩展的态势，由于前期防控及时有力，目前扩散速度有所放缓。专家分析，7—8月是西南季风最强的季节，也是草地贪夜蛾随季风向北迁徙的关键季节，黄淮海地区玉米将进入生长旺季，防控形势依然严峻，不可掉以轻心。

下一步，我们将按照中央的部署和要求，坚定稳住粮食生产目标不动摇，坚持底线思维，立足抗灾夺丰收，毫不放松抓好各项措施落实，赢得全年粮食和农业丰收主动权。一是切实抓好田间管理，在落实好夏播面积的同时，搞好在田作物肥水管理，加强分类指导，落实关键措施，促进作物正常生长发育、安全成熟。二是切实抓好防灾减灾，重点防范东北夏伏旱和南方洪涝，及早做好物资和技术准备，推进科学抗灾，减轻灾害损失。三是切实抓好病虫防控，特别是抓好草地贪夜蛾防控。党中央、国务院高度重视草地贪夜蛾防控工作，农业农村部按照中央的部署要求，已制定下发了《草地贪夜蛾防控方案》，启动了应急防治用药机制，公布了25种防治用药名录，会同财政部紧急下拨了5亿元防控资金，指导支持各地有力有效开展防控工作。从前期防控情况和专家分析看，防治草地贪夜蛾有药剂可用，有技术可支撑，有力量可调配，有经验可借鉴，只要监测到位、防控及时，草地贪夜蛾是可防可控的。下一步，农业农村部将按照“严密监测、全面扑杀、防治结合、分区施策”的要求，进一步压实属地责任，不折不扣落实防控措施，坚决打好草地贪夜蛾防控攻坚战，实现“虫口夺粮”保丰收。谢谢。

农民日报记者：

最近网上有一篇文章《十四亿人的口腹之欲是如何满足的》，被广泛传播。文章从多个方面介绍了我们是怎样保障各类农产品供给的，不知道您是否关注到这篇文章，能否请您介绍一下我们是通过哪些方式保障农产品供给的？

广德福：

你提到的这篇文章，我在网上也看到了，文章举了很多例子，图文并茂，深入直观地向大家展示了中国人是如何“养活”自己的，写得非常通俗易懂，能给普通读者直观的印象，这充分说明了大家都非常关心14亿人吃饭的问题。

中国是一个发展中的人口大国，人多地少是我们的国情，保障粮食安全和重要农产品有效供给是发展农业的首要任务。中国高度重视粮食和农业生产，改革开放以来，特别是党的十八大以来，我们通过政策支持、科技驱动、深化改革等多种举措，稳步提升农业综合生产能力，目前粮食产能迈上13 000亿斤台阶，粮棉油糖、果菜茶、肉蛋奶等大宗农产品供给量显著增加。可以讲，我们不仅成功解决了14亿人口的吃饭问题，而且基本实现了由“吃得饱”向“吃得好”转变。具体来讲我们主要做了以下几件事：

一是保护和提升耕地质量。这是农业生产的基础。在这里说几组数字，首先是18亿亩，这个是我们的耕地红线。第二个是15.46亿亩，是我们永久基本农田数。我们要实施特殊保护制度，确保数量不减少、质量不下降。10.58亿亩，是我们划定的粮食生产功能区和重要农产品生产保护区，要实现上图入库到村到户到田。8亿亩，是我们要建设的高标准农田数，目前已建成6.4亿亩，建成后耕地质量提升一至两个等级。同时我们还开展耕地保护与质量提升行动，促进耕地休养生息。

二是提高技术装备水平。科技是第一生产力，我们持续推进农业科技进步包括大力发展现代种业，开展重要农作物良种联合攻关，推进农业机械化转型升级，加强农机装备研发和推广，加强农业技术推广体系和农业社会化服务体系建设，推广先进适用技术等。目前，我们国家的农业科技进步贡献率已达到58.3%，农作物品种实现了大规模的更新换代，农作物耕种收综合机械化率已经超过68%，这些软硬件设施的升级，大大提升了农业生产效率和土地产出率。

三是注重拓宽食物来源渠道。针对我国人多地少的实际，拓宽视野，创新方法，由单纯在耕地上想办法到面向整个国土资源做文章。我国有广袤的山区、林地、草原、海洋等，物种资源丰富，我们积极引导农民“念好山海经、唱好林草戏、打好果蔬牌”，挖掘各种资源的生产潜力，通过这些措施推动食物来源的多渠道、多品种、多样化，更好地满足居民健康消费的需求。谢谢。

经济日报记者：

前一段时间水果、猪肉、鸡蛋等一些农产品价格上涨明显，网上对水果自由等问题有很多讨论，请问，目前我国主要农产品的市场供给情况如何？接下来农产品价格是否会有所回落？

唐珂：

农产品市场供给关系到国计民生，社会关注度很高。今年以来，我国农产品供应总体充足，市场运行基本平稳，为应对外部风险挑战提供了重要支撑。其中稻谷、小麦供需平衡有余，价格继续保持稳定；玉米拍卖成交活跃，价格止跌起稳；大豆、棉花、食用油、食糖供需宽裕，价格稳中偏弱；水果、猪肉等部分“菜篮子”产品价格阶段性涨幅较大。据农业农村部监测，今年1—5月我国农产品批发200指数均值为114.5，其中“菜篮子”产品批发价格200指数为116.5，高于前两年同期水平，但仍低于2016年同期。水果价格持续走高，主要是由于苹果、梨这2个大的品种主产区在去年春季遭受倒春寒天气，减产幅度较大，加之今年春季南方荔枝等部分热带水果减产，短期内市场供给偏紧。5月重点监测的6种水果批发价每公斤7.55元，环比涨19.5%，同比涨34.6%。6月以来，随着西瓜、甜瓜等夏季时令水果大量上市，水果价格开始出现回落势头，后期有望逐步进入季节性下行走势。蔬菜价格已经季节性下跌。猪肉持续高位运行，主要是受非洲猪瘟疫情与周期性因素叠加影响，今年上半年生猪和能繁母猪的存栏降幅较大，市场供给阶段性趋紧。5月全国猪肉批发均价每公斤20.63元，环比涨1.6%，同比涨29.3%，牛羊肉、鸡肉、鸡蛋价格总体走强，但同比涨幅都明显低于猪肉。由于生猪产能恢复需要周期，后期猪肉价格上涨的压力依然较大。目前夏粮产量、质量双丰收，秋粮面积稳、长势好，稻谷、小麦、玉米库存较为充足，南美大豆丰产、国产大豆面积增加、大豆供给有保障，蔬菜、水果等多数鲜活品种生产形势正常，后期我国农产品市场平稳运行有坚实的基础。谢谢。

新华社记者：

受非洲猪瘟等因素影响，目前生猪产能情况如何？农业农村部将采取什么样的措施促进生猪生产恢复、保障猪肉的供给？谢谢。

广德福：

你这个问题非常好，也是大家非常关注的问题。去年8月非洲猪瘟疫情发生以来，农业农村部坚决贯彻落实党中央、国务院决策部署，坚持疫情防控和稳定生猪生产保护“两手抓”“两手硬”。在生产发展方面，千方百计稳定生猪生产，制定下发稳定生猪生产保障市场供给的意见，督促落实非洲猪瘟强制扑杀补助政策，优化调整生猪调运措施，畅通种猪、仔猪调运渠道，加强生猪生产定点跟踪监测和趋势研判；引导鼓励补栏增养，通过专家解读和舆论引导，传递积极信号，稳定行业预期。

受非洲猪瘟疫情、养殖成本上升、前期生猪价格周期性下行等多种因素影响，生猪和能繁母猪存栏同比降幅超过20%，养殖户的养殖信心显得有些不足。下一步，农业农村部将认真贯彻落实党中央、国务院部署要求，继续抓好稳定生猪生产各项重点工作，千方百计稳定生猪基础产能，稳定和恢复生产，增加市场供给。

一是强化信息引导。加强生猪生产定点监测和市场价格调度，科学研判市场形势，及时发布动态信息，多渠道宣传解读利好预期，增强养殖场户信心，鼓励养殖场户补栏增养。

二是落实扶持政策。督促各地落实好稳定生猪生产发展的调出大县奖励、非洲猪瘟疫情防控专项补助经费等政策措施，抓紧落实种猪场和大型规模养殖场贷款贴息政策，帮助企业渡过难关。针对非洲猪瘟强制扑杀补助政策发放机制，尽快兑现到场到户，完善生猪政策性保险，落实好生猪规模养殖场用地政策。

三是发展标准化规模养殖。以养殖场生物安全和粪污资源化利用为重点，继续创建一批高水平的生猪标准化示范场，切实发挥示范带动效应，引导有条件的中小养殖户发展现代家庭牧场。

四是加强技术服务。组织专家和技术人员深入养殖一线，推广品种改良、分段饲养、节本增效等高效实用饲养技术，帮助养殖场户解决技术难题。

五是加快推进畜禽粪污资源化利用。督促指导畜牧大县落实好整县推进畜禽粪污资源化利用项目，支持养殖场户完善粪污处理设施条件，提升粪污资源化利用的能力和水平，进一步降低生猪养殖的成本。

六是做好非洲猪瘟疫情防控。继续强化监测排查、疫情处置、调运和屠宰环节监管、餐厨废弃物管理，严禁泔水喂猪。抓好分区防控，加快推进东南区试点，及时发现问题，总结推广经验。谢谢。

中国日报记者：

今年中央1号文件提出实施大豆振兴计划，能否介绍一下大豆振兴计划提出的背景和相关的考虑，目前这个计划的实时进展情况怎么样？

潘文博：

大豆是重要的食用植物油和饲料蛋白来源，在农业生产中占有重要地位。随着我国居民消费结构升级，近些年大豆需求量增加较快，产需缺口也不断扩大，大豆受到社会多方面的广泛关注。今年中央1号文件明确提出实施大豆振兴计划。按照中央的部署和要求，农业农村部制定了《大豆振兴计划实施方案》，今年启动实施大豆振兴计划。

在发展定位上，立足我国资源禀赋和生产实际，充分发挥国产优质高蛋白大豆优势，保持国产大豆一定的自给水平，推动形成进口大豆与国产大豆错位竞争、相互补充的格局。同时，发挥大豆养地肥田作用，实行玉米大豆轮作倒茬种植，着力构建绿色种植制度。

在振兴目标上，主要是“一扩两提”，扩就是扩面积，力争到2020年全国大豆种植面积达到1.4亿亩；提就是提单产、提品质，力争到2020年全国大豆平均亩产达到135公斤，食用大豆蛋白质含量、榨油大豆脂肪含量分别提高1个百分点。

在实现路径上，主要是调整优化支持政策，引导农民扩大种植面积；依靠科技创新，挖掘品种的增产潜力；改善生产条件，建设旱涝保收的高标准农田，提高稳产高产能力；还要发展订单种植，促进产销衔接和优质优价。

为推动大豆振兴计划落地落实，今年中央财政继续实施东北地区大豆生产者补贴政策，调动农民种豆积极性；扩大耕地轮作试点规模，支持主产区实行玉米与大豆合理轮作；加大大豆制种大县奖励，资金规模达到8 000万元。

总的看，大豆振兴计划开局良好，各项工作有力有序推进。从农业农村部农情调度情况看，春播大豆和夏播大豆面积都有所增加，特别是东北地区春播大豆面积增加较多，预计今年全国大豆播种面积超过1.3亿亩，比上年增加1 000多万亩。今年大豆面积增加，是连续第4年恢复性增加，提升了国产大豆供给水平，为有效应对国内外复杂环境和风险挑战增添了底气。谢谢。

广德福：

今天因为时间关系，我们的提问到这里，如果媒体朋友还有什么问题，可以跟我们新闻办直接联系。各位媒体朋友大家辛苦了，谢谢大家，今天发布会到此结束。

30. 农村人居环境整治推进工作新闻发布会

农村人居环境整治推进工作新闻发布会

一、基本情况

时　间	2019年7月11日（星期四）上午10时	
地　点	农业农村部新闻发布厅	
主　题	农村人居环境整治推进工作有关情况	
发布人	农业农村部农村社会事业促进司司长	李伟国
	农业农村部计划财务司二级巡视员	王　衍
主持人	农业农村部办公厅副主任	宁启文

二、现场实录

宁启文：

女士们、先生们，媒体朋友们，大家上午好！欢迎参加农业农村部新闻办公室举行的新闻发布会。今天发布会的主题是介绍农村人居环境整治推进情况。我们今天很高兴地邀请到农业农村部农村社会事业促进司司长李伟国先生、计划财务司二级巡视员王衍先生为我们介绍有关情况。下面，首先请李伟国司长向大家通报有关情况。

李伟国：

女士们、先生们，新闻界的朋友们，很高兴在这里和大家见面，感谢各位一直以来对“三农”工作、特别是对农村人居环境整治的关心和支持。

改善农村人居环境是以习近平同志为核心的党中央作出的重大决策，是实施乡村振兴战略的重点内容、重要措施。2018年以来，中央农办、农业农村部认真贯彻落实党中央、国务院决策部署，积极发挥牵头抓总作用，会同有关部门先后印发一系列文件、召开多次会议，对学习推广浙江“千村示

范、万村整治”工程经验、推进农村“厕所革命”、农村生活污水治理、村庄清洁行动等进行专项部署。各有关部门认真履职、协同配合，加大了对农村人居环境整治的投入和推进力度，安排70亿元中央财政资金实施农村“厕所革命”整村推进奖补政策，安排中央预算内投资30亿元支持中西部省份整县开展农村人居环境整治，对农村人居环境整治成效明显的19个县给予激励支持，以真金白银投入推动各项工作落实。

针对一些村庄环境脏乱差问题，2018年年底中央农办、农业农村部会同国家发展改革委、科技部、财政部等18个部委联合印发了《农村人居环境整治村庄清洁行动方案》，在全国范围内集中组织开展“三清一改”，即清理农村生活垃圾、村内塘沟、畜禽养殖粪污等农业生产废弃物，改变影响农村人居环境的不良习惯等，广泛动员农民群众和社会各方力量进行集中整治。半年多来，先后打响了春节战役、春季战役和夏季战役。据不完全统计，全国80%以上的村庄已经开展了清洁行动，累计清理农村生活垃圾4 000多万吨，清理村沟村塘淤泥3 000多万吨，清除村内残垣断壁约400多万处，一大批村庄村容村貌得到明显改善。

在党中央大政方针的正确指引下，各地区因地制宜、真抓实干，广大农民群众积极行动、全面参与，农村人居环境整治取得新进展、新成效。据初步统计，目前全国80%以上行政村的农村生活垃圾得到有效处理，有11个省、自治区、直辖市通过了农村生活垃圾治理整省验收；近30%的农户生活污水得到处理，污水乱排乱放现象明显减少；2018年全国完成农村改厕1 000多万户，农村改厕率超过一半，其中六成以上改成了无害化卫生厕所，受到了农民群众的普遍欢迎。据最近的统计调度，2019年上半年，全国新开工建设农村生活垃圾处理设施5万多座，农村生活污水处理设施9万多座，新开工农村户厕改造1 000多万户，农村人居环境整治各项重点任务正在稳步推进。

下面，我和我的同事愿意回答大家的提问。

宁启文：

感谢李伟国司长。下面请大家提问，提问之前请通报所代表的新闻机构。

中央广播电视总台央视记者：

刚刚李司长介绍中央已经安排70亿元中央财政资金实施农村“厕所革命”整村推进奖补政策，请问具体开展了哪些工作？下一步有何打算？谢谢。

李伟国：

谢谢。“小康不小康，厕所算一桩”。推进农村“厕所革命”，既是全面建成小康社会的内在要求，也是增强农民群众获得感幸福感的重要举措。2018年党和国家机构改革后，中央农办、农业农村部认真履行农村人居环境整治牵头职责，成立了农村人居环境整治工作推进办公室，会同有关部门主动谋划、采取措施，集中力量抓好各项工作落实。其中，农村改厕工作由农业农村部和国家卫生健康委主抓。近一年来我们会同国家卫生健康委认真履职尽责、积极推进，主要做了以下工作。

一是完善顶层设计。中央农办、农业农村部、卫生健康委等8部委联合印发《关于推进农村“厕所革命”专项行动的指导意见》，先后在山东和福建组织召开全国农村改厕工作推进现场会，进一步明确了总体思路、任务目标和保障措施。近日，中央农办、农业农村部、生态环境部等9部委联合印发《关于推进农村生活污水治理的指导意见》，强调要在农村生活污水治理工作中统筹推进农村“厕所革命”。各地也在抓紧完善农村厕所革命的专项设计，我们了解到目前有18个省份制定了农村“厕所革命”的专项行动方案。

二是强化督导调研。深入11个省（自治区、直辖市）的22个县68个村庄，了解情况、发现问题、剖析原因、督促改进。

三是组织学习培训。组织举办了深入学习浙江“千万工程”经验全面扎实推进农村人居环境整治培训班、改善农村人居环境专题研究班、农村改厕技术专题培训等活动。各地也开展了多种形式的培训活动，据不完全统计，2018年以来省级层面针对农村改厕累计培训1.5万余人次。

四是分类推进指导。按照因地制宜、分类指导的原则，对照《农村人居环境整治三年行动方案》提出的目标，指导各省（自治区、直辖市）以县为单位，划分为一、二、三类县，细化具体任务目标，实现分类分步推进。

五是协调政策支持。2019年，与财政部协调落实70亿元资金用于农村

"厕所革命"整村推进财政奖补，与国家发展改革委协调落实30亿元中央预算内投资，支持中西部地区以县为单位因地制宜开展农村厕所粪污治理、生活垃圾污水治理等农村人居环境基础设施建设。各地也积极加大农村改厕资金支持力度，真金白银投入。

下一步，中央农办、农业农村部将认真履行好牵头职责，协调卫生健康委、住房与城乡建设部、文化和旅游部等部门按职能分工负责，紧盯关键环节和问题短板，协同推进农村改厕工作落实，推动落实"中央统筹、省负总责、县抓落实"的工作推进机制，形成强大合力。

重点是抓好四件事：一是加强工作指导，坚持好字当头，加强督促检查，指导各地认真对照农村人居环境整治三年行动方案要求，因地制宜、分类施策，切实提高改厕工作质量，有力有序推进农村"厕所革命"。二是强化技术支撑，建立全国农村"厕所革命"专家智库，派出专家服务团赴各省份开展农村"厕所革命"技术服务。组织中国农科院等科研单位开展农村卫生厕所关键技术、产品模式集成研究，在全国范围内选择一批试点示范村，为不同类型地区推进农村"厕所革命"提供技术样板。三是加大资金投入力度，指导各地用好中央财政资金，并鼓励各地增加资金投入，吸引社会资本参与，引导农民投工投劳。四是强化宣传推广，宣传推介一批农村"厕所革命"典型范例，引导农民群众养成良好如厕习惯。

新华社记者：

《农村人居环境整治三年行动方案》指出，到2020年卫生厕所的普及率达到85%左右。请问自然条件比较差、经济条件比较落后的地区，要如何完成这些硬指标？农业农村部有什么样的考虑？谢谢。

李伟国：

应该说，三年行动方案对于农村改厕工作以及农村人居环境整治其他工作都提出了明确要求，但我们了解到，很多人对三年行动方案的目标理解上还存在一些偏差，认为全国都要达到同一个目标、同一个水平。实际上，三年行动方案针对不同类型地区明确了不同的整治目标任务。比如，您刚才提到的农村改厕问题，三年行动方案中就明确地提出了三个层次的任务要求，即东部地区、中西部城市近郊区等有基础、有条件的地区，到2020年基本完成农村户用厕所无害化改造；中西部有较好基础、基本具备条件的地区，到2020年卫生厕所普及率达到85%左右；而对其他地区未提出明确的任务指标要求。所以，并不是所有地方不论什么条件到2020年卫生厕所普及率都要达到85%左右。

为更好地落实因地制宜、分类施策的基本原则，科学指导各地推进包括农村“厕所革命”在内的各项农村人居环境整治重点任务，近期，我们请各省（自治区、直辖市）和新疆生产建设兵团比照中央三年行动方案目标，对本地区的县进行了分类。其中，一类县属于东部地区、中西部城市近郊区等有基础、有条件的地区，二类县属于中西部有较好基础、基本具备条件的地区，三类县属于地处偏远、经济欠发达等地区，分别明确了目标，实行挂图作战、分步推进，确保如期完成三年行动方案目标。

中央广播电视总台央广记者：

我们在基层采访中了解到，农村人居环境整治也有很大的资金需求，刚才李司长也介绍了相关的情况，能不能展开给我们介绍一下？

李伟国：

这个问题请计划财务司王衍同志来回答。

王衍：

谢谢您对农村人居环境整治投入政策的关注。农村人居环境整治是实施乡村振兴战略的重要内容，也是农业农村现代化迫切需要补上的突出短板，因此也是现在中央财政农业投资的一个重点领域。2019年，中央财政聚焦农村人居环境整治，通过补助奖励的方式对地方农村人居环境整治进行支持。目前，我们启动了三项政策，从不同的角度、不同的内容对地方进行支持。

第一项政策，启动了农村“厕所革命”的整村推进奖补试点。2019年，启动农村“厕所革命”整村推进财政奖补工作，中央财政从2019年开始，利用5年时间对地方的农村“厕所革命”进行支持。通过政策支持实现农村厕所粪污基本得到处理和资源化利用。今年安排70亿元资金，我们测算大体上会惠及超过1千万农户。

第二项政策，启动农村人居环境整治整县推进工程。主要是针对中西部

地区农村人居环境整治相对薄弱的情况，2019年利用中央预算内投资，安排30亿元专项资金启动农村人居环境整治整县推进工程，支持对象以中西部为主，包括东北地区、河北和海南省，遴选了141个县，每个县支持规模为2 000万元左右，重点聚焦农村生活污水、垃圾以及厕所粪污治理和村容村貌等综合提升，以县为单位加快补齐农村人居环境基础设施短板。

第三项政策，启动督查奖励政策。按照《国务院办公厅关于对真抓实干成效明显地方进一步加大激励支持力度的通知》，2019年，农业农村部和财政部在地方推荐的基础上，遴选农村人居环境整治成效明显的19个县给予奖励，每个县奖励2 000万元，奖励资金由地方统筹用于人居环境整治的相关工作。

这三项政策不是一次性的政策，我们未来几年要持续推进下去。此外，针对农业投入还有三个情况向大家说明一下。

第一，除了这三项新启动的政策之外，现有其他渠道的政策保持不变，比如，农村污水治理、畜禽粪污治理、旅游景区厕所建设等，这些政策将被继续支持，由地方协同安排支持农村人居环境整治工作。

第二，农村人居环境整治资金投入重点任务在地方，地方财政通过设立专项，或者整合中央对地方投入的各项政策，都会加大支持力度。当然，其他省也有类似政策，有的市县也出台了相关政策加大支持力度。

第三，各级财政投入毕竟有限，要解决农村人居环境整治巨大的投入资金缺口，还需要进一步创新农业投融资的体制机制，特别是创新投入模式。只有调动社会资本投入的积极性，吸引农民充分参与，才能解决巨大的资金需求。谢谢。

中国日报记者：

近年来各地开展村庄清洁行动，集中治理村庄环境取得了不少进展，但有些人担心可能这只是一个运动，只是一阵风，请问如何避免农村环境脏乱差的情况反复出现？

李伟国：

从2018年年底18部委联合印发《农村人居环境整治村庄清洁行动方案》以来，各部门各地区履职尽责、主动作为，采取一系列措施，取得了良好开局，刚才我已作了介绍。如何防止出现一阵风、搞虚假形式主义、出现反复，我们在村庄清洁行动的谋划阶段，就高度重视，指导各地加快推动构建长效机制。主要从以下三个方面推动：

一是引导各地建立健全村庄长效保洁机制，有条件的地方建立健全城乡统一的保洁机制，保障稳定的经费来源，建立保洁队伍，一把扫帚扫到底。通过政府和社会资本合作的PPP模式（Public-Private Partnership，政府和社会资本合作），吸引社会资本参与农村垃圾污水处理项目。强化日常监督管理，确保农村环境常年干净整洁。

二是建立完善村规民约，将农村环境卫生等要求纳入，通过群众评议等方式褒扬乡村新风，深化农民自我教育、自我管理。明确村民维护村庄环境的责任和义务，庭院内部、房前屋后环境整治应由农户自己负责。

三是组织开展农村美丽庭院评比、环境卫生光荣榜等活动，激励引导农民群众主动爱护和维护环境卫生。提高农民群众文明健康意识，讲卫生、树新风，摒弃乱扔、乱吐、乱贴等不文明行为。各地在实践中也探索出了一些好的机制，比如垃圾分类积分制等。谢谢。

中国农村杂志社记者：

刚刚您多次提到农村“厕所革命”整村推进奖补资金的问题，我想问一下对奖补资金的使用范围有没有明确的规定？怎么能够确保奖补资金依法依规使用和最大发挥效用？

王衍：

为了做好农村人居环境整治工作，规范项目实施和奖补资金的使用，我们总的方向是坚持创新机制、放管结合，确保资金能够安全有效地使用。从制度上，有三个方面的设计：

第一，创新资金使用的管理模式。核心是简政放权，中央财政采取“大专项＋任务清单”的管理模式，将资金切块下达给地方，同时也将责任和权力下达给地方，由地方结合实际统筹安排，拿出切实有效的办法确保资金能够规范使用。对中央层面来说，主要是明确政策方向，如明确中央财政资金主要支持粪污收集、储存、运输、资源化利用和后期管护能力提升等设施设备建设，这些属于公共区域的投资；各地结合本地实际，确定本地的支持方式、支持对象、支持内容。当然，工作底线是要确保这些补贴资金切实惠及到农村和农民。

第二，加强对项目组织实施工作的指导。今年，中央农办、农业农村部印发了《关于做好农村“厕所革命”整村推进财政奖补政策组织实施工作的通知》，强调了重点制度安排，包括加强组织领导，突出重点整村科学推进，科学编制实施方案，压实县级主体责任，因地制宜滚动推进，充分尊重农民意愿，做好信息公开确保规范，以及建立完善长效管护机制等八个方面的要求，确保政策落实落地。

第三，加强监督和绩效考核。在项目实施过程中，要求及时调度地方实施情况，及时发现项目实施过程中存在的问题，强化督导，完善制度，及时解决好存在的问题。同时，在项目实施中适时开展绩效评价，并将评价结果与下一年度的资金安排挂钩，这样也是压实地方责任。需要说明的是，对项目实施或绩效评价过程中发现的套取、骗取、挤占、挪用以及违规发放补贴资金等行为，我们将坚持“零容忍”态度，依法依规严肃处理，发现一起查处一起。在此，我们也希望媒体以及社会各界帮助我们监督政策实施，发现问题，提出建议。谢谢。

农视网记者：

今年中共中央办公厅、国务院办公厅转发了《中央农办、农业农村部、国家发展改革委关于深入学习浙江“千村示范、万村整治”工程经验扎实推进农村人居环境整治工作的报告》，并发出通知，要求各地区、各部门结合实际情况认真贯彻落实。我想问，在这方面目前取得了哪些具体的成效？

李伟国：

2018年年底，中央农办、农业农村部组织召开了学习浙江“千万工程”经验全面扎实推进农村人居环境整治会议，胡春华副总理出席，对农村人居环境整治工作进行了部署。会后，各地区、各部门高度重视，迅速行动，及时传达学习、贯彻落实。今年4月农业农村部在浙江组织召开了全国农业农村系统深入学习浙江“千万工程”经验扎实推进农村人居环境整治工作培训班，各地也开展了相关培训。据初步统计，全国累计培训人数超过17万人次。同时，也有不少省份组织相关人员前往浙江考察学习，进一步学习领会浙江“千万工程”经验的思想理念、本质精髓和科学方法，逐步转化为推进农村人居环境整治的思想自觉和行动自觉。总体看，学浙江、促整治、改面貌的氛围日益浓厚。具体来讲：

一是思想认识进一步提高。各地充分认识到深入学习浙江“千万工程”经验是贯彻落实习近平生态文明思想的重要举措，是实现农村人居环境整治三年行动的重要保障，切实加强了对农村人居环境整治工作的组织领导。目前20个省（自治区、直辖市）党委或政府主要负责同志挂帅，高位部署、高位推动。

二是信心决心进一步增强。长期以来，一些地方存在畏难情绪，认为自身基础条件较差，财政实力较弱，还不具备全面推进农村人居环境整治的条件。浙江“千万工程”经验最主要的一条就是因地制宜、梯次推进，一件事情接着一件事情办，一年接着一年干，久久为功。通过实地考察和学习，很多基层干部反映，感到方向更明确了，信心和决心更强了。

三是推进措施进一步细化。浙江“千万工程”经验不仅回答了对农村人居环境整治“怎么看”的问题，而且提供了“怎么干”的方法论指导。27个省（自治区、直辖市）出台了深入学习浙江“千万工程”经验，推进农村人居环境整治的实施方案或意见。31个省（自治区、直辖市）和新疆生产建设兵团组织开展了不同形式、不同规模的试点示范，并对由典型示范转向面上推开作出了具体安排。

四是整治力度进一步加大。各地学习浙江真金白银投入、强化要素保障的经验，加大各级财政投入，建立政府财政投入引导、农村集体和农民投入相结合、社会力量积极支持的多元化投入机制。同时，压实工作责任，强化督查指导，20个省（自治区、直辖市）出台了督查、考核、评比、激励等方面的制度办法，推动农村人居环境整治各项工作任务往深里做、往实里抓。

南方都市报记者：

关于农村生活垃圾方面的问题，请介绍一下农村生活垃圾具体是怎么处理的，农村生活垃圾处理有哪些特点，农村生活垃圾分类在农村有没有开展下去的条件？

李伟国：

刚才您提到农村生活垃圾问题，确实和城市生活垃圾有所不同，不论是组成成分还是处理方式都有不同特点。近几年，我们主要是推动探索适合农村特点的垃圾分类方法和处理方式。农民自古以来就有对生活垃圾分类处理的传统，比如大多数农村家庭将可回收利用的垃圾交到废品回收点，把可腐烂垃圾通常就地转化为肥料来使用。随着生产生活方式的变化，一些传统的垃圾处理方式也在发生变化，目前不少农村采取了“户分类、村收集、镇转运、县处理”的方式。在推广这些处理方式的同时，我们也十分重视农村生活垃圾的分类处理。前两年，住建部以浙江金华经验为基础，在全国选择了一批县开展农村生活垃圾分类示范，取得了明显成效。

习近平总书记强调，实行垃圾分类，关系广大人民群众生活环境，关系节约使用资源，也是社会文明水平的一个重要体现。垃圾分类事关千家万户，不光城市要推动，农村同样也要有行动。按照中央决策部署，我们在推进农村人居环境整治过程中要积极做好农村生活垃圾的分类处理，主要考虑有以下四个方面：

一是进一步总结推广典型模式。组织专家开展专题调研，总结不同地区农村生活垃圾分类的模式，为全国其他地区提供可学习、可借鉴的样板。

二是强化宣传引导。通过在座各个媒体和其他相关媒体，进一步对农村生活垃圾分类进行宣传报道，提高农民群众的分类意识，养成绿色的生活方式。

三是推进农村生活垃圾的资源化利用。发挥供销合作社等机构在再生资源回收利用网络方面的优势，建立县域或乡村资源回收利用体系。除此以外，推进农村生活垃圾的肥料化利用，把农村生活垃圾中的有机物，转化成农业生产中需要的肥料，比如一些地方采取了阳光堆肥房的做法。还要发动相关科研单位加强对这方面技术的研发和集成，找出简便、经济、适用的资源化利用方式。

四是探索建立相应的激励机制。指导各地组织开展形式多样、生动活泼的宣传活动，探索建立垃圾分类超市、分类积分制等，培养和激励农民推进生活垃圾分类。谢谢。

中国城乡金融报记者：

有一个问题请教李司长，农村人居环境整治需要大量的资金，我想了解现在社会资本参与农村人居环境整治的情况如何，您怎么看金融在支持农村人居环境整治中发挥的作用？

李伟国：

您提了一个很好的问题，也是我们推进农村人居环境整治面临的一个大问题。怎么来解决资金问题？

第一，农村人居环境整治是一项民生工程，政府要加大投入力度。各级政府已经充分认识到了这一点，近几年在逐年加大对农村人居环境整治的投入。

第二，农村人居环境整治需要全社会来参与。这几年，各级政府采取了多种方式来推进，比如在农村生活垃圾污水治理上，不少地方通过PPP方式引导社会力量投资，有的地方还积极发动从农村出去的企业家等支持家乡的村庄环境整治。

第三，农村人居环境整治涉及千家万户，广大农民群众都能从中受益。

在推进农村人居环境整治过程中，要充分调动农民的积极性、主动性，发动农民来参与。比如一些农民自己能做的事情，可以通过投工投劳来解决的事情，主要依靠农民的力量来做。

第四，还要积极探索创新，通过农村人居环境整治来改善农村产业发展环境，提升产业发展后劲。通过农村产业的发展，进一步增加农村活力，拓展农村人居环境整治的资金渠道，形成一个良性的互动。这方面有很多例子，比如浙江一些地方实施农村人居环境整治以后，发展乡村旅游，农民的收入增加了，反过来又进一步提高了村民整治村庄环境的积极性。谢谢。

宁启文：

感谢大家的提问。如果没有问题，我们今天的发布会到此结束。再次感谢大家。

31. 2019年“中国农民丰收节”有关活动安排新闻发布会

2019年“中国农民丰收节”有关活动安排新闻发布会

一、基本情况

时　间	2019年9月4日（星期三）上午10时	
地　点	农业农村部新闻发布厅	
主　题	2019年“中国农民丰收节”有关活动安排	
发布人	农业农村部副部长	于康震
	农业农村部市场与信息化司司长	唐　珂
主持人	农业农村部新闻发言人、办公厅主任	广德福

二、现场实录

广德福：

女士们、先生们、媒体朋友们，大家上午好！欢迎大家光临农业农村部新闻办公室举行的新闻发布会，今天发布会的主题是介绍2019年“中国农民丰收节”有关活动安排。经党中央批准，国务院批复，自2018年起，将每年农历秋分设立为“中国农民丰收节”。今年9月23日将迎来第二个“中国农民丰收节”，今天我们很高兴邀请到“中国农民丰收节”组织指导委员会副主任、农业农村部副部长于康震先生为我们介绍有关情况，并回答记者们提问。出席今天发布会的还有“中国农民丰收节”组织指导委员会办公室主任、农业农村部市场与信息化司司长唐珂先生。首先请于康震副部长向大家介绍有关情况。

于康震：

女士们、先生们、媒体朋友们，大家上午好。今年9月23日，农历秋分，我们将迎来第二个“中国农民丰收节”。7月9日，中央农办、农业农村部等13部门联合下发了《关于做好中国农民丰收节组织实施工作的指导意见》，对今后一个时期农民丰收节工作作出整体部署。8月15日，19个部门在北京召开了“中国农民丰收节”组织指导委员会全体会议，审议通过《2019年中国农民丰收节组织实施工作方案》，明确了今年农民丰收节系列活动安排，并下发了《关于2019年中国农民丰收节有关事项的通知》。今天我主要就农民丰收节的总体要求、基本思路、重大活动等内容向大家作一通报。设立“中国农民丰收节”，是党中央、国务院的重大决策，习近平总书记亲自推动，中央政治局常委会审议通过。在去年首个“中国农民丰收节”前夕，习近平总书记发表电视讲话，向全国亿万农民致以节日的问候和良好的祝愿。全社会都感受到了习近平总书记心系“三农”、关爱农民的深厚情怀，传递了党中央实施乡村振兴战略、打赢脱贫攻坚战、加快推进农业农村现代化的战略决心。在党中央国务院、各级党委政府重视支持下，有广大农民的智慧创造，有全社会的共同参与，去年首个“中国农民丰收节”办得非常成功。各地、各民族丰富多彩的庆丰收活动充分展现了蓬勃的时代气象、火热的生活激情、多样的农耕文化、光明的振兴图景以及广大农民的时代风采，引起了强烈的社会共鸣。这充分表明党中央设立“中国农民丰收节”顺民心、合民意。今年恰逢新中国成立70周年，也是打赢脱贫攻坚战和实施乡村振兴战略的重要历史交汇期。办好今年的农民丰收节，我认为至少有三个方面的重要意义。

一是办好农民丰收节能够为70周年国庆凝聚强大的正能量。习近平总书记在去年农民丰收节前夕发表讲话时指出：“广大农民在我国革命、建设、改革等各个历史时期都作出了重要贡献。”70年来我国“三农”事业取得的重大成就，特别是亿万农民的伟大创造，值得大书、特书。办好农民丰收节，能够展现我国农民的勤劳智慧和时代风采，表达亿万农民欢庆丰收、祝福祖国、感念党恩，使之成为庆祝新中国成立70周年的一首前奏曲。

二是办好农民丰收节对实施乡村振兴战略具有烘托和推动作用。乡村振兴战略是关系全面建设社会主义现代化国家的全局性、历史性任务，是新时期“三农”工作总抓手。各地要充分结合乡村振兴战略相关工作部署，以办好农民丰收节为契机，搭建平台，整合资源，营造氛围，调动社会各界投身乡村全面振兴的积极性、主动性、创造性。

三是办好农民丰收节可以为守好“三农”战略后院提振信心。实现决胜全面建成小康社会第一个百年目标，最艰巨最繁重的任务仍然在农业农村。因此，必须集中力量攻坚，对标硬任务，守住“三农”这个战略后院，发挥好“压舱石”和“稳定器”的作用，为全局赢得主动。办好农民丰收节，有利于提振信心、凝聚力量，推动形成应对风险挑战的巨大合力和坚强决心。

今年“中国农民丰收节”庆祝活动以习近平新时代中国特色社会主义思想为指导，深入学习贯彻习近平总书记关于“三农”工作的重要论述，秉承“庆祝丰收、弘扬文化、振兴乡村”宗旨，引导带动县乡村开展喜闻乐见的庆丰收活动。为此，我们安排了一系列重大活动。组织指导委员会指导开展的活动有：“我的丰收我的节”70地庆丰收全媒体联动直播、庆丰收·消费季、2019农民丰收歌会、中国农民丰收文化展、2019年度“全国十佳农民”揭晓、“我的丰收我的节”大型系列征集推选活动、6个“千万”乡村振兴系列活动、全国农民手机应用技能培训等。我们从倒计时30天起，安排了一系列预热活动，持续营造节日氛围。组织指导委员会各成员单位也将各自组织开展一系列庆祝活动。欢迎各位媒体朋友给予关注和支持。

广德福：

谢谢于部长，下面请记者朋友们就今天发布会的主题进行提问，提问的时候请通报一下所代表的新闻机构。

中央广播电视总台央视记者：

2018年首个“中国农民丰收节”，我们采取“1+6+N”的组织模式，短时间内带动了各地丰收活动的庆祝活动。今年在办节思路上是否有变化？重点是什么？

于康震：

2018年“1+6+N”的模式，确实发挥了很好的带动作用，在很短的时间内形成了大江南北遍地开花、亿万农民喜气洋洋的欢乐氛围。“1+6+N”指1个主会场，6个分会场，以及全国各地若干特色的庆祝活动。今年开始，我们对办节思路做了一个调整，原则上不举办全国性的主会场和分会场活动。国家层面主要是加强组织和指导，重心将进一步下沉到县、乡、村。目的就是提高农民的参与度和基层的覆盖率，提升节日的影响力和内生动力。今年，在节庆活动主题设计上，与新中国成立70周年、乡村振兴和脱贫攻坚战这三大主题紧密结合。指导各地支持带动县乡村根据当地农时农事特点、乡村优秀文化传统和“三农”发展实际，组织开展喜闻乐见的特色活动，鼓励每个县重点支持和培育至少一项丰收节庆活动，发挥引领作用。我认为办好丰收节的一大标准，就是农民广泛参与，基层自觉组织，对乡村全面振兴产生烘托和推动作用。只要基层有活力，市场有动力，就会爆发出令人惊叹的创造力和想象力，丰收节就会越来越好，越办越红火。谢谢。

新华网记者：

农民丰收节是新生事物，广大农民愿不愿意参与，能不能参与其中，有没有吸引力，内容很关键，能否介绍一下，今年在内容上有什么考虑和安排？

于康震：

各地丰收节庆有非常丰富的传承和实践，不仅吸引广大农民，也吸引很多的城里人，但必须坚持农民主体，不能脱离群众，节庆活动只有贴近生产生活，让农民有更强的获得感、幸福感，才能得到更大的认同。因此，今年我们提出要深化、实化丰收节庆内容，重点为广大农民，特别是青年农民搭建风采展示的舞台和干事创业的平台，提升丰收节的参与性和互动性。我们鼓励各地以“我的丰收我的节”为共同主题，策划农民参与性高、互动性强的活动。推出一批具有浓郁乡村特色、充满正能量、丰收主题鲜明、载体多样的优秀农民艺术作品，推出一批具有时代精神、时代兴业的优秀农民代表。丰收不仅是物质的丰收，精神的丰收同等重要。所以，我们策划了大型系列征集推选活动，征集书法、绘画、摄影等农民艺术作品，推选“十大农民歌王”等8个系列的“十大”。丰收节当天，2019年度“全国十佳农民”也将揭晓，向社会展示扎根基层、深耕农业、服务乡村的先进典型，激发广大农民的创业、创新的热情。谢谢。

中国日报记者：

现在是信息化的时代，信息化也改变了很多人过节的方式，请问在“中国农民丰收节”组织实施过程中，如何发挥信息化的作用？谢谢。

于康震：

这个问题请我的同事唐珂司长来回答。

唐珂：

正如大家所知，互联网特别是移动互联网无处不在，对人们的思维习惯、行为习惯、生活习惯等都在产生重要而深刻的影响。农业农村生产生活也正在因为互联网、大数据、人工智能等信息化变革而经历前所未有的巨大变化。传统优秀的文化基因要与当代文化相适应，与现代社会相协调、与信息化手段相融合，这是大势所趋。丰收节庆也需要引入传统习俗与现代生活相交融的文化元素和过节方式，突出多样化、个性化，提升参与性、互动性，遵循现代的生活方式、生产方式、表达方式、传播方式、体验方式，从而获得更广泛的社会认知和共识。这些都离不开信息化的支撑和运用。今年的“中国农民丰收节”处处体现了信息化的身影和信息化的元素。比如我们特别策划了“我的丰收我的节”70地庆丰收全媒体联动直播活动，就应用了5G最新的信息化技术，从全国县乡村庆丰收活动中选择70个地方农民参与度高、特色鲜明、组织有力的庆祝活动，在丰收节当天通过专线、5G、5G+VR、5G+无人机等多种技术，多形态、立体式展示各地优秀灿烂的农耕文明、丰富多彩的民族风情、千姿百态的丰收美景。再比如，“庆丰收·消费季”充分利用电商直播等互联网营销方式，推动农产品消费升级、拓展节日市场、拉动乡村产业发展。今年的农民丰收节全面体现了信息化手段的应用，也只有充分应用信息化手段，才能让农民更好地参与、互动分享节日的喜悦。谢谢。

经济日报记者：

个别地方把庆丰收节简单理解成一个活动，可能2小时搞一个活动就结束了。我们应该如何正确理解丰收节？怎样遵循现代的节日理念来办好丰收节？谢谢。

于康震：

“中国农民丰收节”确实不是一项简单的活动，而是党中央决定设立的国家重大节日，以中华农耕文明为底蕴，凝结了时代赋予的精神文化价值，承载着亿万农民自强不息的精神追求。经过各方努力，久久为功，“中国农民丰收节”必将成为一个既体现悠久农耕文化传承、又蕴含新时代精神的全国性民俗节日。各地既要全面理解丰收节的历史文化内涵，又要尊重现代节日规律，特别是注重利用市场化、信息化的手段，大力培育节日市场，推动农产品和服务消费的升级，在拉动乡村产业、繁荣乡村文化、增加农民收入、实现乡村多元价值上下功夫，让丰收节在社会和市场的土壤之中扎根。我们在去年庆丰收购物节基础上，结合品牌强农战略、“互联网+”农产品出村进城工程、消费扶贫等内容，组织“庆丰收·消费季”，进一步扩大了节日市场规模。我们还设计了6个“千万”乡村振兴系列活动，涉及民间美食、品牌推荐、产销对接等多个方面，就是想吸引城镇的居民走进乡村，活跃农村消费市场。这些庆祝活动将打开广阔的市场空间，增强节日的内生动力。今年是乡村振兴战略在基层生根发芽、谋篇布局的关键时点，是办好丰收节的重要契机。各地办节要充分调动市场的积极性，与乡村全面振兴紧密结合，搭建城乡互动、产业融合的大平台。谢谢。

中国县域经济报记者：

于部长，您在前面提到，“中国农民丰收节”重心将下沉到县乡村，那么各地各部门建立组织实施工作机制必不可少，请介绍一下这方面的情况，谢谢。

于康震：

“中国农民丰收节”作为国家层面的节日，设立时间很短，需要不断提升社会认知度和影响力，这就需要一段时间的引导、带动和培育。丰收节组织实施工作是农业农村系统当前和今后一个时期的重要工作，各级农业农村部门要发挥牵头作用，加强与有关部门的统筹协调，推动组织实施工作纳入“三农”工作重要议程，建立完善组织实施工作机制，实现办节与推动“三农”工作紧密结合。各部门要形成丰收节组织实施工作的联动机制，把各自优势发挥出来，为广大农民谋划更多实事。前面介绍过，组织指导委员会的组成有19个部门。今年我们联合多个部门发布了“丰收节公益清单”，在丰收节期间为农民做一两件实事。公益清单作为一份节日的礼物呈现给亿万农民，十几个部门汇总起来，清单内容还是很丰富的，也会让广大农民有实实在在的获得感和幸福感。各地也要创新组织指导方式，重点支持一批有优秀农耕文化传承、有多彩民俗风情、有鲜明地域特色、有广泛群众基础的丰收节庆活动，发挥典型带动作用。同时，各地要加强对本地区节日活动的指导和管理，严格执行中央八项规定精神、中央关于庆典活动有关要求和减轻基层负担有关精神，严防“搭车”搞庆典，确保庆祝活动不走偏、不变味。

广德福：

非常感谢各位媒体朋友的大力支持，今天的发布会到此结束。谢谢大家！

32. 草地贪夜蛾防控工作新闻发布会

草地贪夜蛾防控
工作新闻发布会

一、基本情况

时　间	2019年9月17日（星期二）下午3时	
地　点	农业农村部新闻发布厅	
主　题	草地贪夜蛾防控工作有关情况	
发布人	农业农村部种植业管理司司长	潘文博
	农业农村部种植业管理司副司长	朱恩林
	全国农业技术推广服务中心书记、副主任	魏启文
主持人	农业农村部办公厅副主任	宁启文

二、现场实录

宁启文：

女士们、先生们，新闻界的朋友们，大家下午好！欢迎参加农业农村部新闻办公室举行的新闻发布会。今天发布会的主题是介绍草地贪夜蛾防控工作有关情况。今天我们邀请的嘉宾是农业农村部种植业管理司司长潘文博先生，副司长朱恩林先生，全国农业技术推广服务中心书记、副主任魏启文先生，为我们介绍有关情况并回答记者提问。首先请潘文博司长向大家通报有关情况。

潘文博：

女士们、先生们、媒体朋友们，大家下午好。感谢各位多年来对种植业尤其是粮食生产的关心和支持。

今年1月，跨境迁飞性害虫草地贪夜蛾首次入侵我国，从云南开始逐步向北扩散蔓延，对我国粮食生产构成直接威胁。草地贪夜蛾扩散速度快、影响范围大、危害程度重，主要危害玉米。党中央、国务院高度重视，社会各界普遍关注。农业农村部和各地把防控草地贪夜蛾、确保粮食丰收当作农业农村工作的大事要事来抓，科学研判形势，全面动员部署，压实属地责任，落实关键措施，有力有序有效推进草地贪夜蛾防控。

据统计，今年全国有25个省份发现草地贪夜蛾，见虫面积1 500多万亩，实际危害面积246万亩。西南、华南地区呈片状发生，江淮、黄淮海、西北地区点状见虫，东北地区没有见虫。危害主要集中在西南等地，产量损失控制在5%以内，黄淮海等玉米主产区没有造成损失，实现了防虫害稳秋粮的目标。

目前，南方玉米大面积收获，北方玉米灌浆成熟即将收获，草地贪夜蛾危害期已过，可以说，草地贪夜蛾对玉米主产区的威胁全面解除。今年草地贪夜蛾防控首战告捷，成绩来之不易，得益于党中央国务院的坚强领导，得益于各地农业农村部门的主动担当作为，狠抓措施落实，赢得夺取粮食丰收主动权。从工作推动上看，概括起来讲，主要是做到“四个到位”。

一是责任落实到位。针对草地贪夜蛾的威胁和发生特点，农业农村部及时制定《全国草地贪夜蛾防控方案》，明确防控策略、目标任务、责任分工和工作要求，建立部门指导、省负总责、县抓落实的工作机制。在5—6月防控的关键时期，两次下发紧急通知，两次召开视频会议，部领导动员部署防控工作，并深入重点地区调研指导，督促防控责任落实。各地党委政府及农业农村部门也高度重视，分管领导靠前指挥，层层压实责任。

二是监测预警到位。为全面准确掌握虫情动态，农业农村部加密布控监测网点，在中缅中越边境地区、西南华南源头区、江淮过渡区和北方防范区共布设10万多个监测网点，布设性诱捕器、高空测报灯和昆虫雷达等监测设备135万台套，实行全天候立体监测。组织全国2万多名植保专业人员和近百万农民技术员，全面开展虫情普查。严格虫情报告制度，新发生区当天即报、已发生区1周2报，及时发布虫情预报。

三是指导服务到位。针对草地贪夜蛾首次入侵我国、基层干部和农民识别难防控难等问题，农业农村部成立全国草地贪夜蛾防控专家组，先后派出40多批次技术指导组赴各地巡回指导，及时印发50万套挂图，指导各地编发技术资料1 509万套份，分发到重点区域的每个村、每一个农药经营门店。组织开展多层次技术培训，累计培训专业技术人员1.4万人、农民技术员380万人，提供了有力的技术支撑。

四是应急处置到位。按照“治早治小、分区分时、全面扑杀”的要求，全力开展应急防控。会同财政部紧急下拨5亿元资金，地方财政筹措3.6亿元应急资金，支持各地开展防控。及时启动突发性病虫害临时用药措施，向社会公布25种应急用药，全国累计出动植保专业服务组织2 850个、动用施药机械14.1万台套，防治面积2 400多万亩次，做到见虫区域应防尽防。

今年草地贪夜蛾防控实现了预期目标，但草地贪夜蛾在我国西南华南将越冬定殖，成为我国又一个“北迁南回、周年循环”的重大迁飞性害虫，其发生和危害将成为常态。下一步，我们将牢固树立抗灾夺丰收思想，总结经验，及早安排部署明年和今后一个时期的防控工作，加强病虫害防控能力建设，完善灾害应急扶持政策，构建防控长效机制，实现草地贪夜蛾可持续治理。

下面我和我的同事愿意回答各位记者朋友的提问。

宁启文：

感谢潘文博司长，下面请记者朋友就今天发布会的主题进行提问。提问前请通报所代表的媒体机构。

中央广播电视总台央视记者：

刚才提到草地贪夜蛾首次传入我国，党中央、国务院的高度重视，农业农村部组织各地下了这么大功夫去防治，是出于什么样的考虑？

潘文博：

草地贪夜蛾作为一种农业害虫，对粮食威胁大，党中央、国务院高度重视、高度关注，习近平总书记多次作出重要指示，国务院常务会议作出部署，李克强总理对打好草地贪夜蛾防控攻坚战、确保粮食丰收提出了明确要求，韩正副总理和胡春华副总理作出具体部署。农业农村部按照中央的决策部署下大力气防控，主要是基于以下几方面考虑。

一是这个虫子特殊，对农业和粮食生产威胁大。草地贪夜蛾原产于美洲的热带和亚热带地区，具有适生范围广、传播速度快、繁殖能力强、危害损害重等特点，是联合国粮农组织全球预警的重大农业害虫。2016年从美洲入侵到非洲，2018年传入亚洲，在全球有100多个国家发生。目前，发现的草地贪夜蛾主要危害玉米、甘蔗和高粱等作物。联合国粮农组织监测，近几年草地贪夜蛾在非洲和亚洲等多个国家造成危害，部分地区玉米减产达到20%～70%，受灾教训比较深刻。

二是我国的气候和玉米种植分布特殊，草地贪夜蛾易繁殖。我国地处东亚季风区，春夏季的西南季风利于境外虫源迁飞入境和境内的虫源北迁，同时我国玉米的种植又是从西南向东北呈带状分布，四季都有种植，所以草地贪夜蛾非常容易找到寄主。今年1月，该虫首次入侵云南，逐步在西南和华南地区滋生繁殖。5—6月迅速向北扩散，正是东北玉米苗期和黄海夏玉米的播种期，最容易在玉米苗期造成危害，对玉米生产构成直接威胁。

三是今年年份特殊，稳住粮食生产意义大。今年是新中国成立70周年，是全面建成小康社会的关键之年，稳住粮食生产，巩固发展农业农村好形势，对发挥好农业“压舱石”作用，守好“三农”这个战略后院具有特殊的意义。特别是全年粮食生产的大头在秋粮，秋粮的大头在玉米，防好草地贪夜蛾，就赢得了秋粮丰收的主动权。

中国农村杂志社记者：

据我所知，近几年农业农村部在全国组织实施农药使用量零增长行动，请问今年草地贪夜蛾的防控和农药减量行动之间是否存在矛盾？农业农村部是怎样解决这个问题的？谢谢。

潘文博：

这个问题请我的同事朱恩林先生回答。

朱恩林：

这个问题确实是我们工作的难点，同时也是工作的重点。2015年以来，农业农村部在全国实施农药使用量零增长行动，通过大力推进绿色防控、统防统治和科学用药，连续4年实现了农药使用量负增长。今年草地贪夜蛾入侵以后，对防虫保丰收和减少农药使用是一个新挑战。如何应对这个挑战？解决这个问题我们主要采取三方面的措施：

第一，充分利用生物防治技术。比如选用绿僵菌、昆虫病毒制剂，以及

寄生性和捕食性的天敌等生物防治措施，控制虫源区的密度，减少对化学农药的依赖。

第二，选择高效低毒药剂。经过专家反复筛选，农业农村部推荐了25种高效低毒药剂。这些药剂用量少、效率高，防控效果普遍在90%以上。

第三，优化施药方法。采用高效施药机械和超低量喷药技术为主，对虫口密度比较高、连片集中区域，大力推行统防统治和联防联控，有效提高防治的效果和施药的效率，最大限度减少农药用量，对实现今年农药减量目标不会有大的影响。

经济日报记者：

能否介绍一下目前草地贪夜蛾造成的危害损失有多大？防控效果具体如何？

潘文博：

刚才我已经有所介绍，草地贪夜蛾是一个外来入侵的害虫。2018年8月，联合国粮农组织向我国通报草地贪夜蛾在也门、印度等亚洲国家发生后，农业农村部密切关注这种虫子的发生发展态势。2018年12月，就通知云南、广西壮族自治区等边境省份提前监测布控。今年1月，在云南省普洱市的江城县，首次监测到了该虫入侵，立即在全国范围内布置监测防控工作，在思想上做到早监测、早预警、早防控，在措施上，集中连片区实施统防统治、联防联控，分散零星区采取带药侦察、点杀点治，为我们打赢草地贪夜蛾防控攻坚战赢得了主动。

回到您刚才提的效果怎么样、损失程度有多少这个问题。主要有两个方面。

一方面，发生区域主要在西南。全国草地贪夜蛾的见虫面积达1 500多万亩，其中云南930万亩、占全国见虫面积的60%，广西壮族自治区200万亩左右、占12%，四川110多万亩、占7%，西南这3省（自治区、直辖市）的见虫面积占全国近8成。

另一方面，防控效果显著，危害总体可控。多数地方防控及时，见虫未成灾，对秋粮影响有限，全国见虫面积1 500多万亩，实际发生危害面积246万亩。受境外虫源持续迁入和本地多代繁殖叠加影响，西南危害较重，产量损失基本控制在5%以内，这是我们的防控目标。但是我国西南区域玉米面积有6 000多万亩，个别地方个别地块由于监测防控不到位可能损失较大。湖南、湖北、安徽、江苏这些属于迁飞过渡区，产量损失基本控制在3%以内，黄淮海、西北等玉米主产区是点状见虫，基本没有造成损失。

中央广播电视总台央广记者：

我们知道草地贪夜蛾是一种新入侵的害虫，在发生规律和防治技术上我国现在有怎样的研究进展？

潘文博：

这个问题请我的同事魏启文先生回答。

魏启文：

草地贪夜蛾是今年新传入我国的重要害虫，对它的防治和发生规律的研究确实是一个新课题。我国是稻飞虱、稻纵卷叶螟和蝗虫等迁飞性害虫发生重点区域，多年来在迁飞性害虫发生规律和防治方面积累了比较丰富的经

验，这也为今年应对草地贪夜蛾攻坚战提供了有益借鉴。与此同时，我们在应对草地贪夜蛾防控过程中，坚持边防控、边摸索、边研究。在研究方面我们主要做了三件事。

第一，成立研究专家组。组建了农业农村部草地贪夜蛾防控专家组，由中国工程院院士、中国农业科学院副院长吴孔明牵头，组织教学、科研、技术推广等优势单位，分了5个专题小组，重点对草地贪夜蛾的生物学特性、监测预警、科学用药、生物防治、综合治理等进行研究。农业农村部、科技部均给予立项支持，据我们了解，地方有十多个省（自治区、直辖市）也给予了一定的经费支持。

第二，推动研究取得新进展。通过室内观测和野外系统调查，初步探明了草地贪夜蛾在我国的发生代数和危害习性。在监测预警方面，研究开发了性诱、灯诱等理化诱控手段，制定了测报调查规范。在生物防治方面，筛选了30多种捕食性、寄生性天敌和微生物农药，为科学防治草地贪夜蛾提供了有力支撑。

第三，开展新技术试验示范。在研究的基础上，借鉴国外的经验和做法，提出了我国草地贪夜蛾的周年繁殖区、迁飞过渡区、重点防范区的分区治理策略，开展了新药剂、新机械的试验示范，集成了分区治理技术模式，为大面积推广应用奠定了基础。

香港有线电视台记者：

感谢各位介绍关于草地贪夜蛾的防控情况，现在虫灾已经得到有效控制，但8月曾提到河北等北方地区可能会受到影响，针对草地贪夜蛾的蔓延有什么防治目标？影响如何？草地贪夜蛾在我国发生防控将常态化，未来防控有哪些困难？要提前做一些什么样的部署？

潘文博：

这个问题请我的同事朱恩林先生回答。

朱恩林：

今年防治草地贪夜蛾我们打了一个漂亮仗，在北方地区的防治基本结束，河北已经不会造成危害了。但是并不说明这个虫子就不会再出现了。根据它的特点、习性，专家做了分析研判，草地贪夜蛾将在我国南方地区越冬定殖，特别是亚热带地区，再加上今冬明春境外的虫源还可能迁入，下一步防治任务还很艰巨，其发生危害将成为常态。尽管今年防控成效显著，但确实存在一些困难。比如说防控的监测能力还不足、支持措施力度还不够大、技术有待进一步研究。下一步，要重点做好四个方面的工作：

第一，做好经验总结。今年在草地贪夜蛾防治过程中，各地在监测方法、防控措施、组织方式等方面都摸索了好经验和做法，下一步需要认真总结，加以完善提升和推广应用。

第二，继续做好监测防控。目前，草地贪夜蛾还有极少数残留，可能会随气流回迁到西南、华南地区，同时年底以后，境外虫源还可能迁入，今冬明春要重点做好西南、华南地区监测，及早做好预测预报和防治准备。

第三，强化监测防控能力建设。根据目前存在的问题，下一步要通过相关项目加强网点布局，强化监测防控设施设备建设，增添数字化、智能化的装备，提升监测防控能力。

第四，积极推进国际合作。虫子不仅中国有，缅甸、越南这些周边国家也有，要加强与国际组织和周边国家的合作，开展联合监测、信息交流、技术合作，促进周边国家提高防治水平，减轻境外虫源迁入威胁。

农民日报记者：

除草地贪夜蛾之外，今年其他农作物病虫害发生和防治情况如何？是否会影响到粮食生产？谢谢。

潘文博：

我国病虫害多发、重发，今年除了草地贪夜蛾，稻飞虱、稻纵卷叶螟、玉米螟、稻瘟病、黏虫等重大病虫害在部分地区也发生较重。据统计，目前全国农作物病虫害发生60多亿亩次。农业农村部一手抓草地贪夜蛾防控攻坚战，一手抓其他农作物重大病虫害防控。经过9个多月的全力防控，迁飞性、流行性、区域性病虫害得到有效控制，特别是小麦的赤霉病、玉米粘虫、稻飞虱等重大病虫害，今年的防控效果是近几年较好的一年，减损保产效果明显，为夺取粮食丰收奠定了基础。

中秋已过，现在南方的晚稻还处于抽穗灌浆期，还要重点防范后期的稻飞虱、稻纵卷叶螟、稻瘟病等“两虫一病”危害，只要秋粮一天不到手，防控一天不放松。重点有三项工作还要继续加强。一是继续加强监测预警，密切关注南方晚稻病虫发生动态，及时发布预警信息，指导农民科学防治。二是及时开展统防统治，在重点区域加大专业化统防统治的力度，严防后期虫害暴发成灾。三是推进绿色防控。大力推广生物防治和高效低毒农药等综合防治技术，刚才朱恩林先生给大家介绍了，我们既要把病虫害控制住，也要实现农药减量增效目标，进一步减少农药用量，确保农产品质量安全。在全国植保系统的共同努力下，我们有信心做好“虫口夺粮”保丰收工作。

宁启文：

再次感谢各位媒体朋友大力支持。今天的发布会到此结束，谢谢大家！

33. 实施家庭农场培育计划有关情况新闻发布会

实施家庭农场培育计划有关情况新闻发布会

一、基本情况

时　间	2019年9月18日（星期三）上午10时	
地　点	农业农村部新闻发布厅	
主　题	解读《关于实施家庭农场培育计划的指导意见》	
发布人	农业农村部政策与改革司司长	赵　阳
	农业农村部政策与改革司一级巡视员	冀名峰
主持人	农业农村部办公厅副主任	宁启文

二、现场实录

宁启文：

女士们、先生们，新闻界的朋友们，大家上午好！欢迎参加农业农村部新闻办公室举行的新闻发布会。今天发布会的主题是介绍实施家庭农场培育计划的有关情况。今天邀请到农业农村部政策与改革司司长赵阳先生、一级巡视员冀名峰先生，为我们介绍有关情况，并回答记者提问。下面首先请赵阳司长向大家介绍有关情况。

赵阳：

女士们、先生们，新闻界的朋友，大家上午好。党的十八大以来，党中央、国务院高度重视培育发展家庭农场。习近平总书记指出，要突出抓好农民合作社和家庭农场两类农业经营主体发展，赋予双层经营体制新的内涵，不断提高农业经营效率；要重视培育家庭农场、农民合作社等新型经营主体，注重解决小农户生产经营面临的困难，把他们引入现代农业发展大格局。今年中央1号文件提出，启动家庭农场培育计划，建立健全支持家庭农场发展的政策体系和管理制度。中办、国办印发的《关于促进小农户和现代农业发展有机衔接的意见》提出，启动家庭农场培育计划，培育一批规模适度、生产集约、管理先进、效益明显的农户家庭农场。近年来，各地区各部门按照党中央、国务院决策部署，积极引导扶持农林牧渔等各类家庭农场发展，取得了初步成效，但家庭农场仍处于起步发展阶段，发展质量不高、带动能力不强，还面临政策体系不健全、管理制度不规范、服务体系不完善等一系列问题。为加快培育发展家庭农场，充分发挥其在乡村振兴中的重要作用，经国务院同意，中央农办、农业农村部等11个部门联合印发了《关于实施家庭农场培育计划的指导意见》。

《指导意见》的主要内容体现在以下几个方面：一是强调要坚持农户主体、规模适度、市场导向、因地制宜、示范引领基本原则，按照“发展一批、规范一批、提升一批、推介一批”的思路，加快培育出一大批规模适度、生产集约、管理先进、效益明显的家庭农场。《指导意见》提出了2020年和2022年家庭农场培育发展目标。二是强调完善登记和名录管理制度。《指导意见》围绕合理确定经营规模、优化登记注册服务、健全家庭农场名录系统等，提出了一系列具体的政策措施，确保具有针对性和可操作性。三是强调强化示范创建引领。要加强示范家庭农场创建，开展家庭农场示范县创建，强化典型引领带动，鼓励各类人才创办家庭农场，积极引导家庭农场发展合作经营。四是强调建立健全政策支持体系。《指导意见》要求要依法保障家庭农场土地经营权，加强基础设施建设，健全面向家庭农场的社会化服务和家庭农场经营者培训制度。同时，《指导意见》从用地、财政税收、金融保险、“互联网+”、社会保障等方面提出了具体政策措施。五是强调地方各级政府要将促进家庭农场发展列入重要议事日程，制定本地区家庭农场培育计划并部署实施，县级以上地方政府要建立促进家庭农场发展的综合协调工作机制。

我就介绍到这里，下面我和我的同事愿意回答大家的提问，谢谢大家。

宁启文：

感谢赵阳司长。下面请记者朋友就今天发布会主题进行提问，提问时请通报所代表的媒体机构。下面开始提问。

新华社记者：

刚才赵司长提到现在家庭农场还处于起步阶段，还面临发展质量不高、带动能力不强等一系列问题，接下来在培育家庭农场方面还有哪些考虑？将遵循哪些原则？请介绍一下。

赵阳：

这个问题涉及到新时期发展家庭农场的基本方向，因此这个问题是非常重要的问题，关系重大。《指导意见》明确提出实施家庭农场培育计划过程中要重点把握好以下五大原则。

第一个原则，坚持农户主体。培育发展家庭农场要以农户为主体，在这个基础上积极探索家庭农场的多种发展模式，巩固和完善农村基本经营制度首先要坚持家庭经营的基础性地位。在当前我国新型城镇化深入发展的大背景下，要鼓励那些有长期稳定务农意愿的农户来适当地扩大经营规模，发展多种类型的家庭农场，开展多种形式的合作与联合。

第二个原则，坚持规模适度。要引导家庭农场根据产业特点和自身经营管理能力，包括当地的资源情况，来实现最佳的规模效益。这个过程中，特别是要防止片面地追求土地等生产资料过度集中，要防止“垒大户”。这一条指导原则是把握《指导意见》精神的关键点。实践中家庭农场经营的规模多大才是最合适的？标准就是看它的效益。只要实现了最佳规模效益，规模可以大一点，也可以小一点。未来我们倡导的家庭农场，就是要以效益论英雄，而不是以规模论英雄。

第三个原则，坚持市场导向。要遵循家庭农场发展的规律，充分发挥市场在推动家庭农场发展中的决定性作用。加强政府对家庭农场的引导和支持，特别是发挥好政府给家庭农场提供基础设施、服务等方面的重要作用。换句话说，就是要提高家庭农场的市场竞争力，在市场竞争中实现发展壮大。政府的作用是什么？就是要保驾护航，做好引导和支持。这个过程中切忌过多的行政干预，搞强迫命令。

第四个原则，坚持因地制宜。要鼓励各地立足当地的实际确定发展重点，创新家庭农场发展的思路，务求实效，不搞一刀切。各地在实践过程中一定要根据本地的资源禀赋、经济社会发展条件，因地制宜、因时制宜地来培育家庭农场，多模式培育、多元化发展，形成百花齐放的局面。

第五个原则，坚持示范引领。要发挥典型示范的作用，以点带面，以示范来促进发展，总结推广不同类型的家庭农场的示范典型，提升家庭农场发展的质量。开展家庭农场示范创建是我们认定的一条路子，这个路子要走下去，而且要加大力度。同时要树立一批一批的典型，最近在全国征集了一部分典型案例，我们会向社会推介，总结好经验，推广成功的做法，从而促进全国家庭农场快速发展，稳步提升家庭农场的发展质量。谢谢。

农民日报记者：

我们在采访中了解到，家庭农场等新型农业经营主体在生产经营中面临一些困难和制约，比如在用地和融资方面的问题，目前基层对培育家庭农场方面有哪些期待？

赵阳：

这个问题请我的同事冀名峰先生回答。

冀名峰：

这些年新型农业经营主体发展过程中普遍遇到了一些困难，家庭农场作为一支重要的力量，和其他经营主体一样面临着自己的困难。这些困难有些是共性的，有些是家庭农场表现得比较突出的。

第一个难题，风险防范。比如经营过程中市场的风险、生产过程中自然的风险等。怎么最大限度地避免风险？家庭农场怎么做？怎么安排自己的生产、安排自己的经营，去防范风险？政府怎么帮助农民、帮助家庭农场减少这些风险？《指导意见》都作出了安排，也呼应了家庭农场对这方面的期待。

第二个难题，用地方面。家庭农场在建设过程中必须要建设一些农业设施，比如集中育秧的设施、晾晒场、烘干设施、仓储设施、保鲜库、冷链运输、农机库棚等，这些都需要占用一些土地。怎么样取得土地呢？家庭农场和其他经营主体一样也面临着巨大困难，特别是家庭农场相对其他经营主体实力比较弱，用地难度更显得突出。这次《指导意见》也给出了基本指向。

第三个难题，融资难。融资难是农业领域经营主体普遍面临的问题，家庭农场融资难问题尤其突出，农业产业的特点使得我们没有像工业企业那样有更多的抵押物、质押物，我们农业抵押质押的范围比较窄。家庭农场相对其他经营主体来说规模比较小，信用贷款获得难度比较大，还有农担系统这些年对家庭农场的重点覆盖还不够等因素，导致家庭农场在融资方面困难比较大，这次《指导意见》也作出了安排。家庭农场还面临着人才困难。乡村振兴战略中有一条是人才振兴，农村建设、农业建设普遍缺乏人才，家庭农场发展过程中这个问题尤其突出。我们缺乏管理人才、缺乏市场开拓人才、缺乏新技术应用人才。这次文件对解决家庭农场人才缺乏问题提出了一系列措施，比如加大培训力度，健全家庭农场经营者培训制度，强调科研院所、企业在帮助家庭农场发展中的作用。鼓励各类人才，包括农村的能人、农村生源的大中专毕业生、科技人员等创办家庭农场，这也是为了解决家庭农场缺乏人才的问题。应该说，文件对这些困难的解决都提出了一些办法，谢谢。

中央广播电视总台央视记者：

赵司长，刚才您提到十八大以来家庭农场发展得到重视，请问近几年家庭农场发展成效如何？请介绍一下家庭农场发展的相关情况。

赵阳：

党的十八大以来家庭农场发展比较快，发展形势比较好，取得了初步成效。可以从这几个方面来看。

第一，从家庭农场培育工作的推进角度来看。一是家庭农场扶持政策的框架已经初步构建。最早是2013年中央1号文件提出发展家庭农场的政策措施，2014年原农业部印发了《关于促进家庭农场发展的指导意见》，我们今天发布的《指导意见》是第二个比较系统地指导家庭农场发展的文件。目前全国已经有30个省（自治区、直辖市）下发了相关的政策实施文件。二是财政支持力度加大。各地财政给予支持，2017年中央财政首次安排专项资金给予支持。三是指导服务能力不断地增强。农业农村部开发了家庭农场名录系统，目前正在运行，建立了家庭农场全面的统计和典型监测制度，每年发布1个年度发展报告，来指导各省开展省、市、县三级示范家庭农场的创建。

同时，组织征集全国家庭农场典型案例，定期对外发布。

第二，从发展实际成效来看。一是家庭农场发展的数量已经达到一定规模。截至2018年年底，全国家庭农场有60万家，这个数量是2014年的4倍多。二是家庭农场的劳动力结构比较合理。据监测，平均每个家庭农场的劳动力是6.6人，其中雇工1.9人。三是经营耕地以租赁为主，通过流转土地实现规模经营。家庭农场经营土地总面积1.6亿亩，其中71.7%的耕地来自于租赁。四是产业类型多元。包括从事种植业、畜牧业、渔业的家庭农场，也包括种养结合的家庭农场，其中种植业类型的家庭农场占的比例是62.7%，畜牧业占17.8%，渔业占5.3%，种养结合的类型占11.6%。特别要说明的一点是，在种植业家庭农场中，63.4%的家庭农场是从事粮食生产的，全国的家庭农场中大约40%是从事粮食生产的，因此说产业发展是比较良性的。五是经营状况总体较好。到去年年底，全国家庭农场年销售农产品的总值1 946亿元，平均每个家庭农场大概30多万。总体来看，培育发展家庭农场有利于重要农产品的有效供给，夯实农业发展基础；有利于提高农业综合效益，推进农业供给侧结构性改革；有利于促进现代农业的发展，推动一、二、三产业的融合发展。

中国县域经济报记者：

赵司长说到《指导意见》在用地、财税、金融等方面出台了一系列支持政策，请问有哪些举措，可以具体介绍一下吗？谢谢。

赵阳：

《指导意见》就完善家庭农场的支持政策提出了很多方面的意见，应该说每一条都非常重要，包括用地、财政、税收、金融、保险、信息化等方面的支持政策，这些具体内容大家都通过文件看到了。这里我重点给大家介绍五个方面的支持政策。

第一，依法保障家庭农场的土地经营权。在实践中，家庭农场经营的耕地71.7%来自流转，来自租赁。因此，依法保障家庭农场的土地经营权非常重要，特别是流转土地的稳定性，包括租金水平，这直接关系到家庭农场的稳定经营。对此，《指导意见》在这方面提出了具体的指导政策。

第二，加强基础设施建设。在家庭农场的政策调研过程中，发现基础设施的建设对发展家庭农场至关重要，同时在生产经营活动中，对成本、效益来说也是至关重要的因素。我们在各地调研中发现，地方政府但凡在支持家庭农场的基础设施，包括水、电、路这方面提供了比较好的基础，对农户发展家庭农场的效益提升便非常明显，对于当地家庭农场的快速发展也起到明显的促进作用。对此，《指导意见》也提出了明确措施。

第三，健全家庭农场经营者培训制度。这一条政策对农业农村部门提出了明确要求，比如说，使家庭农场经营者至少每3年轮训1次，这对于提升家庭农场经营者能力素质有非常重要的作用。

第四，完善和落实财税政策。2017年开始中央财政首次安排了专项资金支持家庭农场的发展，之后每年都不断地加大力度，同时通过中央财政的带动，地方财政也在不断地加大支持力度。下一步我们将积极推动更多的财政投入来支持发展家庭农场。

第五，金融保险服务。实践中农户对于信贷支持、农业保险的需求也非常强烈。特别是农业保险，对于稳定家庭农场生产经营发挥着重要的作用。因此，下一步我们将积极推动相关政策的落实落地，加快构建家庭农场发展过程中金融保险支持政策体系。谢谢。

人民日报记者：

据我了解，以前各地都是通过认定的方法来确定家庭农场的培育对象。这次文件没有提出认定方面的指导意见，请问下一步如何确定家庭农场的培育对象？

冀名峰：

从2013年中央1号文件提出发展家庭农场以来已经有五六年时间了。我们观察到家庭农场的发展，是市场选择的结果。应该说家庭农场不是认定出来的，而是发展出来的。所以强调坚持市场导向，尊重家庭农场自身发展规律，坚持市场在推动家庭农场发展中的决定性作用，加强政府的支持和指导。对家庭农场来说，它该怎样选择自己的规模呢？文件中也有明确指导，就是要根据产业特点、自身经营能力，以取得最佳规模效益为度。地方怎样去工作呢？文件也明确指出“以县（市、区）为单位，综合考虑当地资源条件、行业特征、农产品品种特点等”，就是根据当地的农林牧渔、农产品特点，比如药材、粮食，来引导家庭农场适度规模经营即取得最佳的规模效益。为加强对家庭农场的服务指导，农业农村部建立了家庭农场名录系统，这个系统的建立是为了更好地指导和服务家庭农场，把符合条件的家庭农场，纳入名录管理，通过名录管理来支持家庭农场的发展。比如说做好监测，做好预警分析，通过名录系统对家庭农场运行进行分析，来发现家庭农场在发展过程中出现了什么样的难题，然后采取相应的帮扶措施。谢谢。

光明日报记者：

《指导意见》提出把符合条件的种养大户、专业大户纳入家庭农场范围，请问这是出于怎样的考虑？

赵阳：

这个问题很多人都有疑惑，因为在较早的中央文件里也把种养大户作为新型农业经营主体的一种类型，和家庭农场并列来考虑。这一次《指导意见》专门提出来把符合条件的种养大户、专业大户纳入家庭农场范围，大家对这个问题比较关注。当前，关于规模农业经营户的概念也挺多，刚才讲的家庭农场、种养大户、种粮大户、专业大户等，有很多不同的表述，确实也存在歧义，引起了一些关注。这次《指导意见》对于家庭农场的内涵和外延都进行了基本界定，指出家庭农场是以家庭成员为主要劳动力，以家庭为基本经营单元，从事农业规模化、标准化、集约化生产经营。当然，这里所指的"农业"，我前面已经介绍是包括农林牧渔各个产业，是个"大农业"概念。所以，发展家庭农场也包括农林牧渔等各类家庭农场。在实际的经济活动中叫它什么其实并不重要，关键是以效益论英雄。我们的农户、我们的农民要增加收入，经营农业要有效益，钱袋子要鼓起来，除了工资性收入和其他各类收入外，家庭经营收入在农民收入中也是非常重要的一块。为了便于指导、支持和管理，把符合条件的种养大户、专业大户这些规模农业经营户纳入到家庭农场的范围来进行指导、管理，有利于适度规模经营的发展，有利于农业提高效益，这是最基本的考虑。

刚才冀司长也就认定的事情给大家作了解释。说你是家庭农场，认定不认定都是家庭农场。所以从这个意义上讲，目前全国60万家家庭农场实际上并没有包括实际经济活动中相当一部分规模农业经营户，也就是说很多没有被认定为家庭农场的规模农业经营户，实际符合家庭农场的基本内涵、基本的外延。比如说，国家统计局发布关于第三次农业普查的有关数据，我想在座各位新闻界的朋友们可能关注到了。在公告里大家看到，纳入到国家统计局所统计的“规模农业经营户”这个概念里的农户有398万户，这里面有大量的家庭农场在我们的名录里，也有大量的家庭农场没有在我们现有的名录里面，也就是说这些家庭农场没有经过原来的程序认定也没有到工商部门登记注册，但它就在那里发展和经营，所以它就是家庭农场。这次我们作出这样一个《指导意见》，提出把符合条件的种养大户、专业大户纳入家庭农场的范围，应该说契合家庭农场培育发展的大方向，我们是针对实际发展的情况，一切从实际出发，把这些种养大户、专业大户等规模农业经营户纳入到家庭农场的范围里面来进行指导、管理，有利于更好地服务所有实实在在从事农业生产经营的家庭农场，有利于促进家庭农场的规范发展，有利于更好地发挥家庭农场对于现代农业的引领作用。

农视网记者：

我们在采访中发现，家庭农场的组织领导普遍没有建立综合的协调工作机制，比如地方各部门配合存在比较大的问题。对于这方面有没有相关的部署和安排？谢谢。

赵阳：

近年来，对于家庭农场的组织领导工作，农业农村部会同有关部门认真贯彻落实中央精神，2014年发了《关于促进家庭农场发展的指导意见》，今年又发了这个《指导意见》，都对加强组织领导有专门论述。一方面加强顶层设计，另一方面指导各地支持强化服务，不断地完善家庭农场的工作机制。从目前情况看，确实存在一些问题，比如各地并没有普遍建立起综合协调的工作机制，各部门之间的配合、协调还有待加强。此次发布的《指导意见》提出了三个方面的要求：一要加强组织领导。要求地方各级政府要将促进家庭农场的发展列入到重要的议事日程，要制定本地区的家庭农场培育计划，并部署实施。二要加强部门协作。县级以上地方政府要建立起促进家庭农场发展的综合协调工作机制，加强部门间的配合、协作，综合协调，形成家庭农场发展的合力。三要强化宣传引导。包括像今天我们的新闻发布会，我觉得也会在社会上引起关注，让大家更多地了解发展家庭农场的重大意义、发展的路径，从哪些方面去扶持、服务、支持它。所以，我们要充分运用各种新闻媒体加大宣传力度，特别是加大家庭农场发展有关政策的解读，宣传好发展家庭农场对于促进现代农业发展、提高农民收入、提升农业经营效益等各方面的重大意义。

宁启文：
今天的发布会到此结束，感谢各位媒体朋友，谢谢大家！

34. 奶业振兴成效有关情况新闻发布会

奶业振兴成效有关情况新闻发布会

一、基本情况

时 间	2019年11月13日（星期三）上午10时	
地 点	农业农村部新闻发布厅	
主 题	奶业振兴成效有关情况	
发布人	农业农村部畜牧兽医局二级巡视员	王俊勋
	中国奶业协会秘书长	刘亚清
	农业农村部奶及奶制品质量监督检验测试中心（北京）主任	王加启
	宁夏回族自治区吴忠市义明黄沙窝奶牛养殖合作社理事长	吴义明
主持人	农业农村部办公厅副主任	宁启文

二、现场实录

宁启文：

女士们、先生们，媒体朋友们，大家上午好。欢迎大家参加农业农村部新闻办公室举行的新闻发布会。再有两周时间，2019年中国奶业20强峰会将在上海举行，今天发布会的主题就是介绍奶业振兴成效等有关情况，今天我们很高兴为大家邀请到农业农村部畜牧兽医局二级巡视员王俊勋先生、中国奶业协会秘书长刘亚清女士、农业农村部奶及奶制品质量监督检验测试中心主任王加启先生、宁夏回族自治区吴忠市义明黄沙窝奶牛养殖合作社理事长吴义明先生为我们介绍有关情况。下面，首先请王俊勋巡视员向大家通报有关情况。

王俊勋：

女士们、先生们，媒体朋友们，大家上午好。很高兴在这里与各位交流奶业振兴的有关问题，感谢各位媒体多年来对我国奶业发展的关心和支持。奶业惠及亿万人民的身体健康，是关系国计民生的战略性产业。改革开放以后，特别是进入新世纪以来，经过全行业长期的不懈努力，我国奶业发展取得了翻天覆地的变化，取得了巨大的发展成绩，积累了宝贵的发展经验。党中央、国务院高度重视奶业振兴和发展，习近平总书记多次作出重要指示批示，明确要求下决心把奶业做强做优，生产出让人民群众满意放心的高品质乳业产品，打造出具有国际竞争力的乳业产业，培育出具有世界知名度的乳业品牌，实现奶业全面振兴。

李克强总理指出，要加快推进奶业振兴，保障乳品特别是婴幼儿乳粉的质量安全，提升中国奶业竞争力。2018年6月，国务院办公厅出台了《关于推进奶业振兴保障乳品质量安全的意见》，为我国奶业振兴发展绘就了蓝图，指明了方向和路径。1年多来，各地各有关部门认真贯彻落实党中央决策部署和意见精神，积极行动，扎实工作，出台举措，切实加大政策支持和技术指导力度，实现了奶业振兴的良好开局，奶业生产和乳制品消费稳定发展。

下一步，农业农村部将在贯彻意见上持续发力，坚持问题导向和目标导向，重点抓好奶源基地建设、奶农办加工发展新模式的探索、生鲜乳质量安全监管、养殖加工利益联接和奶业主产省振兴等工作，充分发挥牵头协调作用，统筹各方面的力量，形成政府引导、企业主体、多方参与、共同推进的多元化工作格局，共同推进中国奶业振兴。

另外，我再向大家通报一下，第五届奶业20强峰会将于11月27日在上海召开，届时欢迎媒体朋友前往参会、报道。我简单介绍这么多，下面我愿意回答大家的提问。谢谢。

宁启文：

感谢王俊勋巡视员的介绍，下面请媒体朋友就今天发布的主题进行提问，提问时请通报一下所代表的新闻机构。

中央广播电视总台央视记者：

刚才介绍2018年6月国务院办公厅印发了《关于推进奶业振兴保障乳品质量安全的意见》，1年来，这个《意见》实施的情况怎么样？谢谢。

王俊勋：

2018年国务院办公厅出台《关于推进奶业振兴保障乳品质量安全的意见》以来，各地各有关部门按照奶业振兴发展的总体要求，科学设定发展目标，推动奶源基地建设、乳品加工、市场流通等重点任务和政策措施的落实，强化组织协调和督促检查，发挥奶农和企业的主体作用，形成了振兴奶业的良好氛围。农业农村部会同有关部门，主要在以下几个方面开展了一些工作。

第一，加强组织协调。农业农村部作为奶业振兴工作的牵头部门，组织召开落实《意见》分工会议，协调有关部委共同推进《意见》的落实，召开全国农业农村系统奶业振兴工作推进会和现场会，部署有关重点工作。内蒙、河北、黑龙江等奶业主产省区成立专门的领导机构或建立联席制度，切实推进奶业振兴工作。

第二，制定具体的落实措施。农业农村部等9部委联合出台了《关于进一步推进奶业振兴的若干意见》，细化实化具体工作举措。发展改革委等7部委联合印发了《国产婴幼儿配方乳粉提升方案》，明确婴配粉发展思路。10个奶业主产省份和大多数省份都出台了奶业振兴意见，明确了主攻方向、措施及发展路径。

第三，强化了资金支持。今年，中央财政安排多项资金，用于继续扩大粮改饲实施范围，将优质苜蓿基地建设规模由50万亩增加到100万亩，改造提升1 500个奶牛家庭牧场，增加5 000名牧场主和技术骨干培训，开展生鲜乳质量第三方检测试点。据不完全统计，地方财政今年也安排了20多亿元的资金，用于支持奶牛扩群增量、乳制品加工和乳品消费培育，推进实施奶业振兴。

第四，推动养殖加工融合发展。农业农村部会同财政部印发《支持培育新型农业经营主体的意见》，重点支持奶农家庭牧场和合作社发展，引导奶农发展乳制品加工，河南、山东等地支持规模养殖场开办生鲜乳饮品店，部分养殖场已取得乳制品加工许可证。同时一些大型乳企通过自建牧场或参股收购养殖场等形式，向奶牛养殖延伸，提高自有奶源比例。

第五，引导乳品企业发挥主体作用。督促乳企严格执行生鲜乳合同收购，建立统一的生产资料采购平台，降低投入品成本，推动乳品企业与金融机构联合，为奶农提供现金补贴、免息和低息贷款，缓解资金压力，扩大奶牛饲养规模。据统计，去年以来，乳品企业收奶量增长了10%左右。

在各方面的共同努力下，奶业振兴实现了良好开局，乳品生产恢复了增长。据农业农村部监测，1—9月全国生鲜乳产量同比增长5.2%，据国家统计局数据，同期乳制品产量增长了8.8%。奶业转型升级加快，全国奶牛平均单产7.8吨，同比提高了400公斤，规模牧场生鲜乳质量达到发达国家水平。奶牛养殖效益回升，近期规模奶牛养殖收益回归到每头牛年均3 000元左右，单产9吨的奶牛利润达到4 000元左右。乳品消费信心提振，2018年我国液态奶销售额同比增长7.1%，国产婴配粉销售额增速从14.5%增长到21%，市场占有率进一步上升。谢谢。

人民日报记者：

请问在上海举办的第五届D20峰会现在的筹备情况怎么样？能给我们介绍一下吗？谢谢。

刘亚清：

我把整个D20情况向各位作一个汇报。D20是指中国奶业的20强企业，

在农业农村部的倡导下，中国奶业协会于2015年成立了中国D20企业联盟，并于2015—2018年成功举办了4届峰会，峰会通过政府部门的演讲、企业论坛交流和集中的宣传展示等形式，可以说是凝聚了共识，促进了担当，在树立行业形象、发挥领军企业作用、推动产业发展等方面发挥了重要作用。今年的第五届D20峰会将在上海举行，时间定于11月27日，这次会议由光明乳业具体承办，目前正在紧张有序地筹备当中。本届峰会深入贯彻国办奶业振兴意见，以“奶业新未来，责任、创新、融合”为主题，共议奶业的振兴大计，展示行业发展的信心和决心。会上，我们将邀请农业农村部等相关部门领导发表演讲，发布《2019中国奶业质量报告》，组织光明论坛，启动D20助力奶业新未来的仪式等活动。

中国奶业协会将发挥组织协调作用和服务职能，努力办好本届峰会，为推进奶业振兴贡献力量，为新中国70周年华诞献礼。同时也欢迎广大媒体朋友们莅临现场，并做采访和报道。谢谢。

农民日报记者：

从2008年以来，我国奶业发展已经取得了非常显著的成就，但是对于消费者来说，“一朝被蛇咬，十年怕井绳”，对于奶产品的安全问题还有很多焦虑和关切。请问现在国产奶能不能百分之百放心喝？请给大家解疑释惑，让消费者放心。

王加启：

国产奶能不能放心喝，核心的问题是质量安全过关不过关。在全球来看，质量安全是奶业发展的生命线，关系到消费者的身体健康，受到全社会普遍关注。生鲜乳质量安全是整个奶业质量安全的源头和基础，所以特别受关注。我要介绍的情况是，受农业农村部委托，我所在的单位农业农村部奶及奶制品质量监督检验测试中心，从2009年开始到现在连续11年承担全国生鲜乳质量安全监测计划的实施工作。其中，从2009年到2018年10年时间，累计抽检的生鲜乳样品达到了22万批次，这在国际上也是比较高的。监测评估的因子达到了187个，建立了含有220万条数据的质量安全数据库，经过对大数据的科学分析、研判，应该说，我们全面、准确掌握了国家生鲜乳质量安全的状况，可以归纳为三个方面：

第一，生鲜乳质量安全抽检合格率居食品行业前列。我国生鲜乳抽检合格率连续多年保持在99.7%以上，三聚氰胺等违禁添加物抽检合格率保持在100%。2018年全国生鲜乳抽检合格率达到99.9%，比同期农产品的抽检合格率高2.4个百分点，比全国食品总体抽检合格率高2.3个百分点，可以说经过11年持续监测和全行业的共同努力，我国生鲜乳质量安全目前处于历史最好水平。

第二，生鲜乳的卫生指标达到了国际先进水平。这个方面特别不容易，菌落总数和体细胞数，是全球用于衡量生鲜乳质量安全的两个最通用的指标。生鲜乳中的菌落总数反映了奶牛养殖和牛奶的卫生情况。2018年全国监测数据平均值菌落总数是29.5万CFU每毫升，这个数字明显低于美国、日本等国家50万的标准。生鲜乳中的体细胞数反映了奶牛健康、乳房炎发病率和牛奶品质的状况。2018年，全国监测数据的平均值33.04万，显著低于美国75万和欧盟40万的标准。可见，我国生鲜乳中菌落总数和体细胞数的控制已经达到发达国家的水平。

第三，生鲜乳营养品质稳步提升。牛奶被称为最接近完美的食物，也被称为白色血液，这主要归功于它优异的营养品质。乳脂肪和乳蛋白是衡量牛

奶营养品质的两个重要指标。2018年全国生鲜乳抽检结果表明，乳脂肪的平均值达到3.84，比2012年提高了0.25个百分点，高出国家标准0.74个百分点。乳蛋白抽检的平均值为3.25，比2012年提高0.08个百分点，高出国家标准0.45个百分点。这些结果表明，全国的生鲜乳中乳脂肪、乳蛋白的监测平均值逐年提高，基本的规律是3年上一个台阶。而且我们和其他国家进行了比较，我国生鲜乳中乳脂肪和乳蛋白的平均值已经达到美国、加拿大等国家的水平，取得了显著的进步。

另一方面，为了向公众全面呈现奶业质量安全和相关工作情况，就像刚才我们的媒体朋友提问的，很多消费者有疑问，国产奶能不能百分之百放心喝，我们虽然做了这么多工作，但我们还需要与消费者进行交流。所以，从2016年起，农业农村部奶及奶制品质量监督检验测试中心会同中国奶业协会起草并连续3年发布年度的《中国奶业质量报告》，通过公开交流权威科学的数据，客观真实地展示我国奶业发生的变化。

今年，我们继续编写年度的《中国奶业质量报告》，并将在D20峰会上发布。在此，我希望各位记者朋友给予积极的关注报道。奶业振兴离不开我们的媒体朋友，还需要我们共同努力，用科学的数据展现奶业的显著变化，让消费者真正认识到，国产奶的质量安全有保证，值得信赖，国产奶完全可以放心喝。

我是做奶业科研与检测工作的，应该说最了解这方面的情况，我天天喝的就是很普通的国产奶。另外，我还想说一点，牛奶是一种鲜活食品，不适合飘洋过海，远距离、长时间的运输。因此，我们的消费者要想真正喝上优质奶，只能依靠发展我们的国产奶。

农视网记者：

刚才全面介绍了我国奶业振兴的成效，当前奶业振兴面临哪些问题和困难？对此又有哪些举措呢？谢谢。

王俊勋：

现在乳制品在食品消费中、在居民的生活当中越来越普及了，也是人民美好生活当中不可或缺的食品。这些年，乳业不断地发展进步，在质量安全上也有很大的进步。但是在发展过程中，面临的一些问题也不可忽视，主要在以下几个方面：一是从生产上来看，养殖的竞争力还不是很强。与发达国家相比，我国奶牛的单产水平、资源利用效率和劳动生产率还有一定的差距，奶牛舍饲的生产成本仍然比较高，养殖成本高出40% ~ 60%左右。还有我们常用的饲料，玉米价格比国际水平高出60%左右，所以生鲜乳的生产成本居高不下。奶牛养殖户养牛挣钱难也是客观存在的现象。同时，从生产层面来看，我们还看到养殖加工的利益联接机制不是很紧密，奶牛养殖效益还不是很稳定。

从消费层面来看，总量不足，结构还不是很合理。从整体上看，我国人均乳制品消费量仅为世界平均水平的1/3，发展中国家的1/2，奶业发达国家的1/7，当然这些不足也说明我们还有很大的增长空间。但是从结构上来看，乳制品存在着“两多两少”的问题。一是液态奶多，干乳制品少，去年我国乳制品的总产量是2 680多万吨，其中液态奶的产量2 500万吨，干乳制品产量才180万吨，这个差距还是很大的。就发达国家一般的情况来讲，干乳制品和液态奶比重为7 ∶ 3，在我国恰恰是倒过来3 ∶ 7。二是液态奶里常温灭菌乳多，巴氏杀菌乳少，在去年的乳制品中，灭菌乳和巴氏乳的比例大概是4 ∶ 1。针对这些情况，下一步将从几个方面进一步完善，特别是针对短板的问题，从生产和消费两手抓、两促进，建立起政府引导、企业主体、多方参与、共同推进的工作格局，来改变这种状况。

在生产方面，重点要解决一是在什么地方养，二是怎么养的问题。在什么地方养，首先要进一步做好区域的布局，特别是抓好奶业主产省和奶业大县以增量提质为目标，加强规划引导、政策支持和技术指导，打造中国的黄金奶源带。怎么养好的问题，要从草和牛这两个方面下功夫，是要推行草畜配套、种养结合、农牧循环的方式，建设高产优质苜蓿基地，扩大粮改饲实施范围，提高优质饲草料的保障水平。第二个在牛的饲养方面，要推动奶牛养殖的散户和小区的牧场化改造，改变经营方式，提升家庭牧场转型升级，强化生鲜乳质量安全监管水平，不断提升奶牛的生产效益。

在消费方面，重点抓好三项工作：一是优化乳制品结构，稳定常温奶，大力发展适销对路的低温乳制品，增加易于消费者接受的奶酪、黄油等干乳制品的生产，推动由“喝奶”向“吃奶”转变，更好地满足消费者多样化需求。二是树立品牌，引导企业用质量筑就品牌，用科技提升品牌，用诚信维护品牌，用宣传唱响品牌，不断提升国产品牌的影响力。这是我们倡导举办奶业20强峰会的目的，就是要打造一个中国奶业品牌的平台，让我们的品牌被国人知晓，逐步从国内走向国际。三是强化宣传，发布《中国奶业质量报告》，大力推广国家学生饮用奶计划，组织中国小康牛奶行动和奶酪推广行动等公益活动，推动乳品企业创新消费体验形式，加快培育农村消费市场，讲好中国奶业故事，努力扩大消费群体。

中国县域经济报记者：

今天发布会有一位奶农代表，请问目前小奶农怎么融入大产业？请您介绍您那边养奶牛的情况。

王俊勋：

我们这位奶农来自宁夏回族自治区，有丰富的奶牛养殖经验，所以他来这里，可能给媒体带来更多接地气的一些信息。有请。

吴义明：

我叫吴义明，来自奶业主产市宁夏回族自治区吴忠市，是一个普通奶牛养殖户，也是一名受党多年恩泽的老党员。2008年，“三聚氰胺事件”后，为了抵御奶业寒冬，我们黄沙窝村周边的一些农户决定抱团取暖。由于我在群众中有比较好的口碑，大家推荐我发起并成立了奶牛养殖合作社，经过十多年的艰辛付出，合作社逐步发展壮大，实现了小散经营到组织化、规模化、标准化、集约化发展的转型升级。我们的做法有以下几个方面：

一是坚持诚信，发展规模逐步壮大。合作社成立之初，资金是最大的难题，我跑遍了所有银行，走遍了所有村镇，从1万元借到10万元，再到100万元、1 000万元。由于我信用好，逐渐成为银行重点扶持的“香饽饽”，贷款也从我找银行变成银行主动找我，目前合作社已累计为社员担保贷款过亿元。合作社奶牛存栏达到13 260头，成母牛年均单产达到9吨以上，日产鲜奶180多吨，建成标准化奶牛场4个，购置全混合日粮车4台，克拉斯收割机4台，安装高端72位转盘式挤奶设备3套。

二是强化服务，带动能力明显增强。十多年来，合作社不断增强服务能力，用最实惠、最方便、最优质的服务带动奶农广泛参与，社员从17户发展到371户，聘用大中专毕业生20多名，先后与多个世界知名公司开展合作，并选派多名技术人员出国深造。构建了紧密的利益联结机制，从最初的养殖园区一家一户统一管理模式，逐步发展到规模场托养托管模式，再到社员入股分红模式，社员的收入越来越高。

三是种养循环，经营效益越来越好。为保证优质饲草料供应和牛奶质量的稳定，从2013年开始合作社流转2万多亩土地，种植紫花苜蓿、黑麦草和青贮玉米，实现量产种植，提高了种植的效益。利用牧场产生的牛粪发酵后还田，为饲草料种植提供了有机肥，建立了“合作社＋养殖场＋种植基地”的种养一体化发展模式，通过科学管理，每公斤奶饲料成本降到1.8元，养殖增收900多万元，合作社年产值突破2亿元，社员收入从最初的3 000多元增加到现在的3万多元。

四是担当责任，帮扶效应显著提升。合作社在发展壮大的同时，积极承担社会责任，助力精准扶贫。我们每年拿出10万多元对贫困学生和重大疾病患者等进行帮扶，为扁担沟镇同利村120多名贫困户提供了就业岗位，人均年工资达到4.5万元，实现了“一人就业、全家脱贫”。同时，建立犊牛托养模式，把3月龄以上的小牛犊发放给周边农户饲养，并提供奶牛改良、疾病防治、保险购买等服务，最后按照毛重22元／公斤的价格回收青年母牛，农户饲养一头奶牛可以盈利3 000元以上。

国家出台了推进奶业振兴的好政策，为奶农发展提供了良好机遇和有利环境，我们将积极响应国家号召，按照奶业振兴意见精神和有关工作部署，团结奶农养好牛、撸起袖子加油干，为更多奶农实现增收，为中国奶业振兴发展贡献力量。

香港有线电视：

刚才王巡视员在开场白里提到，下一步农业农村部有一个重点是要抓好奶农办加工发展新模式的探索，请问过去有一种叫“多快好但不太省”的万头牧场的发展模式是否过时？有些奶农反映不敢自家办加工厂，其中一个原因就是缺乏资金的辅助，在政府层面，如果要开展这个新模式的探索，是否在资金上有一些援助？他们也反映了在一些牛奶生鲜乳销售的过程中，销路不太畅顺，令他们在养殖过程中信心不足的情况，国家奶牛存栏数量的目标如何令奶农有信心养殖？谢谢。

王俊勋：

第一，关于奶农办加工厂和万头牧场是否过时，这两个问题不矛盾。在我们国家的养殖规模当中，规模化比例按100头为一条线划定，100头规模化养殖比例占总量的61%左右。就是说，还有大量的养殖户养殖规模是在100头以下的。在这两部分里，从规模化养殖场来说，在中国第一是“人多地少”，不管是哪个产业的发展，要解决好用地还是有一定难度的。拿到地以后，要提高土地的产出率，就必须得有一定的饲养规模，饲养规模的大小取决于管理企业的水平、资金，还有包括产品销路等几个方面的因素。我们也看到，在中国的规模养殖里面，有不少万头牧场做得比较不错。比如现代牧业万头牧场已经超过了20个，像这样的一些企业，也是根据不同的生产周期、生产区域和加工的需要设置自己的产业模式，所以我觉得在中国的发展情况下，还是会存在的，不能用是否过时来衡量。

第二，规模以下牧场怎样通过养殖获得收益，就是奶农办加工企业的问题。刚才吴社长已经谈到了，很多中小养殖户以合作社的形式组织起来，形成一个分散的养殖户和规模的生鲜乳供应的良性循环。这里面有几个好处，第一，销售商能够有更好的议价空间。第二，在销售过程中，当产量达到一定水平的时候，可以向加工延伸，通过加工来获得更好的加工红利。奶农办加工企业涉及到资金问题，解决渠道是多元的。首先取决于本身加工的规模，因为从奶农办加工来讲，从国外看，很多都是建立在家庭牧场的基础上开展的，我们国家现在正在尝试的是建立在合作社的基础上开展，所以规模也不是很大，从资金的需求量来讲，也不会特别高。现在奶的价格，去年平均价格都在3块到3块5毛钱左右，在做这种加工的时候，通过一些银行的信贷，也可以解决一部分，因为规模不大的话，产品销售半径比较有限，产品也是以新鲜为主，新鲜的产品还是有消费者认可的。

最后是关于生鲜乳的销售信心的问题。实际上从养殖者的角度来讲，就是在自己的养殖效益的基础上，怎么样实现收益最大化的问题。从加工讲，也是一样的，信心是建立在产品能够得到消费者认同的基础上。效益的关键核心问题还是在于质量，从2008年以来，10多年的时间，从中央的要求，部门的协作，包括加工企业和奶农的努力，还有消费者，都是在质量方面下功夫、提要求的。10多年来，消费者对国产乳制品的支持力度、认同程度，包括认同面也是越来越广，当然还离不开媒体大量的宣传，因为在这10多年当中，我们有过三聚氰胺的痛，但是我们媒体在宣传国产乳制品的变化方面，比如说频频报道国产乳制品在国际上获奖，这些情况在前几年是不敢想象的。所以这些变化是各方面共同努力的结果，我想这也是我们振兴的目标和动力所在，也是我们信心的来源所在。

宁启文：

感谢媒体的朋友们，今天的发布会到此结束。

图书在版编目（CIP）数据

聚光灯下话三农：农业农村部新闻发布会实录．2019 / 农业农村部新闻办公室编．—北京：中国农业出版社，2020.8

ISBN 978-7-109-26941-5

Ⅰ．①聚… Ⅱ．①农… Ⅲ．①三农问题－新闻公报－中国 Ⅳ．①F32

中国版本图书馆CIP数据核字(2020)第100154号

中国农业出版社出版

地址：北京市朝阳区麦子店街18号楼

邮编：100125

责任编辑：刁乾超　李昕昱　王庆宁　　文字编辑：孙蕴琪

版式设计：王　怡　　责任校对：吴丽婷　　责任印制：王　宏

印刷：北京通州皇家印刷厂

版次：2020年8月第1版

印次：2020年8月北京第1次印刷

发行：新华书店北京发行所

开本：700mm×1000mm　1/16

印张：24.75

字数：350千字

定价：88.00元
